D1673740

Rudolf Utzinger im Frühjahr 1929
an der Côte d'Azur

Rudolf Utzinger

**Ein Kopf
ist
immerhin
ein Risiko
in
dieser Welt**

Ausgewählte Prosa

Herausgegeben von
Bernhard Echte

Bruckner & Thünker Verlag

Der Herausgeber dankt dem Schweizerischen Nationalfonds
zur Förderung der wissenschaftlichen Forschung für die
Unterstützung der Arbeit an diesem Band.

Die Drucklegung des Buches wurde dankenswerterweise
durch folgende Institutionen unterstützt:
Casinelli-Vogel-Stiftung, Zürich.
Erziehungs-, Kultur-, Umweltschutzdepartement des
Kantons Graubünden, Chur.
Landschaft Davos.
Präsidialabteilung der Stadt Zürich.
Migros-Genossenschafts-Bund, Zürich.
Stiftung der Schweizerischen
Landesausstellung 1939 Zürich für Kunst und Forschung.
Schweizer Kulturstiftung Pro Helvetia.

1. Auflage Mai 1996
Copyright © dieser Ausgabe 1996 by
Bruckner & Thünker Verlag AG Köln, Basel
Alle Rechte vorbehalten
Umschlag unter Verwendung von:
Gregor Rabinovitch »Portrait Rudolf Utzinger«
(Kaltnadelradierung 1927, Privatbesitz)
© Isa Hesse-Rabinovitch, Küsnacht
Buchgestaltung: Miriam Dalla Libera
Satz: Miriam Dalla Libera
Druck und Bindung: Friedrich Pustet, Regensburg
Printed in Germany
ISBN: 3-905208-18-0

Irdisches Panorama

Zum Entree

Irdisches Panorama

René kam von Calais und schrieb in sein Tagebuch, das er durch alle verwahrlosten Hotelzimmer dieser irrenden Welt mitgeschleppt hatte: Nun weiß ich erst, wie arm ich bin, seitdem mir der mürrische Polizeileutnant den Horaz abgenommen hat. Die *Zône* von unserem letzten Dichter, unserem Guillaume Apollinaire, habe ich einer Londoner Hure geschenkt und an einem einsamen Dachkamin glaubte ich zu sterben, weil ich im Ozean jener diabolischen Stadt kein Geld für den nächstbesten Arzt besaß.

Ich habe den Glauben an die wohlmeinenden Geschöpfe verloren, die an den Eingängen des Lebens freudvoll stehen, um – par hasard – einem Menschen Streusand in die Augen zu blasen, der aus Verlegenheit die Hoffnung auf närrische Abenteuer nicht aufgeben will.

Ich werde weiter wandern und irgendwo den letzten Rhythmus eines Gedichts bewundern, ich werde irgendwo Siegellack auf einen schamlosen Brief tropfen und meine Halsbinde wird die Komplimente meiner Seele im Windzug wiederholen. Mein letzter Gang, wohin wird er mich führen?

Ich werde an der mexikanischen Grenze mit Alkoholschmugglern Schnaps trinken, und beim Pfiff der Polizei werden wir alle zum Revolver greifen. Draussen fangen die dunklen Grashalme zu brennen an, und bei jenem gefährlichen Spiel werden wir wissen, daß Whitman ungefähr der dritte Poet nach der Sündflut war ...

Nein ... in einem Armenhause, an einer schmutzig staubigen Landstraße sinkt die Sonne, Zigeuner ziehen vorbei, und ihr lustiges, wandelndes Paradies antwortet noch einmal auf die Seligkeiten meines Verlangens. Und wenn die schwarze Bande verschwunden ist, läutet die Glocke zum Abendessen, das uns die alte Elisa hinstellt, die niemals das tolle Feuer der Leidenschaften verspürte. Wir werden in dem traurigen Hinterzimmer, das auf den Friedhof hinausguckt, wortlos essen, ohne Dankbarkeit im Herzen.

Oder wird es so kommen, wie jene russische Freundin es mir einstmals verkündete, als wir abends die Rhône entlangspazierten und dem Kursaal unser Adieu zuwarfen? ... Wie ist jene Zeit inzwischen verflogen ... Ich würde vor einer Schüssel gerösteter Kartoffeln sitzen, Tränen in den Augen ... und draußen fährt der letzte Omnibus nach dem Wedding ... Aber wird das Schicksal noch solches Wohlwollen mit mir haben, das ohne Unterlaß mir seine drückende Last zuschiebt und mit meinem Blut zu experimentieren scheint?

Wir werden die letzten Reisenden in einem Sanatorium sein, wo alle Fußstapfen schon vorgezeichnet sind, wir werden dort den Herbst für den Frühling halten und uns in den Haarschopf der fille de chambre verirren, wir werden dem Frauenzimmer galante Lektüre zustecken – es schadet nichts –, denn unsere Nervenströme haben für Liebkosungen keine Zeit mehr übrig, der Arzt schlägt mit seiner Morphiumspritze den Takt zu unseren lächerlichen Gedanken. Am nächsten Morgen darf man auf den See hinausblicken, und die eitlen Motorboote darauf huschen wie die Historie verlorener Erinnerungen dahin ...

Und alles wird nur eine Versuchung darstellen, um uns das Gesetz weltlicher Sorge zu entblößen. Uns ziert die Armut, da wir im Erdreich Erfüllung suchten, das uns als Reichtum voller Geheimnisse dünkte.

Es war eine Unbesonnenheit der Vorsehung, dem Menschen, dieser kleinen, dicken, großen, schmalen, zappelnden Kreatur, eine Heimat zu schenken, wo er doch hin- und herschaukelt zwischen Oxford und der Notre-Dame und mit Genauigkeit alle Gebrechen reisender Neugier sich nicht ersparen kann. Auch jeder Einheimische bleibt ein Fremdling, ein Mißvergnügter, eine tragische Bilanz in seinem eigenen Land, das er zu lieben sich einbildet, weil er den Konversationen der Briefträger und Kellner zu lauschen versteht, weil er phlegmatisch seine Weinkarte auswendig gelernt hat und die Biegsamkeit der Frauenbrüste seines Bezirks kennt. Weil die Schminke seiner Weisheit die Urteilskraft lähmt ... Doch der Mensch kennt sein eigenes Porträt nicht. Echt aber ist jener Puder der Armut, mag auch noch soviel Kummer darin raunen.

Irgend eines Tages wird in dir dieses Panoptikum ersterben, ob am Niagara oder Tiber, wie gletchgültig ist das, und das illustrierte Blatt »Leben« findet seinen willkommenen Spediteur ... Man ist ja schließlich so müde ...

René aber landete in Tunis, Langeweile zog in sein Tagebuch, erst in Hongkong verbrannte er es.

Davoser Revue, 15.2.1926

Indianer

Der Indianer ist das bleibende Inventar der Sprechstunde unserer Jugend. Er gehört jener Zeit der offen brennenden Gasflammen an, die in den Wirtshauskorridoren verloren zitterten, wenn wir einige Minuten warten mußten, bis uns die gefüllten Bierkrüge wieder übergeben wurden. Zigarettenrauchen und Karl May waren verboten; Exzesse, die uns allenfalls in das lähmende Zimmer des Schuldirektors führten, eines bösen Mannes, der griechische Tragödien übersetzte und sonst dazu da war, die Fehltritte der Schüler zu summieren, die man dann auf der Grammophonplatte des Jahresendes ablaufen ließ. Der Indianer war ebenso amoralisch wie ein Mädchenkuß. »Nächtlich am Busento lispeln …« umdröhnte uns im Klassenzimmer, wir aber dachten an Colorado. Höchstens am Abend durftest du in der Küche dem Dienstmädchen, wenn abgeräumt und aufgespült war, deine Leidenschaften anvertrauen, und du wagtest von der verachteten Arkansasliteratur zu plaudern, und das Landmädchen aus Schlesien oder Niederbayern – dem unerschöpflichen Quell der Domestiken – sollte deine geographische Sehnsucht beglaubigen.

Schon lange warst du ein großer Schauspieler, die Einfaltspinsel der Tanten und Onkel ahnten es nicht, denn deine Kameraden hatten dich draußen am Vorstadtrand zum Osagen-Häuptling ernannt, deine Lippen mußten hart werden, und deine Turnschuhe kauerten während deiner Amtshandlung unter einem Bahnübergang. Ohne Rothauttum bliebe dein Leben ein armseliges Fragment; wenn du auch nur im Verborgenen dein volles Jagdleben lebtest, so war trotzdem das Sonnenlicht der Gegenwart von seinem fiebernden Laut erfüllt. Eine Gartenmauer, und deine Reservation begann. Beim ersten Abendhauch huschten die Irokesen und Huronen wieder nach Hause, vermischten sich mit Straßenbahnen, Delikatessenhandlungen und schlüpften traurig abgehetzt die Treppe hinauf. Oftmals mußten dann noch einige Algebra-Aufgaben – welche Entwürdigung – gelöst werden, und ein paar Ohrfeigen des Vaters bewiesen das Stärkeverhältnis der europäischen Zivilisation. Hinterher, getrieben von dem Beischlaf deiner Gedanken, öffnetest du deinen Atlas, Blatt Nordamerika-Weststaaten, und deine Augen taumelten über das Felsengebirge, durch das Labyrinth der Täler und Ketten, brandeten hier- und dorthin, bis man endlich ein Fleckchen gefunden hatte, wo noch deine Blockhütte Platz hätte.

Es kam dann deine Liebschaft mit dem Völkerkundemuseum. An einem schulfreien Nachmittag wurdest du sein verirrter Eindringling. Vor den hohen Vitrinen verdoppelte sich der Herzschlag der Begeisterung, und mit der Wunderwelt in überladenen Kojen versuchte man die Erzähler zu kontrollieren, eine langwierige Tätigkeit hub an in dem Wirrwarr der bunten, schreienden Objekte. Man hätte allzu gerne die gelehrten Herren zu Rate gezogen, die aus einem Schrank die schöne Tabakspfeife aus Schiefer der Haida-Indianer herausnahmen, die Tanzrasseln auf die Seite schoben, um sie in einen anderen, noch geheimnisvolleren Kasten hineinzulegen. Aber sich der Kalligraphie der Wissenschaft bedienen, das wäre doch fast ein sträfliches Unterfangen gewesen. Voller Ehrfurcht, noch mehr mit Neid betrachtete man diese glücklichen Museumsmenschen, die aus ihrer Liebe zu den Präriebrüdern kein verschwiegenes Geheimnis zu machen brauchten. Man ging einige Schritte weiter, drehte sich aber doch noch einmal um, um zu sehen, ob die Herren in ihren weißen Arbeitsmänteln vielleicht in dem verlockenden Apachenschrank einiges zu ordnen hätten …

Manche blieben auch später noch Dichter, und die Leuchtkugeln ihrer Jugend auf erträumten Savannen trieben sie anderen Situationen entgegen, aber ihr Herz ging dem Indianer nicht verloren. Andere Häuptlinge wurden Kaufleute, Zahnärzte, Kritiker, Gutsverwalter, Freimaurer und Weltleute, sie wurden Kollegen einer geschäftlichen Ära, sie dienten dem Papier und den Ventilen des Alltags, der keine Erinnerung kennen darf …

Ist nicht dieses gespielte Indianertum das erste Wachleben im Menschen, in dem schon die Zukunftsmusik des Kommenden flötet, wo die Knoten des Kindseins durchschnitten werden? Auf seinen Schuhsohlen tritt er ins Leben, er, der Verwandlungskünstler, der zuchtlose, hoffnungsfreudige Rollenspieler. Schon ist er Mann geworden, als mit heisser Haut vom Marterpfahl er hinwegspringt, bevor er in schmerzlicher Langeweile die Kraft und das Staunen der Geschlechter fanatisch sucht.

Und in der Faszination des Weltreiches des roten Mannes erklärt er sich erstmalig, gleichsam en pantoufles, für die verräterische, harte Chance des Heute. Er ist kein heimatloses Kind mehr.

Berliner Tageblatt, 25.11.1926

Versteckspiele des Privaten

Wir arbeiten heute daran, alle Heiligtümer in uns zu zerstören, angewidert von den Gesten der Vergangenheit und den Deklamationen der Gegenwart, die einst unseren pompösen Erkenntnispark bildeten, wo wir durch gepflegte Vorgärtchen in den Firlefanz unseres Lebensgefühls eintraten. Wir hatten nie eine Baupolizei des Denkens, die uns vor Umwegen und barockem Seelenschwulst bewahrte, die im Gegenteil jede sogenannte persönliche Begabung nach großhirnigem Inzuchtsprinzip steigerte, um am Ende kunstgewerbliche Individuen zu erzeugen, in Überladung oder Repräsentation erstickend. Staubige Zwitterformen tragikomischer Struktur waren Autoritäten, Respektspersonen, auf einem Schemel postiert, der alle Windrichtungen erhaschen ließ. Die Überlegungen, die wir gebären, was sind sie anderes als Luxusnihilismen, als narzißtische Wundergestalten, von einer staunenden oder bösartigen Mitwelt flankiert, vielleicht innersekretorisch bedingt, fanatischer Entspannung dienend. Denken wird zu einer Heimlichkeit, also fast zu einer unsittlichen Handlung, die den Schöpfer allein brünstig in ein Paradies versetzt, in einen Gnadenort für Neurotiker, da er von der Besiedelung der Wirklichkeit abgeschnürt bleibt.

Trotzdem, wir wollen keine Nacktheit, darum spielen wir Theater und stummes Cinéma-Museum, das Fleisch, Schmach, weiße Sklavin, Trennung und Gesetz lächelnd überspült. Wer will durch öde Steppen rasen, im kalten Raum verbluten, lieblose Hast erdulden, schweigsam in Schatten-Sanatorien sterben, wenn die Feuerzange der Dichter uns Erlösung bringen kann, wenn Wissenschaften Hauchgestalten spenden dürfen, verborgene Mächte reiche Dolden treiben. In den Münstertürmen schlägt das Herz Gottes, einziges Mäcenatentum, Wollust-Kabine großer Sehnsucht. Unsere rauchgraue Zeit fand die Unruhe zu Gott, Astralitäten, Inkarnationen neben Ungeziefer, schmetternde Kristallisationen hinter Düngerhaufen, einen apokalyptischen Schicksalschor, die Flucht aus der Zeit, es fand ihre Helfer in vielerlei Helden, erlebte das grausame Gericht der Blaßgesichter, und ihre Königstöchter erscheinen in hellblauen und erbsengrünen Skikostümen, im reinen Wuchs des Maulwurfabendmantels. Wir sterben aus Habgier und Hunger zugleich. Wir machten unsere Notizen über Körper, historische Fragen, Frauenhände, Blumen, Hokuspokus, Dampfturbinen, Lasterfäulnis, über so manche Dinge, die den Weltstand nicht änderten. Über alle Beete hinweg sangen wir unsere Lieder. Jeder Wahrnehmung schenkten wir unsere Begeisterung. Nur eine Individualsprache schien uns des Eindringens wert. Ob rückwärts, ob vorwärts das Spiel im Lebensraum kreist, im Grunde ist diese Frage belanglos, wenn wir die Höflichkeiten und Grausamkeiten jener Abenteuer im Koffer unseres Herzens heiß erleben. Phlegma heißt die einzige Sünde dieser Welt. Das Schönste in unserem Gepäck, das den geistigen Teint immer wieder rötet, das Schrecken, Gewittermusik und Glück umfunkt, mag jene tollschöne Bewegungslinie sein, die als Steppenwolfdämonie ohne moralische Scheuklappen, ohne ökonomische Interessen zum Ausbruch strebt. Abschreibearbeit, Broderies des Selbstgefühls, das war der Tatbestand und Klang einer Generation, einer Gemeinschaft, die *Fleurs du Mal* liebte und den Illusionen der paradis artificiels nachjagte, die mit intérieurs profunde Minne trieb, die alle Voraussetzungen der Hysterie und des Spaltungsirreseins enthielt.

Die Katalogmacher von heute möchten den Menschen allzu gerne ihre Eigentümlichkeiten stehlen, als wenn es sich um das Ordnen von Kelchblattzahlen und Staubgefäßen handelte. Man darf ruhig Golf spielen, bei noch größerer Finanzkraft Polo, obwohl ich der Jagd auf Krokodile und Schildkröten den Vorzug geben würde, ich mache mich aber verdächtig, spreche ich im heutigen Kulturraum von Diesseitsmystik oder leihe meine Fühlorgane einem geistigen Normannentum, um banaler Zeitgebundenheit entrissen zu sein. Der Wissende kennt wohl die Unvergleichbarkeit der erlebten Haltungen, denn jeder von uns durchblättert seinen ureigenen Sensationsroman – mit Frauen, Ärzten, Kaufleuten, Tagdenkern, Nachtgrüblern, Hingabeengeln, Telefonfräuleins, Möbeln und Zivilisationscoiffeuren – wie jener feinnervige Edouard in Gides *Faux-Monnayeurs*, wenn auch die große Gemeinschaft der Jetztzeit all diese wunderbaren poetischen Gifte und Dekadencen mit einem schrankenlosen Materialismus soziologischer Nüchternheit zu entweihen versucht. Der Zwang zur Despotie des Kollektivismus – herrlich wenn wir damit den Erdgenossen über Hungerabgründe hinweghelfen und die infernale Komödie des Geldes abschaffen –, er wird ein leichtsinniger, herzloser Verderber, befiehlt uns seine athletische Uniform, auf die Erleuchtungen und Erhellungen des Lächelns und der Skepsis zu verzichten, deren Experimenten Fieberlogik und schöpfungsreiche Glut entspringt. Empörte Gelehrsamkeit kann die Kontrastelemente, die Eigenherrlichkeit der Phantome im Sternenraum nicht rauben, noch lästern. Nicht politisierter Intellekt – mag auch ein Lenin heroische Erlöserzüge tragen, und er steht gewißlich über allen Anfeindungen erhaben –, nicht eine barbarische Ordnungssprache mit intimen Henkergriffen ändert Gleichnis und Schicksal des Geschehens … Die Energiefülle im Menschen brachlegen – es kann kein Gesetz, keine Diktatur, kein Wille, kein Zeitungsdienst. Unsere gesellschaftliche bürgerliche Phrase bricht zusammen, weil infantile Snobs ein lächerliches Dancing dirigieren. Freuen wir uns, daß diese simple Ungezogenheit nicht mehr zu den Lebensbegebenheiten zu zählen ist. Wer nimmt die Parfümeure, die Modistinnen, die Tanzkobolde der Konversation noch ernst? … Kein Dichter, kein Begnadeter.

Im heutigen Geschichtsbild stirbt der Pygmäe, auch die Automaten der Völkermörder sterben, das schmutzige Weltmittelalter, die Hausmittel der Staatsanwaltschaft, die bequemen militaristischen Schmuckstücke, das alberne Abführmittel der göttlichen Gerechtigkeit, die künstlichen Plomben des Moralismus, der Gutachter und Überwachungsdienst, auch die Bettruhe allerdings und endlich die Ästhetik der Akademien.

Aber einer, der Ewigkranke, lüstern den Blutmutationen ergeben, der Dichter, der angestrengt unmoderne Lustgewinnler, rettet den Menschen die Heiligtümer ihrer Hoffnungen und Kopfwohltaten.

Berliner Tageblatt, 27.1.1928

Wir sind Totemisten

für René Schickele

In meiner lichtüberströmten Einöde, hoch oben in den Bergen, lebe ich mit Wutki und Banjo zusammen. Sie spähen in die Wolken, senden ihre Locktöne über den Schnee hinweg und sind sogar zu Freunden des Tabakrauchs geworden. Wutki bleibt stets artig in unserem Châlet zu Hause, doch Banjo pilgert mit auf einsamen Schneepfaden, die sich übermütig im Hochwald verlieren, wo im Gespinst einer kaltklaren Atmosphäre der unfaßbare Zauber verborgener Seelenstimmung zu klingen beginnt, wo die heimatlose Zeitseele, von der irdischen Grabkammer befreit, gleich einer wilden Stichflamme dem Himmel entgegenschlägt. Vielleicht mag es auch klimatische Vitamine geben, die dort oben in der Luftverdünnung ihr ausschweifend euphorisches Spiel treiben, die die Lebensgeister mit Festfreude überfallen und die dichtende Phantasie vor Verweltlichung bewahren. Wir fühlen längst jene Bergmimikry, die, analog der biologischen, unsern geistigen Habitus zu ändern versteht. Die Mimik der Höhenzüge und Gletscher, der Kult der Lichtwelt und des Gesteins in seiner Massigkeit und Weite, die Bildkunst der Natur, ihre Sonnenkuppeln und ihr Mythosgeflüster finden in uns ihren Widerschein. Auf solch schattenloser Lebensstraße stehend, wandeln sich unsere physiognomischen Merkmale, unsere Gewandung wird neu, wir lächeln anders, unser Mund, unsere Nase, sie tragen eine neuartige Gebärde, unsere Träume, abseits der Tieflandfütterung und der wissenschaftlichen Psychisten, verknüpfen sich zu neuen schönen Bildern, da wir dem Koordinatensystem gleichförmiger Städte entronnen, und unser individuelles Temperament, nicht mehr eingekeilt in ein starres Bezugssystem mondäner Komplimente und unerlaubter Dogmen, bekommt unvermutet ein anderes, vielleicht sympathischeres Gesicht, weil wir den Manövern, Orgien und Scheinwerfern der Konvention entrückt sind. Man lebt ein Leben ohne Abblendung, ohne Vorder- und Hintermann, ohne Überholen, ohne Cocktail und Schlagwort. Ich bin überzeugt, eines Tages findet die Mathematik eine Formel für diese Transformationsgleichung im alpinen Gravitationsfeld. Seit Newton, Helmholtz, Galton, Gauß, Maxwell, Mach und Einstein (die Stufenleiter wird fortgesetzt werden) sind wir in unserem einfältigen Philosophieren und Glauben etwas eingeschüchtert, so daß wir dem Verdacht magischer Manipulationen ausgesetzt sind, wenn wir auf einsamen Spaziergängen wunderliche Dinge über unsere inneren oder emotionalen Wahrnehmungen schamvoll verlauten lassen. Aber noch immer ist das Leben von unerklärlicher Symbolik bestirnt. Und wir können uns daher glücklichen oder unglücklichen Einbrüchen nicht verschließen, die zu Wahrzeichen und Entladungen unseres Innern werden. Rubine,

Drachen, Haschisch, Weisheit der Poesie, Hof der Wunder, Sinnlichkeitskatarakte, Blutschönheit, Musikalität geistiger Paletten – sie haben für uns noch immer Größe und Kontur und bleiben allem Stofflichen ebenbürtig. Warum eine einseitige Anschauung entwerfen wollen, wenn das Schöpferische so reichhaltig und gegensätzlich in Erscheinung tritt! Existieren nicht Greco und Leibl, Swedenborg und Atomphysik, die römische Campagna neben dem Hindukusch?

Ob Banjo, mein Begleiter, auch dieses Glück verspürt? Ich weiß es nicht. Wenn er auch nicht meine Gedankensprünge mitmacht, so scheinen doch seine lustigen Leibesübungen, die er am steilen Schneehang (zum Entsetzen der Skifahrer) vollführt, von einer unnachahmlich fröhlichen Stimmung zu erzählen. Banjo ist eine gänzlich unliterarische Figur, die niemals Schreibunterricht genossen hat und infolgedessen in eleganter Zurückhaltung dahinleben darf. Aber er ist dafür ein scharfsichtiger Zuschauer und ein geruchstarkes Wesen … Dieser Wolfshund ist mein einziger Liebling in Davos. Er ist mein Trost in dem hiesigen Sanatoriumskarneval. Ich bin zwar kein Polizeisergeant, der in Schlägereien geraten kann, stehe somit Hantierungen ferne, die sonst von Wolfshunden unterstützt zu werden pflegen. Trotzdem, ich liebe nur diese Rasse, ohne zur Scotland-Yard-Profession zu gehören. Der gute Ruf der Barsois und Pekinesen ist durch eine billige Halbwelt etwas beeinträchtigt. Ein Schweizer Sennenhund, was soll ich mit ihm, da ich keine Kundschaft mit Molkereiprodukten zu bedienen habe? Doggen wiederum stehen mir politisch zu rechts. Drahthaar-Terriers sind mir mit ihrem Aufputz zu komisch, es sind lediglich beschnüffelnde Clowns, die auf den Namen des Schweizer Humoristen Grock hören. Zu einem Sealyham-Terrier kann ich mir nur eine rassige Portugiesin vorstellen. Wichtig für mich: Banjo liebt wie ich, sein Menschenkollege, die Berge. Der Dichter-Hunde-Experte Jack London hätte an ihm ohne Zeifel seine jerryhafte Freude gehabt ... Wutki indessen, eine kleine getigerte Hauskatze, besieht sich das Tinzenhorn, den Piz Michel und das Jakobshorn nur vom besonnten Fensterbrett aus. Banjo hat eine Wildlingsseele, die mich noch einmal in einen Gerichtssaal führen wird. Wutki hingegen besitzt eine höhere Moral, ist voller Gaukelei, liegt hingestreckt wie ein Lindwurm auf dem Teppich, trägt auf der Ottomane ein Eulengesicht zur Schau, blinzelt bisweilen aus üppigen Kissen wie eine Kommerzienrätin hervor, schleicht sich wie ein E.A. Poe- oder Meyrink-Gespenst heran und nimmt in ihrer motorischen Abwandlung sogar känguruhafte Formen an. Ein Akkumulator immer neuer Einfälle, der wie eine Kabarettistin alles keck überschaut.

Man sagt oftmals, nur Menschen mit naiver Weltansicht seien in Tiere vernarrt; das wären also in unserer Zeit Laien, Philister, Stumpfsinnangeklagte. Ich höre das Auflachen der Madame Colette, ich vernehme ihren liebenswürdigen Protest und schließe mich ihm an. Gewiß, es gibt Menschen, die sich mit Tieren umgeben, weil ihre eigene Persönlichkeit schlecht ausgebildet ist, die gänzlich uninteressant wären ohne diese Leidenschaft. Hier muß das Tier menschliche Leere, Fadheit, irgendeine Zurückgebliebenheit korrigieren. Tragischer liegt die Situation bei jenen, die unter einem krankhaften Gesetz dämonisch keuchen, denen das Tier zum unheimlichen Spukgebilde, zum Folterwerkzeug, zur Selbstpeinigung wird, die in ihrem Denken und Fühlen erschüttert sind und in dem Wahngedanken einer geheimnisvollen Tierwandlung dahintrauern. Der Psychiatrie ist der Schrecken solchen fremdartigen Wahnerlebens wohl bekannt. In ihm lebt die Anschauung primitiver Völer nach, die etwa an die Verwandlung des gestorbenen Menschen in das Totemtier glauben. ›Ich werde sterben und als Flußpferd wiedergeboren werden‹, sagt ein Eingeborener aus dem Uelle- und Kongogebiet. Einer bestimmten Menschengruppe gilt dort ein ganz bestimmtes Tier heilig; man ist von einer magischen Verwandtschaft zwischen Mensch und Tier überzeugt; man stellt ein Bündnis her, dem ein klares System religiöser und sozialer Vorschriften zugrunde liegt. Das sakrale Totemtier schützt und beunruhigt die Horde, den Clan; es wird zum tierischen ›protecteur collectif‹, wie die französischen Autoren sagen, oder zum ›générateur des hommes‹. Bär, Wolf, Schildkröte, Adler, Krähe, Biber, Büffel, Leopard, Krokodil, Riesenschlange, Eisvogel, Heuschrecke, Löwe, Gorilla und andere bilden ihre besondere Totemgruppe. Eine mythische Zuordnung, die dem Leben Ganzheit, Spannung und Weihe verleiht, die zum Dirigenten aller Abläufe wird, Harmonie und Konvention in die Polyphonie der Beziehungen setzt. Ein Schutzgeist, ein Wappentier (das in unserer Heraldik weiterlebt) bekundet seine Überlegenheit in allen Sphären.

Sind diese dunklen Gewalten für uns tot? Lebt in uns nicht ein Stück des Paradieses der primitiven

Welt? Der rationalistische Apparat der Zeit mit seinen Scheinbewegungen, Widersprüchen, mit seiner Fortschrittsgeschmeidigkeit hält doch noch immer ein kleines Schiebefenster in eine verborgen blühende Welt offen, wo man auf Geisterlippen hinabzulauschen meint. Sollte das magisch-tabuistische Auge der Exoten nicht auch in uns noch seine Reflexe widerspiegeln? Da unser gesamtes Dasein eine rätselhafte Doppelfront aufweist, an der sich nicht nur geistreichelnde Karikaturisten erlaben sollten, so wäre die Frage nach dem Vorhandensein eines abgeschwächten Totemismus erlaubt. Nachdem schon die Ethnologie die Meinung vertreten hat, die Entstehung der Viehzucht sei auf den totemistischen Vorstellungskomplex zurückzuführen, dürfte man nicht überrascht sein, in unserer privaten Tierliebe, ohne viel Erfindungslust, Reste eines verröchelnden, sterbenden, uns unbewußten Totemismus zu sehen.

Der Katzenfreund, der Hundekenner, beide entpuppen sich als verkappte Primitive. Auch Förster, Tiermaler, Zirkusartisten, Assistenten biologischer Institute, Kanarienvogelzüchter, Tierwärter, Menageriekäuze, Aquariumssadisten, Wohltäter und so mancher Weltflüchtige wären als totemistische Zeitgenossen zu betrachten ... Meine Frau gehört dem Tigerkatzenclan an, ich dem Wolfshundclan (täusche ich mich nicht, auch Hermann Hesse). Ihre Geliebte, verehrter Leser, schreibe ich dem Zwergdackelclan, Ihren Geschäftsfreund dem Bull-Terrierclan zu ...

BERLINER TAGEBLATT, 21.3.1929

Geschehnis

Erzählerisches

Geschehnis

Sein Leben war mit der Zeit grünspanig geworden; er war lange Lehrer in einem Dorfe gewesen. Aber diese Patina des Lebens machte ihn interessant in dem neuen Kreise, in dem er nun verkehrte, draußen an der bedächtigen Peripherie der Stadt mit dem welterstaunten Seufzergesicht. Es waren da nämlich nur Menschen mit rostbrauner Gesinnung. Ein Schmelztiegel von Leuten, teils mit verwitterten Idealen, teils mit schlecht gebundenen Krawatten und … mit uneingestandener Melancholie. Da war der Bankbeamte Mantzke aus der Depositenkasse, der ein paar Sachen von Zola gelesen hatte und davon Zeit seines Lebens zehrte. Und diese wenigen intellektuellen Brosamen brachte er überall an, beim Friseur, beim Milchhändler, beim Drogisten. Ein anderer Typus war jener Sadik, ehemaliger Inhaber einer Weinstube und emeritierter Zuchthäusler. Schievelbein, ein rundlicher Prokurist mit langen Rockschößen, sympathisierte einzig und allein mit Trikot, Dienstmädchen und Zigaretten zu 6. Hugo von Hartenstein wattierte sich mit seinem angeblich blauen Blut, doch der Scholar hielt sich nicht so streng wie sein afrikanischer Armreif an das Ebenbürtigkeitsprinzip. Die tonangebenden Männer vom Wirtshaus zum Garde-Ulanen waren das. Mit zerkratzten Hintergründen, erstes Stadium eines wißbegierigen Malerhimmels. Immerfort wurde hier dem Sieg, den Entscheidungen, dem Wunder ausgewichen. Eine bravwurmstichige Schmarotzergesellschaft, die hohe Töne anschlug, sobald einer wider Willen etwas Vernünftiges ausplauderte. Der Lehrer jedoch erzählte von seinem Tannenwald, von den tausendjährigen Sonntagsandachten der raunenden, verlockenden Naturbrunst, vom Jugendwerk der Gottheit, hinweggetäuscht, qualvoll schleppend. Ecce ... (fühlten es, aber fanden das andere Wort nicht hinzu). Der Fremde galt wohl auch als Naturphilosoph. Doch auf die Dauer hatten sie keine Freude am Käfersammeln, an Blumen, auf die schwere Sonne fiel, und setzten den Mann vom Land ans Freie. Schievelbein machte klar, man müsse die Interessen der Rostbraunen wahren. Der Lehrer verkam in einer Dirnenkneipe. Page, auf dem Weg zur Erforschung der Seele.

aus: *Intarsien* (II), Das Gelbe Blatt, 22.3.1919

Gesichte

Einer erzählt leise ... ... und lief mit schreiendem Herzen aus Sehnsucht über die Boulevards dahin... ...

Ich bin ein blütenhungriger Mensch; das mag daher kommen, weil ich in früher Jugend J. P. Jacobsen gelesen habe – wir alle haben diese Phase passiert. Ich habe diesen Stillen in dem Wartezimmer eines Arztes kennengelernt, wo mir ein junges Mädchen mit langem Hals und ausgeprägtem Formensinn von diesem Nordländer schwärmte. Als ich nach Kopenhagen kam, einer Stadt an blauen Wassern, mit matten Kirchtürmen, regnerischen Straßen, prachtvollen Ethnographica, intimen Plastiken, vielen sauberen Bäckerläden ... mit *Wivel*, dem geschmackvollen europäischen Restaurant ..., ging ich hinein in die Straße, wo sein Sterbezimmer stand. Wenn ich heute daran denke, sehe ich immer zärtlich-blau-weiße Hyazinthen, ich weiß nicht, ob Jacobsen sie gern hatte ... ich weiß es nicht, aber ich glaube, daß er irgendwo schöne Dinge darüber sagt. Es gibt dunkle Assoziationen im Leben.

Mein Verlangen nach schönen, schweren, feinen, vollen Blüten geht ins Ungemessene. Draußen zwischen Birken schätze ich sie ebensosehr wie in einer Vase auf dem Kamin ... Sie erinnern einen an schönes, weißes, verlebtes Frauenhaar, an Frauen, die im Leben gelitten haben, wie Flieder im Wind gelinde ächzt.

Blüten über dem tollen Leben hängend sind eine traumzarte Impression. Ich habe es einmal in einem Café, auf einer Terrasse außen, im Frühling gegen Tagestod balsamsüß genießen können, in einer Weltstadt. Neben Bogenlampen, Autos hingen sie. Darunter das große tosende geistige Konzert der City, Zeitungsschreier, Gaukler, Huren, aufbäumende Pferde, Kinder, endlose Straßenbahnwagenreihen, Schattenbilder. Es waren hüpfende Flammen, Farbenkleckse wie in einem Segantini, eingetaucht in die sensibelste Modernität unserer Tage. Langweilige sprechen gelbsüchtig viel von der Automatisierung unserer Epoche, ich habe nie etwas von dieser billigen Halbheit zu spüren vermocht, auch nicht beim Anschauen eines Rubens, nicht im Korbsessel eines Vestibüls, nicht am Rhein, nicht an der Rhône, nicht im Zirkus. Niemals haben wir so eine gesunde artistische Rasse in unserer keimenden Gebärde getragen, die kapriziösesten Rokokoschnörkel formen sich filigransüßer im Fahren der Hochbahn, in unseren wundersamen Städten finden wir auf kalten Steinbänken abgeschlossene Frauenseelen ruhen, magierhaft eingesponnen in die durchseelteste Erotik, wir lieben heute brünstiger als Casanova und Alkibiades. Etwas Antikes, somit Barbarisches geht durch unsere Lebensfalten hindurch, in wilder Freiheit gebärt sich wieder ein Divino.

Und stygische Ahnungsfiebrigkeit befällt meine Augenlider, nicht beim Betasten eines Waldfriedhofes, aber beim Durcheilen eines Warenhauses, bei tiefer Musik, die fern aus einem Spielsaal, durch die Gemächer lüstern tändelt und sich eingräbt in schweren Kissen und eigensinnigem Brokat, und sich geilend zerbricht an türkischen Wasserpfeifen und flammenden Arbeiten aus Moradabad. Wir Cerebralen, die nur ungern an lyrischen Farbenschwindel glauben, die das Nurhölderlinhafte verneinen, doch ardinghelloheiß das kosmische Leben erraffen, ernerven, ersinnlichen, wir fühlen, daß der säuerliche Ton der anerkannten formlosen, teigigen Lebensauffassung in Nebel zerflattern muß ... und Neues ballt sich zusammen aus Menschenmund, kristallisiert in Saphirquellen ...

Das dickwanstige Hirn berstet – »der Zeiger fällt« – und wir küssen an der schneidenden Kante des Lichts Strahlen des Mondes und der Sonne zugleich ...

Einer meiner Freunde – er ist still geworden im Krieg und modert weit weg in der Erde – liebte silbrige Gespräche um Mitternacht ... es war dabei Tag geworden ... Schritte durch den Kiefernwald, dessen staubige Plattheit sonst schreckt ... heute lag viel farbenzitterndes Licht in ihm. Dazwischen Wasser mit Schilf und gelbgeränderten Wasserkäfern. Nur Netzhäute, die ausschweifendem Schönheitsdurst frönen, können diese Visionen des Alltags perzipieren. Hinter die Schönheit der Lucrezia Borgia und der Catarina Cornaro mag man berechtigte Fragezeichen setzen, doch für das seltsame Wunder des dem

Morgen entschlüpfenden Waldes waltet freie Sinnenvereintheit, in ihm spricht sich der Hauch des Uferlosen, des Traumes aus, und des Genießers ... müde von Fresken, ernüchtert von Grieg und Bizet, laugestimmt von gotischem Gespitze.

Nein, es war eine Delibes-Stimmung; nur an die Töne jenes charmanten Franzosen in ihrer leichtdürren Stillosigkeit konnte gedacht werden; jeder Zweig, jedes Wasserinsekt, jeder lachende Kieselstein, die hier im Kultus lindernder Primitivität herumlagen, erzitterte uns in den wiegenden, unsagbar eindringlichen, spielerischen Kleinigkeiten des gallischen Musikanten.

Blütenstaub legte sich auf unsere Nerven.

Es waren zwei Unvergiftete, zwei, die nie ehrsames Begeistern an Ozon und freier Philosophie hatten; klar und hell war ihre Liebe zu Locke, Comte, Feuerbach und Mach; rubinrot ihr Drang zum Leben. Sie dachten in poetisch verklärten Wirbeln und wollten dem Laster Altäre bauen.

Dem Laster Altäre bauen, war der Refrain der ganzen bejahrten Nacht; neurasthenisiert, waren sie zur höchsten tiefsten Erkenntnisfähigkeit gewachsen. Sie erlabten sich in der Dekadenz psychischer Interieurs, sie wollten hinwegräumen die Leichenreste unserer Zeit, Bildung und den Götzen Gott.

Diese Zeitlosen lebten noch in der Sphäre des Totemismus. Und fragte sie einer, was sie wären, so sprachen sie: Wir sind Totemisten ... Schildkröte? ... Eidechse? ... Nein. »Der Skorpion ist unser Tier ...« und die andern verstanden nicht immer den stechenden Ausspruch.

So wie der Mensch das größte, schönste, einmaligste Laster ist, dieser himmelfreudige, fleischgewordene Protest gegen Gott in der Marter blutender Ekstase ... und über dem Wald flog keine Taube ... es war zwischen Ostern und Pfingsten... aber sie dachten nicht weiter, Nebel zerwühlter Ahnungen entfalteten sich deutlich wie fremde Gesellen, im Mittelpunkt stand plötzlich ein Philosoph zwischen blühenden Lichtungen und erkundigte sich, ob sie heute Nacht zu Tabarin kämen.

Und durch die nadeligen Baumäste summten Libellen überreizte, orphische Lieder:

Fragt jene, deren Sinne auf tropischen Sonnenscheiben sieden, fragt jene, denen Kerkerhöfe, Weihrauchkessel, samenträchtige Ozeane höchstes Entzücken lächelt ... aber – und viele wiederum schmerzte das seltsame Lied – laßt ab, zu erfahren den Kothurn der fröhlichen Illegitimen. Oh, wie fahl seid ihr im weiten Schlund, mit dicken Stricken seid ihr von bösen Geistern festgebunden, leer sind eure Schalen, leer vom Zauberöl der schönen Tage.

Über Föhrenwipfel im Silberblau zogen Doppelsonnen, ernst wie schwarze Mieder in grünem Land. Alle metaphysischen Hebel zuckten gleich Waldgnomen im Föhn. Schatten knarrten im Wunderwind.

Das gelbe Blatt, 15.3.1919

Episode am Morgen

Er war beglückt, erlöst zu sein. Sein blasses Gesicht verriet seelenvolle Muskelzuckungen, als er den Fahrstuhl betrat.

Unten drückte er dem maskierten Eunuchen, dem Diener des Hauses, ein paar Markstücke in die Hand.

Es regnete leicht. Herr Oktavian fühlte sich frei wie in einer Höhenlandschaft Ceylons. Zylinder und Monokel nahm er ab, zog die lindernde Wasserkühle ein und ließ den Philosophen Demokrit samt seinem Landregen der Atome hochleben. Sonst hatten Philosophen bei ihm keine Daseinsberechtigung.

Er schlenderte unter den nächtlichen Bäumen dahin. Seine Lippen sangen ein honettes Spottlied auf die erste Gesellschaft.

– Ein Uhr schlug irgendwo ein durchleuchtetes Zifferblatt. – – Er ertrug deren epidermale Gesinnung nicht. Eine Frau Justizrat hatte ihm während des ganzen Abends von einer erledigten Oper gutbürgerliche Worte vorgeschwatzt, eine junge Dame, die mit ihrem großen Brustmedaillon und feingegliederten Fingern ganz taktvoll zu soupieren verstand, langweilte ihre Umgebung mit Sportdingen, ein Bullenbeißergesicht fletschte von Fußballmatch.

Herr Oktavian stand turmhoch über diesen gesellschaftlichen Untiefen. Ein paar Nichtigkeiten barock hingeworfen, und seine Pflicht, zur Unterhaltung beizutragen, war erfüllt.

Er haßte dieses Menschenkonglomerat.

Ein Polizist mit Säbel ging vorüber.

Eine Stunde später, und die Milchstraße war klar. Herr Oktavian, leichtfüßig und charmant umgekleidet, eilte seines Weges. Eine Morphiuminjektion, und er wußte, seine Nerven konnten jetzt unbetretene Hirnpfade wandeln.

Er ging durch das Café hindurch. Im ersten Stock in einer Nische mit stilvollem Blick in den lichtdurchseuchten Raum traf er Fräulein de la Blanche.

Leichte und die schwersten Gedanken hüpften hin und her, wie auf Sprungbretter gestellt flogen die schwirrenden Worte. Fräulein de la Blanche nahm dabei mit bachstelzenhafter Schnelligkeit ein Zündholz nach dem andern aus dem Feuerzeug heraus und brach ihm den Feuerkopf ab. Sie fand das so lieb. Köpfen, meinte sie, müsse zu unterhaltsam sein.

»Gnädiges Fräulein frönen schon wieder Ihrer zarten Manie«, sagte Herr Hochstetten und bahnte sich durch gepolsterte Sessel hindurch seinen Weg.

»Bitte zwanzig parfümierte Türken.«

Man geriet in Streit über Max Klinger; das war eigentlich seltsam; denn sonst wurde diesem exquisitesten Künstler in allen Punkten beigestimmt.

Bildhaft schöner Zigarettenrauch durchschwebte das erzitternde Trio.

Herr Oktavian verglich die weichen matten Seidenstrümpfe des Fräuleins de la Blanche mit dem handlichen Kris, jenem damaszierten Eisendolch auf Java.

Er war Globetrotter. Verschönerungsvereine galten ihm als schwere Beleidigung. Er las seine Lieblingsschriftsteller am liebsten bei Regenwetter in katholischen Kirchen, wenn der Organist sich gerade einübte, oder in einem Operationssaal bei irgendeiner Trepanation.

Eine mondäne Zuckung, und ihre grazilen Beine lagen frei. Aber beim Jupon blieb der Vergleich aus.

»Lesen Sie Kriminal-Romane?«

»Nein, wie können sie nur ...?«

»Sie haben Kultur, mein Fräulein.«

»Ich liebe Parfüm d'Orsay, Knut Hamsun und Kokain.«

»Denken Sie«, hauchte Hochstetten, »gestern traf ich bei Mona Lisa einen Herrn, der verwechselte Saturnide mit Saturnist.«

»Mein Gott, der Unglückliche hat eine schlechte Kinderstube gehabt und eine unanständige Weiterbildung genossen, – – sehr einfach«, warf nervös Fräulein de la Blanche hin, trank Mazagran und verlangte intimere Musik. Nach sechs Sekunden forderte sie Grieg.

Herr Oktavian beugte sich über seine Kaffeetasse und meinte nachlässig: »Der Typus taucht für unseren Eliteklub nicht.«

»Natürlich nicht, oder wir würden sinken.«

»Legitimation: Nobelpreisträgertum a.D., allenfalls noch wurmstichiger Schädel«, kicherte der mandelförmige Mund der Dame in Weiß. Sie lächelte gleich Kirschblüten im Morgenwind.

»Na, Sie wissen doch, wir repräsentieren eine Spezies, die ebensoweit vom konventionellen Lebemann entfernt ist wie vom Friseur oder einem Feuilletonisten.« Hochstetten hielt an, nahm eine weitere Zigarette und lauschte den wiegend-schnalzenden Klängen des Ungars.

Herr Oktavian schnitt eine stahlblaue Grimasse über seine Umgebung, hob seinen Kopf und war jetzt überzeugt, daß in dieser Stellung sein scharfgeschnittenes Profil von den unteren Cafétischen aus seine Wirkung nicht verfehlte. Er kritisierte, er plauderte ruhig und gelassen, eisigbenervt und blutunterlaufen, bald wie abwesend, die versunkene Vergangenheit eindringlich vergegenwärtigend, bald trugen seine Laute den faltenreichen Mantel seiner widerspruchsreichen Ichheit. Seine hellgrüne Krawatte faszinierte am meisten; Ringe an der Hand waren ihm metzgerhafte Belästigung. Fräulein de la Blanche nahm daher stets in seiner Gesellschaft die Juwelen ab.

Fadenziehende Musik entquoll den talmibetreßten Vorhängen.

Ein Herr im Frack gegenüber lispelte: »Es gibt Momente ... »

Gestalten kamen, enge Röcke, Hüte, ein Hund lief dazwischen, Reiherfedern durchschnitten den gesättigten Raum.

Das Bild entstand, das alltagnächtliche, des Cafés um 3½ Uhr morgens herum.

Die gelben Lampen schienen müde zu werden. Die graue Bespannung dämpfte das hemmungslose Farbenspiel. – – – Phthisis und Tabes schlichen umher.

»Herr Graf belieben – « lallten kriechende Kellner; ein Herr zwischen dreißig und vierzig, ein Blödian mit Schmissen, Held eines kommenden Prozesses, ging hohläugig vorüber.

Weiche, fein geäderte violette Schatten vibrierten auf dem Antlitz des Fräulein de la Blanche, wie in einer römischen Basilika bei Sonnenuntergang.

»Wann erscheint Ihr Aphorismenbuch?«

Herr Oktavian schob sein zweites Glas Tee beiseite, löschte die kleine, kimonohaft geblumte Tischlampe aus. »Ich denke in einem Monat«, gab er zur Antwort. »Doch das ist Nebensache, ich finde, von sich unter Freunden zu reden, ist langweilig. Wenn es sein muß, gut, fragen Sie morgen, pardon, heute abend bei Dr. Werner. Die Angelegenheit kontrastiert dort besser mit dem gesamten Milieu.«

»Heute nachmittag kommen die Herren zum Tee.«

»Danke, meine Gnädigste, mit willigem Entzükken«, flüsterte Herr Oktavian.

»Ich werde die Mohnblüten in die Onyxschale stellen lassen und die kleine süße Buddhastatue auf den Zeitschriftenhalter – nein, wissen Sie wohin, auf den Schreibtisch, links neben Amenophis, ach, ich habe dieses Monstrum zu gern. – – Herrgott, Sie müssen sich doch zutotfreuen, schauen Sie, zwei Kulturen grüßen sich – – ausgerechnet auf meinem Schreibtisch. – – Strahlt dann die Sonne durch die tanzenden Baumblätter, o, dann ersteht in dem verblichenen Gold des Götterbildes diese dämonische verklärende Kraft der Ausdruckslosigkeit.«

»Und Sie, kleine liebe Madonna, küssen die Lichtpünktchen auf dem Teppich aus Buchara.«

»Und ich schließe das Auge und ziehe den Rauch meiner Zigarette ein, ganz tief, und meine Seele schwebt, lautlos und federleicht, von aller Erdensinnlichkeit befreit, umher. Und wir passieren die heiße grelle Küste von Oman.« – – Er, Herr Oktavian, fühlte seinen Puls.

Das Mädchen summte den Ton eines Schmetterlings, der an einer Birke farbenfroh vorbeischaukelt: »Und wir gehen an Land, im Osten, und singen das Lied der Freude, ganz zart und leise. Ein großes Schweigen fällt dann auf unsere Seele.« – – –

Man ging die weiche Treppe hinunter. Die Glastür drehte sich. »Guten Morgen, meine Herrschaften.«

Unten donnerte schon die Untergrundbahn.

»Sie sind müde, mein Fräulein.«

»Nein, ich habe Sehnsucht.« – – –

Ein Auto fuhr der Sonne entgegen. Zeitungsausträgerinnen kamen, Bäckerjungen gesellten sich dazu.

DIE AEHRE, 25.10.1914

Das Schokoladenmädchen

Im Morgengrauen tauchte dieses Gespenst Tag für Tag auf. Um sieben Uhr morgens erstand aus dem Nebel die kahle amerikanisierte Fabrik, er durchschritt das beklemmende Gitter. Links und rechts liefen Arbeiter und Beamte an ihm vorbei. Irgendein Läutwerk spie eine schmutzige Melodie aus. Einige fingen sofort mit der Arbeit an, andere lasen gemütlich in den Zeitungen, bis der Bureauvorstand erschien. Schreibmaschinen klapperten eine nackte Musik. Florentin wunderte sich über die Einfalt dieser Menschen. Die Leute mußten doch alle mit dem Leben schon abgeschlossen haben. Oder hatten sie keine Heimat im Leben draußen?

»Sie müssen des Nachts immer schöne Träume haben, alle hier im Saal«, sagte Florentin zu dem kleinen Schreibmaschinenfräulein beim Diktieren einer Übersetzung. »Wie könnten sie sonst so ruhig hier sitzen, Stunde für Stunde, Woche für Woche ...« Dann sprach er mit seiner Nachbarin vom Kino, von alten Teppichen und den Kulissen der Weltstädte.

Seine Kollegen an den Schreibtischen führten gar kein Kompromißleben. Ihre langweiligen Figuren schienen ihm klar und durchsichtig. Sie versäumten mit aller Entschiedenheit, daran zu denken, daß sie Kopf und Herz besaßen. Zur Verfügung standen ihnen eigentlich nur Hände, automatische Gliedmassen, die irgend etwas motorisch bejahten. Die Hand war die letzte Bilanz der Existenz. Florentin dachte: eine Sammlung Scherzartikel.

Das nannte man bei der Industrie sein.

Eines Tages rief der Personalchef Florentin. Man warf ihm Interesselosigkeit und andere dominierende Motive vor. Der indolente Personalchef machte den unangenehmen Eindruck eines verkommenen Mischmasches aller menschlichen Proportionen und war überdies noch aus Anstandsfehlern zusammengesetzt. Da Florentin auf Meinungsaustausch keinen Wert legte und andererseits die smarte Denkart der Kaufleute nicht stören wollte, zog er aus seiner internationalen Lage die Konsequenz und verließ noch an dem gleichen Tage dieses Haus ökonomischer Zivilisation.

Am Abend wollte er seine Freundin aufsuchen. Doch Frau Adelheid war nicht zu Hause. Das verdüsterte sein Weltbild ein wenig. Er notierte daraufhin einige Sehnsuchtsgefühle in sein Tagebuch. Er liebte Frau Adelheid sehr. Sie war schlank. Ihre schwarzen Haare dünkten ihn schaudernd schön, gleich einer orientalischen Legende. In der Ratlosigkeit eines Wartesaals zweiter Klasse hatte er sie vor drei Monaten erstmalig geliebt. Damals fuhr er mit ihr in die Stadt zurück. Sie war schweigsam, wie das junge Witwen zu sein pflegen, aber Florentin erzählte ihr von Launen der Natur, und er nannte sie bald darauf sein

Amulett. Und sein Feuer fand die Resonanz verhaltener Leidenschaftlichkeit. So hatte er wieder eine Kluft überbrückt und eine gewisse Symmetrie in seinem Verlangen hergestellt. In jenem Kostüm vergaß er bisweilen die nüchterne Galerie seiner trostlosen Arbeitstage. Wenn er ihr ins Angesicht sah, wurde er ruhig. Sie war eine jener Frauen, die immer indifferent bleiben, wo jeder Schritt, jede Liebkosung, jedes Tasten wie von einem Telephondraht geleitet scheint. Die früh morgens die gleiche Miene aufsetzen, die gleiche Geste um Mitternacht wiederholen. Florentin glaubte hierin einen Mangel an Spieltrieb feststellen zu sollen. Und trotzdem wartete er bei dieser Frau immer auf eine Überraschung. Solche Frauen soll man lieben wie die stillen Bergquellen, die zwischen Moos und Gestein hervorsprudeln. Etwas Anonymes lauert um derartige Wesen. Wirkliches Vergnügen empfand Adelheid eigentlich nur für Autos. Das war für Florentin eine zu lapidare Handlung. Aber unsere Generation hat nur Sinn für Halbfertiges. Er aber suchte in ihr einen Pavillon wollüstigen Frühlingsgewölkes. Als er einmal im Kursaal Geld gewann, kaufte er für Adelheid einen kleinen eleganten Hut aus blondem Marocainkrepp. Und abends speiste er mit ihr, in nilgrüner Charmeuseseide, draußen im Parc des Eaux-Vives ... Adelheid trug stets einen kleinen vergifteten Dolch bei sich. Das hob ihre schlanke Schönheit.

An dem selben Abend ging er noch zu Oddone. Der Mann der Italienerin, ein Financier, hielt sich geschäftlich in Turin auf. Der Gang war nicht umsonst. Sie bummelten gemeinsam den See hinunter, überquerten den Pont du Montblanc, an der Place des Alpes schlüpften sie ins Maxim. Oddone war überglücklich, wenn Florentin mit ihr dorthin die Schritte lenkte. Ihr Mann, eine kerngesunde Speckmasse, unfähig die Symbole dieser vielseitigen Welt zu begreifen, schätzte derartige Etablissements in keiner Weise. Oddone hingegen besaß etwas von der bestrickenden Mythologie der Tierbilder. Für sie war Florentin allwissend.

Es war wirklich kein Irrtum. In derselben Nacht wurde der entlassene Florentin noch Sekretär einer interkontinentalen Artisten-Gesellschaft. Zwischen halbausgetrunkenen Champagner-Gläsern schob der Rumäne ihm den Vertrag zu, den Florentin – und im Übermut tat Oddone das gleiche – unterzeichnete.

Das ist das Standardwerk meines Lebens, schrie er durch die parfümierte Atmosphäre.

Und die weltinnige Oddone in ihrer Kinderstimme sang verständig: Des Lebens tiefster Sinn heißt Kolportage ...

Die Zimmervermieterin, bei der Florentin zwei kleine Zimmer im Stil des zweiten Kaiserreichs bewohnte, rümpfte oftmals ihre etwas zu groß geratene Nase über die zahlreichen, recht seltsam anmutenden Gäste, die hier nun aus und ein gingen. Aus den Reihen des soliden Bürgertums stammten diese bunten Typen nicht, die immer ein klein wenig aus der beunruhigenden Polizeisphäre mitbrachten. Als Abspaltungen eines Abenteurerromans bezeichnete Florentin dieses feilschend gedunsene Schwelgen. Für den Rattenschlucker Walter mußte er einen Brief an einen zweifelhaften Advokaten schreiben.

Yvonne, die kleine Stimmungssängerin, beschwerte sich über ihren robusten Chef. So manche Begebenheit, von der sich Schulknaben nichts träumen lassen, wurde vorgetragen und in Mitgefühl an die maßgebende Stelle weitergeleitet. Einzelne liebevolle Persönlichkeiten erschienen täglich und erlabten sich in dem schattigen Zimmer wohltuend. Eine magere, etwas lesbisch grinsende Dame fand die Stimmung apart. Eine andere mußte schnell noch ihre Seidenstrümpfe stopfen, eine ekstasische Filmpuella hatte sogar nach einem warmen Bad Lust und verglich ihre indiskrete Haut mit Kleopatra. Ein Naturpark besonderer Gattung von mysteriöser Heiligkeit etablierte sich so unter allerlei Temperamentsgegensätzen. Etliche rochen nach Pilsner Bier, ein paar nach Äther, die Effektvollen nach ranziger Pomade. Es erheischte eine beträchtliche psychologische Schulung, den komplizierten Ansprüchen Halbwüchsiger und Erwachsener gerecht zu werden. Florentin fand bei jenen fast undeutbaren Konstellationen heraus, daß das schluchzende Menschenvolk sich nicht in dem schon unheimlichen Dickicht zweier Geschlechter offenbare, sondern daß sechs oder sieben Geschlechtszusammenklänge im Rausche des Lebens glühen müßten. Man sprach, Florentin in dem krassen Einherschreiten aus der Freimaurerloge auszuschließen, nahm davon aber wieder Abstand und betraute ihn sogar mit einer geheimen Mission.

Auch dieses Leben konnte ihn nicht allzu sehr anstacheln. Dumme Komödiantinnen, denen jedes Emporklimmen versagt blieb, häßlich in der Branche der Kunst, heimtückisch feige in den Regungen befreiter

Gefühle, in jener Liga der geistig Böswilligen, deren höchste Lockung in der unterschriebenen Artisten-Photographie gipfelte, wo sollten da seine Ambitionen Erfolg zeitigen. Und trotzdem, in diesem fremden gaunerischen Simililuxus schätzte man seine Person sehr, seine Hilfsbereitschaft für aufgescheuchte Individuen sicherte ihm heiße geräuschvolle Kameradschaft. Er durchschaute sofort das Schicksal eines jeden Menschen, mit dem er zusamentraf. Er liebte höchstens ihre kleinen Sünden. Selbst diese waren unmutig, sanftmütig heilsam geradezu. Auch die Sünde taxierten sie als Nebensache. Sie gehörte höchstens mithinein in den Betrieb. Wie die Behaarung nun einmal zum Menschen gehört. Über die Not grobkörniger Ungezogenheit führte kein Pfad.

Für Landpartien war das Wetter zu schlecht. Für die Rhetorik der Gottesgüte mangelte das weiche Gehirn.

Der Buchhändler Bersot sah aus wie ein kleiner Sohn der Hölle. Kokotten indessen hielten ihn für einen Kellner. Gepriesen sei diese Schatzkammer ulkiger Seelen-Gladiatoren. Haarnadeln und Strumpfbänder (sogar solche aus dehnbarem Metall) lagen mit Zeitschriften und Broschüren vereint auf dem ausgetretenen Fußboden. Oddone, von einem entzückenden Medicikragen umrahmt, erschien dort Donnerstags am Nachmittag, brachte eine Flasche Absinth und zerbrach so die Physiognomie einer unzureichenden Stadt. Ein christlich-katholischer Maler ward bald betrunken. Ein blondes Fräulein Hello von einer städtischen Kanzlei verfiel in Selbsthypnose, verlor aber auch dann nicht den Fäulnisfleck ihres ehemaligen Geliebten. Kritiker, Schauspieler und sonstige Geselligkeitsgäste bestritten den weiteren Gefühlsfond. Das Äußere und andere Qualitäten – hervorzuheben ist die undekorative Linie des Herrn Bersot – waren nicht dazu angetan, gute Geschäfte zu machen. Ein Entschluß Florentins änderte die technisch unhaltbare Situation. Aus der Bücherstube schuf der Innenarchitekt Camille die Hula-Hula-Bar, mit Nigger am Xylophon.

Aber es waren nur Wortgeplänkel, die dort die Knappheit der Ideen verbargen, kluge Äußerungen quollen auf, zuguterletzt ausfallend. Nicht nur die morphologische Ähnlichkeit aller Menschen ist dieselbe – ein Kennzeichen, worunter jeder bessere Künstler unsagbar zu leiden hat –, auch der Liebhaber des Geistes zieht sich erschrocken vor dem Klirren gleicher geringfügiger Gedanken-Sensationen zurück. Einzig und allein die Schwerkraft entschied. Die Unterhaltung mit einem marinen Knochenfisch – wer würde den Unterschied merken? Die Enzyklopädien hatten eine breitgewalzte Lebensform terroristisch öde ausgeformt. Auch Adelheid erschien ihm zu schwerblütig. Nur Oddone überblitzte noch die Skepsis irdischer Freuden. Sie war die einzige Dichtung in seinem Pilgerdasein. Sie war spaßig, wenn sie in plötzlichem Lächeln den Katholizismus angriff und das Theater als den Sarkophag zerschlissener Erlösung abtat. Sie hatte einen guten Biß für alle gesellschaftlichen Dinge. Ihre Liebkosungen und kleinen Worte waren von den heiteren Tautropfen der Erleichterung überglänzt. Hier ruhten noch Kristalle auf einem schwül aufklingenden Weg. Ein scherzhafter Taumel lechzender Abende erhellte die Kunst der Erregung. Die wankende Eitelkeit entfachender Weihrauchdämmerung tollte durch silbrige Brüste gleich zarten Tränen einer Göttin. Die Metzelei des Fleisches wuchs zur Kanzel pulsierender Visionen, unter dem Abendmantel zuckte mehr denn Schenkelgewühl. Nur ihre Lippen hatten den Reiz verderbter Kinderjahre.

In Nebengassen, wo muffige Luft herumstreicht, küßte sie Florentin, wenn aus offenen Fenstern schon Schnarchen und Entsagung erklang. Sie lasen gemeinsam die fremden Firmen-Schilder in lauten Straßen, die wie einfältige Galans in einem Foyer auf junge Konservatoristinnen zu warten schienen, sie vergruben sich in finstere Antiquariate, sie genossen die Resignation absonderlicher Mauerzinnen, wo die Erde zu frösteln beginnt und Arbeitslose ihre Attentatspläne halblaut gebären, wo eine waghalsige Blechmusik seltsame Köpfe entzündet, wo gichtige Perückenmacher billiges Material sammeln, wo der Dezemberwind Eingeweide zerreißt. Wo die Nacht zerrüttete Geständnisse protokolliert, lymphatische Wesen Tanzböden entweichen ... In solchen Quartieren ist der Mensch lebensunfähig, nur das Knattern eines Motorrades kann einem die übernächtigte Phantasie durchreißen. Haardünn läuft dort das Schicksal in Müdigkeit dahin. Hilfloses Martern des Milieus raubt hier die Gewißheit der Stimme. Ein plötzlicher Paukenschlag könnte dir den Tod zuschicken. Oddone wagte nicht, von Liebe zu sprechen ...

Florentin saß auf der Terrasse des Cafés und trank seinen Apéritif, schon seit einer Stunde. Er schrieb zwei Briefe. In dem einen lebte viel Sonne, Glanz und Lust. Er richtete ihn an Adelheid. Im anderen tobte die Panik der Genüsse, die Geißel verzogener Sinne weitete Pulsadern, ein Firmament ruheloser Nachdenklichkeiten kettete wilde gigantische Sterne zu fleischfarbenen Mosaiken ... Dies geschah für Oddone ... Die tollen Augen des Boulevard flackerten von neuem auf. Jubel und Enttäuschung schauten in die Welt. Umflorte Grausamkeit und milde Unergründlichkeit liebten ein schmeichlerisches Klima.

Am Ende der schmalen Treppe, die vom Vestibül zu den Logen hinaufführt, wo der Menschenstrom stockt, um sich dann nach rechts und links zu verteilen, und unerläßliche Spiegel in aller Offenheit nochmals die lächelnden Gesichter auffangen, an jener Brüstung des Geländers stand ein Mädchen und bot den Theaterbesuchern Konfekt an. Ihre gutmütigen feingebauten Hände wurden nicht müde, die kleinen süßen Sachen anzubieten. In ihrer Stimme aber flüsterte der Rausch einer wundersamen Melodie. Doch die Menschen glitten achtlos an ihr vorbei. Sie war doch eine schöne, rätselhafte Göttin, diese fremde Frau, die ihr blasses Gesicht im Lichterhimmel hin und her wiegte. Die irgend ein paar Gefälligkeiten hersagte, bescheiden, zurückhaltend, ein wenig traurig fast.

Chocolat, Caramel, Bonbons ... .

Unerschöpflich leuchtend klangen ihre Worte. Eine Weichheit lag in ihrem Organ, voller Glut, Sehnsucht und schimmernder Vorahnung. Schon ertönten auf der Szene die barschen dreimaligen

Stockschläge, und lüstern ging der Vorhang hoch. Das Mädchen aber sang nochmals ihr zartes Gebet in den Säulengang hinein ... Chocolat, Caramel, Bonbons ... Auf Florentin hatte noch nie eine Frau einen derartig verwirrenden Eindruck gemacht. In der Wirklichkeit verbarg sich hier eine unbestimmbare sentimentale Vision. Seine vehemente Seele gab sich ganz der Empfindung für die heimliche Traumgeliebte hin. Er ging oftmals in das Theater des Palais-Royal. Die Stücke, die man dort spielte, interessierten ihn nicht. Nur der Verkäuferin schenkte er seine Aufmerksamkeit. Eines Nachts, als sie das Theater verließ und die enge spärlich erhellte Rue Montpensier hinunterging, begleitete er sie zur nächsten Métro-Station. Sie wohnte am Südende der Avenue d'Orléans.

Les femmes, ces êtres médiocres et magiques.

Über Jules Laforgue drang er in das irrlichternde Linienspiel ihrer Gebärden ein. Nach einigem Zaudern besuchte sie Florentin in seiner Wohnung. Er modellierte sie in Ton. Bald als kleine schreitende Tänzerin oder als phantastische Begegnung und nannte die kokette Plastik »Sterbenden Traum«. Am nächsten Abend, als sie wieder bei ihm saß, formte er sie als sein »Abendherz«.

Florentin erschrak vor ihrem Herzen. Um ihre Brüste trug sie ein schmales dünnes Perlband.

Jetzt ging sie nicht mehr als das Schokoladenmädchen ins Theater. Sie wohnte bei ihm, stellte Blumen ins Atelier und pfiff ein lustiges Lied. Die Bildhauerarbeiten, denen er geringe Bedeutung zuschrieb, fanden in den Ausstellungen reichen Beifall und zahlungsfähige Gönner. Tausenderlei Klänge und Farben legte er in ihren Körper, lockte ihn zu neuen Kompositionen, ungestüm funkelte die Bewegung im Adel seiner Begeisterung. Er griff zu Mineralien bezaubernder Herkunft, wo sich eine feurige Golddecke über ein eisiges Gestänge spannte. Taumelnde Gedanken, gefühlvolles Tasten knetete er zu einer Symphonie exquisitester Genüsse, die dem Zeitalter längst verloren gegangen waren. Die Schicksalskraft des Fleisches erhielt unter seinen hinreißenden Händen eine unerhörte, geheimnisvolle Weihe. Mochte er einen gräßlichen Käfer mit entsetzlichen Gliedmaßen bilden, die undefinierbare Keuschheit einer schmachtenden Nonne gierig im Stein erkühlen, die dunklen Irrgänge einer alternden Prostituierten demütig erraffen, hinter diesem Delirium eines abseitigen Schaffens trat ein Wappen, eine Erscheinung aus der Verborgenheit hervor, Germaine, seine Geliebte. Lächerliche Menschen hätten geradezu von einer Tyrannei des Weibes reden können, wenn es sich nicht um eine fanatische Tatsache gehandelt hätte, die der Kritik Skepsis und Schauer wie Unbehagen zugleich einflößte. Manche glaubten in jenem einzigartigen Falle die Neubelebung eines dämonologischen Tricks vermuten zu sollen. Florentin indessen liebte sein Mädchen und war ihr dankbar, so wie man einer Heiligen für gute Taten danken mag. In seiner gesellschaftlichen Abgeschlossenheit diente er nur den Geheimkünsten der Liebe, die hierzulande eigentlich einer vergangenen Epoche angehörten, da man alles tat, um der Ermordung des Fleisches zu Hilfe zu kommen. Er haßte geistige Strickleitern, die zu einer wissenschaftlichen Minderjährigkeit hinabführten.

Er saß an ihrem Bett und küßte Germaine die Hände. Sein Herz verlor sich in die Bedeutsamkeit ihrer bläulichen Adern, er streichelte leise den mattbeleuchteten Nacken, der ihm zum Viadukt unendlicher Kostbarkeiten emporglitt. Im Geräusch seiner Sinne schmiegten flutende Bilder sich verloren aneinander. In Germaine zogen schon die heiteren Bazare kleiner Träumereien auf, langsam zerflossen sie in das spielende Kaleidoskop des Schlafes. Florentin sah auf die hohen Häuserreihen hinaus. Schön und schwer wie schlafende Moguln ... Er arbeitete die ganze Nacht. Zuerst entwarf er ein Plakat für eine Parfümerie. Dann meißelte er an einer kleinen Statue, die seit Wochen ihn schon mühsam quälte. In den kalten Stein waren Nephrit- und Jadeitstücke eingelegt, aus einigen Spalten quoll ein künstlicher roter Guß hervor. Wie von einer unentdeckten Insel kommend, stand dieser Dämon da, der die Leiblichkeit beider Geschlechter geballt hervorstieß, eine barocke Kundgebung, die man hierbei jedoch als eine Selbstverständlichkeit in souveräner Festigkeit einfach hinnehmen mußte. Ein aufgeblähter Kopf von Embryonenarmen getragen, Augen in erschlaffter Überhitzung. Der trockene kalkweiße Körper verspottete jeden Vergleich mit bisher bekannten organischen Formen. Vergeblich dürfte es dünken, jenen Heiland nekromantischer Schändung im üblichen Dekor der Ästhetensprache zu belecken. Kein Handbuch der verdammtesten Verbrecher könnte hier eine sachgemäße teuflische Terminologie darlegen ...

Im ganzen betrachtet, war es wiederum ein sitzendes zierliches Ding ... Florentin stellte das fürchterliche Exemplar, das er nüchtern die »Treppe« nannte, auf den Balkon.

Erst als das gräßliche Ereignis bei einem Kunsthändler in der Rue La Boétie stand, sah Germaine es. Auf der kleinen Germaine erstarb fortan jedes Lächeln. Der Direktor einer Schuhfabrik erschien, fand das Werk fabelhaft gut und reihte es seiner Sammlung ein. Später erfuhr man, daß die Frau des Ehegatten an Tobsuchtsanfällen zu leiden begann. Sie wurde interniert. Das Dienstmädchen zerkrallte sich ihre Backenknochen im Empfangszimmer und starb nach Wochen wahnsinniger Krämpfe in einer Anstalt. Kriminalisten, Physiologen, Nervenspezialisten untersuchten den Fall. Florentin wurde einige Zeit beobachtet und dann wieder freigelassen. Als er die Klinik verließ, sagte er zu dem Professor, traurigblickend: »Vielleicht ziehe ich Vergessenes nur wieder ans Land.«

Der Direktor der Schuhfabrik schenkte den Unhold der Courtisane eines feudalen Bezirks, die nach einigen Erwägungen dienstlich damit gut Geschäfte erzielte.

Jetzt war es bei Florentin sehr still geworden. Weil ihre Seele aus den Arbeiten ihres Geliebten entwichen, weil dieser berückende Hauch eines allmächtigen Körpers entflohen war – die arme, tief liebende Germaine fühlte sich von ihrem Kameraden verlassen –, weil jenes Wagnis heraufpolterte, dessen Erscheinen ihr Verlangen nicht bannte, da ging sie eines Abends wieder hinweg, hinaus in die graue

Schminke des Alltags. Der kleine kapriziöse Charakter war wie von einer leisen Krankheit überschattet. Sie wohnte nun wieder bei ihrer Stiefmutter im Süden der Stadt.

Florentin hatte mit dem Werk alles zerrissen. Daß man eine ahnungsvolle Gefährtin damit zerschmettern könne, das wußte er nicht. Eine schwermütige Windstille dumpfer Verlassenheit ruhte in ihm. Er liebte fernerhin diesen Puppenkopf wie einen heiligen Tanz. Doch das Theater im Palais-Royal besuchte er nie wieder.

Adelheid hatte einen Hotelier geheiratet, Oddone war in Arosa gestorben ... Um Germaine kreisten seine lodernden Gedanken. In allen Frauen, die ihm begegneten, suchte er seine sagenhafte Freundin. In südlichen Landschaften versuchte er seine Phantasie wieder aufzupeitschen, aber sie blieben wenig trostreich.

Pariser Zeitungen kamen nach dem Tessin. Neben einfältigen Notizen berichteten sie den Selbstmord einer Verkäuferin, die einstmals im Kunstleben als Modell eine gewisse Berühmtheit erlangt hatte.

NEUE SCHWEIZER RUNDSCHAU, August 1926

Logis im Süden

Über einer Stadt kalten Mitleids strich der rauhe Wind aus Nordfrankreich. Auf den Ausläufern der Vogesen dehnt sich eine langweilige Fabrikstraße dahin, ohne Zauber, ohne Linie im Erdreich. Sie ist nicht volkstümlich, sie ist nicht städtisch, sie ist ohne Charme, aber auch ohne Haß und Grauen. Zornig ist nur der Tanz der Arbeiter, deren Messer lose sitzen. Bisweilen schwanken ihre Körper gestikulierend über das Sandsteinplateau, dem mageren Zufluchtsort der Wasserarmut und müder Rauchwolken, auf dem keine Fähnchen der Lust ihre Freude treiben, nur das Flüstern der Monotonie umkühlt schmerzliche, suchende Wangen.

Vollgepfropft mit Schuhfabriken ist diese gewinnsüchtige Stadt. Ohne Kunstgeschichte und ohne Sport fristet sie ein saures Leben. Nur einige Schuhmakler aus Frankfurt, Breslau und Leipzig kennen Pirmasens. Es ist auch möglich, daß ein Studienrat mit schlechten Noten dorthin verbannt wird und so mit einem entgleisten Juristen dort die Abenteuer der Langeweile teilen muß.

Die einzigen Sirenen sind die Stepperinnen aus den Schuhfabriken. Sie sind gesucht wie die Spezialnummern eines Dancings. Bis zur Französischen Revolution wurden in dieser Einöde lange Grenadiere nach dem Rezept des Preußenkönigs gezüchtet, aber von jenen funkelnden Domestikationsprodukten ist heute nichts mehr zu sehen. Dafür sitzen graue Proletarier in verabscheuungswürdigen Kasernen der Arbeit, unsensationell nach amerikanischem Muster aufgemacht. Zwischen den lieblosen und leeren Gelenken der Backsteinkolosse trauert noch, wie eine schlafende Puppe, ein kleines ärmliches Schusterhäuschen, in dessen Dachrinne abends man mit müheloser Bewegung den Hausschlüssel legen kann. Sonst wird man von ziegelroten Mauerwänden erdrückt.

Die Stepperin Gretel Martin, die sich der nahen französischen Grenze wegen lieber mit dem Namen Yvonne dekorierte, stand draußen auf dem Rummelplatz vor dem schaukelnden Riesenrad und blickte den schwärmenden Kabinen nach, die in den Nachthimmel hineinschnellten und bald wieder dem Erdboden zusteuerten. Die Luftgondeln flammten in verschiedenem Licht auf. Bald erstrahlten die Lampen in gelbem Schein, einem gewöhnlichen Fluidum, das zu sehr die Intensität des banalen Werktags verriet; schöner waren schon die roten Szenen, die für Dienstmädchen mit ihren galanten Beigaben geradezu ein närrisches Fest bedeuteten, aber in der tiefgrünen Phase war der Schönheitskult verzehnfacht, man fieberte vor Zärtlichkeit, und die dicke Dame an der Kasse, die die erstaunliche elektrische Schalttafel neben dem Einkassieren der Fünfpfennigstücke bediente, verweilte mit Vorliebe bei der letzteren

Farbenvision, da sie einen hohen Sinn für koloristische Ekstasen zu besitzen schien und andererseits auf die Inspiration des Publikums liebenswürdig bedacht war. Eine diabolische Musik grunzte täuschend echt die begehrtesten Schlager dazu.

Ein grobschlächtiger handfester junger Mensch trat auf Yvonne zu, mit der höflichen Absicht, sie zu einer Fahrt in den hängenden Kutschen einzuladen. Man verhandelte einige Zeit diskret, um doch nicht etwa als leichtfertige Person dazustehen, gab dann aber dem stürmenden Wunsch nach und setzte sich kinohaft in das Plüschmobiliar hinein. Man durchkostete das fliegende Farbenspiel in allen Stimmungswährungen. Die gelbe Periode wurde absolviert, der extrafeine rote Spaß folgte, das Gewitter der grünen Sintflut brauste heran. Unten wurde ausnahmsweise etwas choralartiges gespielt. Das Rad drehte sich, und die Arche flog rasselnd den Ufern einer überirdischen Geographie zu. Die fettigen Haare des jungen Kommis, der zwar nicht dem großen Eisentrust angehörte, dagegen in Staubsaugern reiste, glänzten den geröteten Adern Yvonnes entgegen, die glaubte, einen Torero der Liebe vor sich zu haben. Ihr Herz blutete schon von seinen Stichen, denn das fühlte sie, wenn ein Mann bei jenen Luftsaltos von den Vollkommenheiten amoureuser Gemütsleiden zu ihr sprach, so durfte das kein neurasthenisch sentimentaler sein wie jener kümmerliche Apotheker, der sie früher so melancholisch geküßt hatte. Sie liebte muffige zaghafte Akkorde gar nicht. Sie war für Gloria und Feuerwerk. Auf abgeblendeter Bühne konnte jeder mit seinen Sentiments trompeten, hier jedoch auf dem offenen Schafott des Scheinwerferlichtes ... nein, ein solcher mußte schon ein Frauenherz einreißen. Zunächst glitten seine Finger an ihrem Affenpelz entlang, ein Tändeln, das von Geschmack zeugte, und das Aufrauschen des Blutes in noch unbestimmte Zonen rückte. Oder er griff nach seiner Uhrkette, jenem Heilmittel in sonderbaren Nöten, die er stumm wie eine Gebetschnur abtastete.

Schließlich entstiegen sie dem Verlies des Wunderrades und gingen hinüber ins *Krokodil*, wo weibliche Künstlersterne auf erhöhtem Podium das Unwetter eines musikalischen Phantastikums ertönen ließen. Wie im trauten Familienkreise saßen dort die Damen als Mexikanerinnen im braunen Rock, roter Bluse und mit Ledergürtel, im Ganzen doch ein recht schales Gemisch, das nur durch den Papierulk einer Laube, worin das Klavier beherbergt wurde, etwas an verliebtem Reiz gewann. Beim Hambacher Wein wuchs die Neugier Yvonnes, während der Kommis die unwiderstehliche Miene des Weltmannes aufsetzte und tausend Dinge eindrucksvoll erzählte, vom heimlichen Willen der Erregung gejagt. Die machtvolle Freizügigkeit seiner Worte brachte es mit sich, daß man sich in das Nebenzimmer für bessere Gäste begab, in dem die Neckereien des tollen Max mit stärkerem Herzklopfen quittiert wurden. Yvonne war eine willige Dienerin, auch dann, als später eine Seitengasse sie aufnahm und das Tor des schäbigen Hotels geschlossen wurde.

Am Morgen war sie im Besitz eines Passes, in dem allerlei Stempel zu sehen waren, vielsprachige Versionen vorkamen, deren vielversprechende Wendungen sie nicht klar entziffern konnte, und freute sich, durch diesen Zauberschlag der großen Welt anzugehören, da sie nun dieser fluchtwürdigen Kleinstadt entwischen würde ... Es waren selige Tage ... Tingeltangel in Basel, wo die letzten Rockschöße deutscher Fülle ihrem Gesicht entschwanden. Genua erschien ihr wie eine ungeheure Gigantentreppe, auf der ein riesiges Festspiel abrollen sollte. Max hingegen wurde nervöser, was er der urplötzlichen Frühlingsluft zuschob.

Als Max an einem Sonnentag in die Pension zurückkehrte, war er in Begleitung einer schönen dunkeläugigen Tschechin und erklärte schmeichlerisch seiner Geliebten, es handle sich um eine gute Freundin aus Genf, die dort eine Filiale von Staubsaugern unterhalte, mit der ihn geschäftliche Interessen verbänden. Man pilgerte gemeinsam in ein kleines Café an einer Piazza, drunten am Hafen. Der Kellner Filippo händigte dem deutschen Kommis ein sauberes Paketchen ein und meinte, die beiden Damen möchten sich an den eingezuckerten Ananasfrüchten während der Überfahrt nach Tunis trefflich erlaben. Yvonne hatte einiges an dem sündhaften Profil des Garçon zu kritisieren, doch die Tschechin fiel maliziös ein, derartig hübsch verworfene Gesichter fände man schon auf antiken Skulpturen. Max lächelte über den verständnisvoll intimen Freundschaftbeweis seiner gefälligen Nachbarin.

Die Nacht verbrachte Max außerhalb der Pension, so daß der magenkranke Gérant Yvonne gegenüber bekundete, der deutsche Herr habe hier stets viel zu erledigen, und rieb sich dabei gleich einem süffisanten Tagedieb seine schmutzigen Hände. »Ein komisches Milieu, in dem Sie leben«, fügte er noch verdächtig hinzu.

Die Ungewißheit ihres Schicksals wurde zum ersten Male in Yvonne wach. Die Tschechin bereitete ihr Qualen, den Hauswirt, mit seiner seltsamen Anspielung, begann sie zu hassen. Die Wasserkaraffe auf dem Waschtisch flößte ihr Unbehagen ein, die Blumenranken auf der getünchten Wand schoben sich zu beängstigenden Ornamenten zusammen, sie sah Formen schurkischer Larven und Zeichen einer wilden Gier. Ihr Leib bebte. In dem kahlen Eisenbett konnte sie keine Ruhe finden.

Fast wollte sie den Dampfer am nächsten Morgen nicht betreten. Aber an Bord war es lustig. Es gab Kostümfeste, Tanz, Wein, viel Wein, verwirrende Torheiten, es gab auch Anlaß zur Eifersucht. Vor den raffiniert hündischen Einfällen der Türken erschrak sie, und ein wohlgenährter Ägypter bestand auf Trennung von dem Deutschen. Sie aber dachte und tröstete sich, das sind die verführerischen Neuheiten, die Heftigkeiten des Südens. Wohin sollte jenes Terrain der Rauschmittel führen, sollte hinter aller Lachkunst die Hölle stecken?

Kaum von dem afrikanischen Aroma betäubt, als alle Debatten und der Rekord der Täuschungen schwiegen. Sie saßen zu dritt im Gefängnis. Dem verzehrten Mädchengesicht aus Pirmasens entströmten Tränen böser Vergnügungen. Bald ließ man Yvonne laufen. Die Haupttreffer der Kriminalisten waren Max und die parfümierte Tschechin. Jetzt am Ende ihres

Lehrkurses wußte Yvonne nicht einmal, ob ihr verbrauchter Kavalier das Gewerbe eines Mädchenhändlers oder eines Kokainschiebers betrieb, ob er als Opiumesser oder Diamantschleifer auftrat, sie wußte von der Dreifaltigkeit der Verdammnis nichts und wußte vieles. Ihr Leben trug den häßlichen Untertitel Opferlamm. Sie war ein überflüssiges Kompositionsteil in der unendlichen Weite der Glühhitze Tunesiens, sie wurde ein dralle Figurine des Fremdenverkehrs, ohne jedoch der alten Moral der Archäologen verhängnisvoll zu werden. Sie wurde zärtlich, verkaufte Photos und verschrieb sich dem Leben der afrikanischen Heiligen.

BERLINER BÖRSEN-COURIER, 19.6.1927

Marotte

Ihr habt ihn schon öfters gesehen, jenen seltsamen Mann, der zweimal, manchmal dreimal in der Woche seinen Weg durch die Anlagen nimmt, durch jenen städtischen Garten melancholischer Reize, die einem verschollenen Residenzschloß zur besseren landschaftlichen Staffage verhelfen sollen. Er trägt stets einen unmodischen Ulster von schalkhaft grauer Farbe, wie von unbestimmbaren Giftstoffen ausgelaugt. Auf seiner Stirne zieht sich die Schramme eines afrikanischen Speerwurfs hin. Er ruft jedem Hund zu, der seinen Pfad kreuzt, spricht einige rührende Worte mit ihm, streichelt ihn bisweilen, ein Vorgang, der die Einsamkeitslust jenes Mannes verraten mag. Er geht an der kleinstädtischen Universität vorüber, überschreitet den Platz und wendet sich zum alten Krankenhaus, das gleich einer architektonischen Verirrung in die Häuserfront eingekeilt ist. Nähert er sich diesem Gebäude, so gleiten seine müden Augen unruhig zu dem Dach empor, als wenn die Stätte des Gerichts für ihn dort oben liegen würde.

Er verbeugt sich höflich vor dem alten Hausmeister, der aus seinem Dienstzimmer einen großen

Schlüssel hervorholt und ihn dem Herrn im Ulster übergibt. Er verläßt die muffige Wandelhalle und schreitet die Treppe hinauf. Erster Stock ... zweiter Stock ... dritter ... Endlich steht er vor den Bodenräumen. Ein langer, lichtloser Korridor führt ihn vor eine Tür, die er behutsam aufsperrt. Sie fällt wiederum zu, so laut und so schrill wie der unheilvolle Leib der Eisernen Jungfrau zu Nürnberg. Hohes Dachgebälk reckt sich empor, zwischen schlecht anliegenden Ziegeln dringt etwas Sonne ein; eine traurige, bedrückende Unordnung herrscht hier, fast aller Irdischkeit bar. Der Atem wird erstickt von Staub und Schmutz. Aber in jenem grotesken Spiel schattenhafter Stille erhellt sich das Auge des Mannes, er tastet sich an den schiefen, gebogenen Wänden vor, an den Balkenverschränkungen vorbei, hustet ein paar Male, wobei gespenstische Staubwolken sich ihm entgegenwerfen, und in versteckten Dachwinkeln wird ein komisches Arsenal von Möbelstücken sichtbar. Ohne Zeitverwandtschaft ruhen sie dort, unheimlich schweigend. Es kauern in dem Exil, dem Schicksal entlegen, Schränke, Kisten, Koffer, Tische, Tropenhelme, eine umgestülpte Ottomane, zerlegte Bettgestelle, ein entsetzlicher Schreibtisch mit dem üblichen Aufbau der neunziger Jahre. Die tollste Phantasie eines unsinnigen Spediteurs bleibt blaß und bescheiden gegenüber diesem Spuk, der hier zu einem monotonen Chaos erstarrt. Kindertrompeten, Planktongerät und das Gehäuse einer Schreibmaschine, Nachttische und Stühle, deren Beine abgeschlagen sind, Bücherregale in denen Sylanen hausen, ein zerbrochener Spiegel, altes Küchengeschirr purzeln wie Requisiten einer gräßlichen Drolerie durcheinander. Es riecht nach Hunger und Elend, es riecht nach Heimatlosigkeit und verlorenem Schlaf, nach umhergejagter Zwecklosigkeit, nach Leiden und stammelnder Armut. Aber der merkwürdige Gast glaubt die peinliche Wohlgeordnetheit eines Finanzamtes vor sich zu haben, er sieht in den Wirrnissen Korrektheit, und aus der Ratlosigkeit der verfallenden Gegenstände scheint für ihn Tröstung und Ruhe zu entweichen. Seine Augen hüpfen von Objekt zu Objekt. Unerbitterlich klammert er sich an seinen schmerzlichen Besitz, an die Kumpane seines früheren Lebens. Nachdem ihn die Welt betrogen hatte, konferiert er hier mit seinen letzten Lieblingen, die er noch retten konnte. Warum? ... Wozu? ... Der Chef des Krankenhauses stellte seiner Habe den armseligen Bodenraum zu Verfügung, wo der Gehetzte einen schauerlichen Friedhof alter Möbelstücke etablierte. Kindlich froh hing er an den Leckerbissen seiner Erinnerung.

Aus einer Waschtischschublade zieht er eine kleine Spieldose hervor und läßt sie jubilieren. Durch das schadhafte Dach beginnt leise der Regen zu rieseln. Langsam vermodert eine rote Matratze. Doch er erzürnt sich nicht mehr darüber. Er ist ein Sektierer gemäßigter Richtung, der den Rebellionen des Gefühls entflohen ist. Er hat nur ein einziges Publikum, das sind seine Instrumente, jene Phalanx einer romantischen Präzision, die auf einer zersprungenen Tischplatte ängstlich ihren Schlaf bejammern. Mit puritanischer Gewissenhaftigkeit reinigt er das kalte Metall, und der Erdenflüchtling flammt jetzt zur fremdartigen Wollust auf. Er nimmt den alten Hamburger Sextant zur Hand, visiert nach einer Dachluke hin und träumt von seiner letzten Zeitmessung an der Guineaküste. Die Geheimkammern seiner Seele beginnen zu arbeiten. Er rückt an dem Photometer herum, er betrachtet wehmütig seinen selbstkonstruierten Spektralapparat, von dem er sich ehemals Schicksalserfüllung erhoffte, er bringt die Sternzeituhr in Gang, und wirklich, sie läuft noch immer so zuverlässig wie in jenen Nächten, als sie neben dem Teleskop ihren Dienst versah. Einer kleinen Kiste entnimmt er einige histologische Präparate und schiebt sie unters Mikroskop, doch in dem sterbenden Dämmerlicht bleibt ihm die gefärbte winzige Filigranwelt unerkennbar ... Und dem Polster der Zeit entreißt er so die Flocken seiner Arbeit, die ihn heute so rätselhaft dünkt und der er schon längst in die Halbwelt der Sorge und Selbstvernichtung entronnen ist. Allein, auch die Sinnlosigkeit erfordert Tapferkeit, Versöhnlichkeit und Ausdauer ... Lange kramt er noch in vergilbten Tabellen herum, in denen der Schauer astronomischer Zahlen ein ewiges Leben führt. Die Sterne waren ihm fürstliche Kinder, sie waren die guten Mönche des All, die um den weiten Pilgermantel des Himmels lautlos gemessen spazierten ... Fühlt er das Zerrbild seiner Existenz? Er, der nur noch ein Gastspiel unter totem Plunder kämpft, dem er irrtümlicherweise Leben einzuimpfen wähnt. Er, der einstige Forscher einer amerikanischen Hochschule, muß sich in diese Zitadelle des Verfalls verkriechen, in die reaktionäre deutsche Provinz, da er in den Granattrichtern des Lebens verunglückte. Alles will er ertragen, sein Augen- und Lungenleiden, er will seine Nitrobenzolvergiftung vergessen – o, man kann gar vieles –, aber die Regieführung über sein Mobiliar will er sich nicht rauben lassen. Gönner boten ihm einen Kuraufenthalt in Süditalien an, aber lieber will er wie ein verkommener Winkelhändler hier darben, an der Rampe des Todes.

Unten im Direktionszimmer lächelt man über den sentimentalen Querulanten, man belächelt seinen Stolz, der nie aufbraust und nur paradoxen Schwächen huldigt ... Er repariert Fahrräder und defekte Klingelleitungen und ißt seine Suppe in einer kleinen rußigen Arbeiterschenke, und nur die einzige Feierstunde ist ihm vergönnt, wenn er den Hof der Mietskasernen verläßt, um in dem altertümlichen Bodenraum zu verschwinden, wo er seine Liebe zu den Verwegenheiten nützlicher Exaltationen schamlos bestreiten darf.

In seiner Brieftasche findet er eine fahlblaue Zahlkarte. Auf dem nächsten Postamt zahlt er vergnüglich den geforderten Betrag für die Feuerversicherung ein; denn begehrenswert und unantastbar gereicht ihm sein langsam versinkender Besitz.

Berliner Tageblatt, 20.1.1927

Valeria

Die Geschichte von Valeria verlief in der Tat seltsam. Wenn ich an ihr Leben zurückdenke, werde ich traurig, weil die Schattenflur des Daseins hier mit allen Zeichen des Schmerzes, mit dem Tang der Verzweiflung aufgewühlt war. Es war an einem Sommerende, als sie, wie eine Antiquitätensache, in mein Leben eintrat, aber erst, nachdem sie das Joch der irdischen Sorgen abgestreift hatte.

Nein, nicht die Heimat fand sie bei mir, denn in den Prärien meiner Tage lebte auch nur ein armseliges Schäumen, das ihr nicht die Kraft gegeben hätte, ihre Jugend zu behaupten ... Sie hatte alles schon hinter sich, alles, das Brückengeländer, den Fluß, den Schrei, die ewige stille Nacht und die Schaluppe der Rettungsmannschaften.

Vielleicht war gerade das Halbblut ihr zum Verhängnis geworden. Wenn der Mensch von dem Blute verschiedener Kontinente trinkt, kann das gut sein für seine Seele, wird der Körper [aber] nicht wie Schilfrohr zwischen den Städten und Bergen hin- und herschwanken? Aus Nantes stammte der Vater, aus Java die malaiische Mutter. Der Name des Kindes in den holländischen Tropen lautete eigentlich Saidja. Ein Name, der nicht zu den Landstraßen Europas paßte, in dem dafür Sonne, heißes Licht und tolles Begehren auftrumpfte. Wir kennen die Gründe nicht, wie es kam, daß man das gertenschlanke Mischlingskind eines Tages elternlos, obdachlos in Hamburg auffand, in einer rücksichtslos lauten Stadt, wo die Grimassen betrunkener Matrosen und schauerlicher Schiffsrümpfe ihre eigenen Gesetze diktieren. Sie zauderte nicht, mit sechs Jahren einer Artistengruppe anzugehören, und aus dem Halbblut-Halbdunkel erstand das Mädchen-Irrlicht Valeria. Der ehemalige böse Schlingel des Urwaldes, versehen mit den erbärmlichen Utensilien des Niederganges, erfreute bald die Zecher in den Spelunken mit ihrem breiten langhinziehenden Lachen. Ihre Bewegungen waren gespenstisch wie ein Orkan, ihre ruhelosen Augen betrügerisch wild, ein gefährliches Zaubergerät, in dem der mystische Ruhm ihrer Vorfahren noch keuchte. Selbst als sie den etwas nüchternen Beruf einer Coiffeuse ergriff, war ihr Jagdglück – ein holländischer Ölgeologe heiratete sie sogar – noch ergiebig, ihre Unternehmungen und Kaufherren wechselten; sie wurde, wie um einen Erholungsurlaub anzutreten, an einem Marseiller Quai die flotte Adjutantin einer Dentistin, bediente später in einer Berliner Metzgerei und schloß sich, lediglich der Proviantbeschaffung wegen, einem Tänzer an, obzwar er schon in Davos als Todeskandidat angesprochen wurde. Als der Mann seine malaiische Prinzessin mit dem Rasiermesser bedrohte, entfloh sie in die mittelmäßig indiskreten Cafés des Nordens, um das Schluchzen und die Schwindelanfälle armer abgenutzter Individuen zu kosten. Jetzt kam die große Müdigkeit in ihr mißlungenes Leben, und die hämische Fratze des Elends grinste aus den Herbergen ihr entgegen ... Ein paar Enten stoben auseinander, als sie verstohlen in den nächtlichen Kanal sprang ...

Anatomiediener legten den Menschenleib auf den Seziertisch.

Damals, vor dem Krieg, erwarb ich für eine niedrige Summe Valeria. Und jene Skelett-Geliebte hat mich überallhin begleitet. In den Logen der Vergangenheit und der Gegenwart saß sie, sie klapperte ihren knöchernen Dialekt in den gottlosen Städten, schritt mit mir über Wiesenland, war die Gefährtin so manchen Güterzuges, der ihre bleiche Traurigkeit friedvoll neuen Landschaften entgegentrug. Immer war sie der Lieblingsschüler meiner Gedanken, Zeuge meiner Unterhaltungen und schlüpfte in das Traumkleid meiner Nächte, bis sie im Morgengold wiederum die Bazare verwobener Dunkelheit abstreifte, um mich als Zofe bei der Arbeit zu trösten. Sie hörte die Harmonikaspieler draußen auf dem Hof, wo Küchenbalkone, Kohlenschuppen, Teppichstangen die unvermeidliche Kulisse ausmachten, robuste tragische Bilder der Asketik. So schritt Valeria weiter durch dieses Leben, freundlich lächelnd, ohne zu schwitzen, ohne erbittert zu sein, ohne Fett, ohne Herz, ohne Hirn, ohne Wachsein.

Doch der Tag der Trennung nahte. Zwei Freunde, ein Maler und ein Dichter, saßen in meinem Zimmer, ein monotoner Grammophongesang – es war, irre ich nicht, *Don't wait too long* – klang aus dem oberen Stockwerk herab, da kam ein Herr, machte zynische Bemerkungen – es gibt nämlich stets Leute, die glauben, vor einem unschuldigen Skelett dumme Glossen anbringen zu dürfen – und kaufte mir Valeria ab. Ob der neue Herr die stumme Sprache Valerias verstehen wird, ich weiß es nicht. Er mag sogar ihren Leib ein wenig restaurieren, um ihre Anmut zu heben, die später ein Kollegium entzücken wird. Aber die Superklugen werden das harte Dasein jener Außenseiterin nicht kennen, sie werden ihren komplizierten Knochenbau überlegen studieren, aber niemand wird die Tragik jener Frau jemals erfahren. Indessen hält der Registerapparat der Zeit Groteskes fest, Maskenbälle ziehen über die Erde dahin, und in den Krematorien staut sich das Leid. In einem museumähnlichen Institut wird Valeria weiterträumen, fern dem Lebenshunger, als merkwürdige Trappistin ihre Autobiographie für sich bewahrend.

Neue Zürcher Zeitung, 22.1.1928

Moralische Impression

Wäre ich doch ein Musikant. Wie schön müßte es sein, als Klavierspieler in dem kleine Variété vor dem Vorhang zu sitzen, auf dem man rundliche Amoretten mit Notenblättern in den Händen sieht, auf dem ferner auch ein königlicher Pfau rechts zu sehen ist, während nach hinten zu sich – sehr eigensinnig gemalt – ein See ausbreitet, um vor grünlichen Bergen im Abend zu versinken. Über die lächelnde Nacktheit der Amoretten laufen schüchtern brokatene Schnüre dahin und versuchen den koketten Vorhang lebendig zu machen. Dann dürfte ich auch einen Marsch spielen, bevor Miss Vera, die Kunstpfeiferin, auftritt, und bei der musikalischen Puppe müßte ich im verdunkelten Saal die Tasten in falschesten Irrsinn versetzen. Das alles würde mein Selbstvertrauen heben und mein Ich dächte nicht so geringschätzig von meiner unbestimmbaren Existenz, wie es augenblicklich der Fall ist. Olga Sonora, die Step-Tänzerin, deren Schuhe mit Goldstaub gepudert sind und einen ausgehungerten Leib harmlos verschmitzt mit ihren Beinen umjauchzen, sollte mir mit ihren köstlichen Augen das Zeichen zum Einsatz geben. Aber der internationale Kombinations-Akt – ist darin nicht das gesamte Geheimnis des Variétés vollendet? – dürfte schlimmere, gewagtere Anforderungen an mein Können stellen; zärtlich und doch wiederum wie von giftigen Planeten gezeugt, müßte ich mein Schicksal zerbrechen, um den wilden Charme der Akzente zu bemeistern ... Doch wenn in Sauberkeit dies alles geschehen, dann residierte ich mit einem Glase Magdalener an einem seitlichen Tisch, wo die Tür hinaus auf den Hof geht und ein Ventilator Winkelgassen trübe Stickluft zufächelt, und das Inkognito meines Kapellmeistertums wüßte ich wohl zu bewahren. Miss Vera ginge an mir vorüber, ich spürte die Annehmlichkeit ihrer parfümierten Robe, doch hätte ich nichts mit ihren feuerroten Heimlichkeiten zu tun, denn drüben schon schimmern gebügelte Kavaliere, in verputzter Gleichgültigkeit, doch mit flammendem Blut das Gnadengeschenk der Freude von Miss Vera erwartend.

Landfremd, menschenfremd, wenn auch selbstzufriedener wäre dieses Leben zwischen zynischem Erwerb und verjüngendem zwecklosen Festspiel, unterbrochen von den Schimpfworten der Artisten und dem Getrappel der Tänzerinnen, und vor dem Mittagessen könnte man einen Campari trinken, jenes beschauliche Getränk unseres Seelenrepertoires, das mystische Depressionen so gütig abzuwehren versteht. Und tagsüber mit lachenden hübschen Blumen spielen, deren Namen man nicht kennt, in den Zweigen alter Bäume knacken und dem Kichern heller Bäche lauschen, jede Erniedrigung vergessen, um dann abends, vielleicht schon wiederum verarmt, vor dem fügsamen Vorhang zu kauern, die Brust gegen das Klavier zu pressen, weil einige Geschäftsleute und Studenten im Saal sitzen, die bereits auf ihre Armbanduhr schielen und den Eingang – ach, den billigen Eingang – ins Märchenland erwarten.

Sind das wirklich meine Jagdgelüste, von denen ich hier träume, oder soll ich lieber im Crédit Lyonnais Bilanzen addieren, Verhandlungstermine anberaumen und meine Augen der erstaunlichen Welt verschließen, die jetzt gerade vor einem Mordhaus furchtbares Mitleid erheischt, zu Ringkämpfen lockt und auf einsamen Fußwegen Liebespaare überschattet, in der die Juweliere die Auslagen ihrer Magazine neu ordnen, in der Pamphlete gedruckt werden und wo in verschwiegenen Kirchengewölben ängstlich müde Kerzen brennen, Lichter der Erinnerung für jene, die nicht mehr an das Schweißtuch der Arbeit gekettet sind und im Kielwasser der ewigen Ruhe der Indolenz irdischer Neuigkeiten entronnen sind ... Erschütternd ist dieser Widersinn, eine pittoreske Spenderin zwar das Dasein mit seinen blutdurchströmten Fabriken und schuldbeladenen Kirchenbänken, eine Staffelei gedrängter Wunder, ein Kauderwelsch aus Schlimmem und Bösem. Wo jede Ecke, jeder Augenwinkel neuen Sturm entfachen kann.

Wir alle tragen einen verzückten Derwisch in uns. Der müde Klavierspieler in dem kleinen, metaphysischen Cabaret steht Gott ebenso nahe wie der hagere Mönch unter einem Spitzbogengewölbe. Es kommt doch nicht auf den historischen Zusammenhang an, der die Menschen mit den Schätzen dieser komisch-schroffen Welt verbindet. Ein Kellner sitzt in einer Nische, aber er kann den adeligen Phantasieraum eines Denkers kunstvoll bereisen, die Tatsache des Trinkgeldes genügt noch nicht, ihm seinen geistigen Stammbaum definitiv vorzuzeichnen. Wie darf ein Mitmensch es wagen, an seinem Bruder die Austreibung des heiligen Geistes zu besorgen, einen Hafenarbeiter kurz einen Hafenarbeiter nennen, die Naturalistik und Trivialität der Erscheinung zur letzten dramatischen Wirklichkeit erheben, er, der selber kein Meßgewand hoher Schau zu tragen pflegt und stets unter dem Fluch der wirtschaftlichen Distanzierung seine nüchternen Urteile vollstreckt, sein Selbstporträt in die abenteuerliche Ekstatik wogender Umwelt projiziert – er, der Mitbruder, der Quäler, der doch selbst ein genial Gequälter ist, will der menschlichen Figurenwelt seinen wertenden Einfall aufsetzen? Schon wenn ich den Namen eines Mitmenschen in den Mund nehme, werde ich zum Richter über ihn. Der Volksmund ist gut, aber der Einzelne ist grausam.

All diesen moralischen Schalmeien könnte ich entsagen, säße ich am Klavier für Miss Vera, jenem dummen Instrument, das ich liebe und das die Jahreszeiten überbrückt. Denn die Jahreszeiten bürden dem Menschen ihre Last auf. Im Winter wird er zur Selbstschau erzogen, im Sommer umwirbelt ihn klassische Erfüllung, der Frühling ist Anspielung, der Herbst Ahnung. Wie leichte Krankheiten schreiten sie daher, manch einer kann sich ihrer erwehren und verfällt nicht ihren wundersam erregend bösen Krisen. Der Weltmann schon erlöst sich von ihnen, während der Bauer noch ihre dumpfen, rauhen Konflikte einatmet und von ihrem stofflich verschiedenen Blut ergriffen wird. Dort aber, am Klavier, kennt man die Krankheiten der Erde nicht, die wie ein unseliger Qualm den eilenden Monaten entsteigen und uns bald in besinnliche Schneemenschen, bald in verderblich stolze Sonnenindividuen verwandeln. Das Unvermeidliche der Atmosphäre durchklingt, durchschlingt unser Herz, macht es pathetisch und verfärbt es leichtfertig. Wie furchtbar bedrängen uns die Fragen der Monate, deren Prozession so voll dunkler Zagheit und lähmender Bedenken ist und dem Betrug falscher Perlen gleicht.

Die Schicksals-Chirurgen, Menschen also, die ihr Lebensgeschäft mit Kunst bestreiten, wissen schon lange, daß man nur durch Flucht die Rücksichtslosigkeit des Lebensereignisses liebevoll gestalten kann. Ja, das ist es, man muß die richtigen Medikamente für das Leben frühzeitig erkennen, sie mit Klugheit zu dosieren verstehen. Indessen, es dürfte indiskret sein, die Menschen nach ihren Medikamenten zu fragen. Bei einem heißt es Liebe, beim anderen Dampfbäder, Turnen, Verse, Libellen und Mondgefunkel; bald ist es ein Schusterschemel, bald ist es ein Bauernhaus über einem steilen Wiesenhang, ganz abseits dem Strafgericht der Zeit, ein Heim zum Flötenspielen und Malen, wo ein Ermahner zu den Bergen spricht, den die Auftraggeber in der Stadt unfähig sind zu begreifen.

Oder ist es die Dämmerung des Körpers, die mich an der Wunderlichkeit jenes Variétés reizt, ist es jenes abgeschmackte Ereignis, das die Albernheit der Menschen in verruchter Nähe weißhäutig erschauen läßt? Ein Freund von mir, der die lauernden Mienen der Menschen zu kennen meint, der durch die Latten der Wissenschaft hindurchblickt und den Bazar der Kunst, mit seinen Abfällen, durchschritten hat, glaubt, alle künftigen Probleme unseres irdischen Museums fänden in der Wunderwildnis des Variétés ihre Lösung. Es werden die Engel dort erstehen, es wird auch das Fett der Teufel dort oben schmoren. Die Kuppler der Nacht werden dort ihre Touristen sammeln, und die Quälereien einer an der Seele desinteressierten Religion werden dort triumphieren. Tumult und Heiligkeit in einem Appartement. Der Nacht entweicht die Müdigkeit dann, weil sie ihre Liebhaber gefunden hat und aus der Zerstreuung die Anarchie erwächst. Mit Überlegung wollen wir Anarchisten werden, da wir sonst im Schlamm der Ordnung untergingen. Nicht dem Samen des Unterrichtes – der Dunkelheit entstammt unser Leben, dem Exzeß, den Opfergaben taubstummer grotesker Götter, dem Theater nieversiegender Körpermassen, die sich nicht richten lassen, denn im Himmelsraum desavouiert man Mauern und Wegweiser. Die Elfenbeinfrauen werden uns nicht mehr Kummer einträufeln, wir brauchen nicht mehr zu Mamorstatuetten zu greifen, zu den Seitenansichten der Münzen und Gemmen, zu den verlogenen Kopien, um das Antlitz, die Verklärung und die Ausschweifungen stolzer Göttinnen zu genießen. Ich habe mein Bewerbungsgesuch für Jenseitsräusche zurückgezogen, seitdem ich weiß, daß der Cinéma zur Kathedrale wurde und das Gesinde der Magie keine Verachtung scheut, sich im leuchtenden Fleisch zu zeigen. Das bürgerliche Zeitalter erfand die Seelendeutung, Zypressen, die Venus vor dem Spiegel, das Sparkassenbuch und staatliche Mordinstrumente; das ist vorbei, heute lachen wir wieder, die Wachtposten der Akademien und Justizpaläste weichen zurück, die Klistiere der Bildung zerbrechen, ja, wir lachen, und das Zifferblatt des Weltgebäudes weist auf Komödie. Doch vergeßt nicht: Ihr komisches Schwimmkleid kann sehr tragisch ausgelegt werden.

Die Schädel sind zerbeult von korrekten Kopfwunden, von den Trompeten des Gehirns, das unser Marschall war, von der Grammatik des Absoluten, und heute glauben wir wieder – wie schon einstmals – an die Gültigkeit, an die Transparenz des Leibes, an die Abenteuerlichkeit des Körpers.

Immerhin, so ein Kleinbetrieb des Variétés bedeutet mehr als Manifeste von Amouren, dort manövriert und zelebriert eine absurd schnurrige Epoche mit Angstkrisen und Dilettantismen eine schwarze Messe, aus deren liebestrunkenem Gefühlswirbel Keimpunkte fremder, sonderlich schöner Kräfte anonym auflodern.

Annalen, Mai 1928

Wandernotizen

Orte, Länder, Reisen

Intarsien (I)

Heute ist die Natur lustig, als wenn sie Hochzeit hätte. Warum soll sie nicht auch bei uns lieb sein? Und nicht bloß in »exotischen« Strichen, die man uns zu lesen gibt. Aber es war nicht einmal Frühling. Nein. Am 30. November (Wetterkarten werden mich bestätigen) sah's bei uns so wunderschön zart aus – ihr kennt doch Kopenhagener Porzellan? So etwa – sicherlich, lieblich, reiner als Mitte August beim Tennisspielen in Simla oben. Die Wiesen machten zwar traurige Gesichter. Der Himmel strahlte in unsagbar schönem, halbverweintem Lapislazuli. Wie auf einer Reinhardtbühne, wenn Moissi auf einer Marmortreppe Vokale maßlos dehnt. Hodler hat uns ein Bild verkauft: *Der Niesen.* Das ist ein keckformiges burschikoses Farbenspiel. Es gleicht einem struppigen Bauernbuben, der mit Sachkenntnis in seiner Nase wühlt. Der Niesen ist wirklich so ein ungehobelter Klotz. Ich bin nie hinaufgegangen, er ist für mich die verberglichte Langeweile. Und dann fährt eine Bahn hinauf, Logik: Gichtige und Gallensteine haben da freien Zutritt ...

Ich trete höher; unten schleicht die Aare dahin, liniengekrümmt gleich einem liebenswürdigen Parasiten zwischen Pylorus und Rectum. Junge Mädchen kommen den streckenweise auszementierten Waldbergweg herab, die eine guckt auf die Seite. Sonst sah ich diese schwarzgescheitelten Haare auf dem Bubenbergplatz, irre ich nicht, bei der Confiserie Ammann. Die andere hatte sogar Lackgummischuhe an. O süße Smaragde der Winterzeit ... Der Niesen hat jetzt Schnee, das sättigt eine behäbige Skulptur. Auch schöne Frauen sollen sich vor dem Instheatergehen pudern, ganz recht, nur des Foyers wegen genießt man ja die Kunst. Und die Urweltsplastiken stehen da, schauerlich kerzengerade, breitspurig thronend, wortersterbend. Ob die Sandflöhe in der Ebene das nachfühlen können? Georg, Heinrich, seid ihr so aufnahmefähig organisiert? Wer hat die besseren Nervenenden? Auf der grüngrauen Matte hüpft ein Mädel in einem braunen Mantel mit zwei Knirpsen dahin. Die Bank in meinem Rücken hat Insassen bekommen. Willkommene Götzendiener, die vorm Finsteraarhorn und Eiger lieber Kniebeuge machen und Azur und Weiß Kardinalfarben vorziehen. Eigentlich sollte man ihrem guten Auge gratulieren. Und trotzdem vielleicht herzhafte Pointillisten? Eine schlanke Dame, vollkommen in Schwarz gehüllt, lehnt jetzt am Triangulationspfeiler, ihre Begleiterin vergräbt ihre Füßchen ins altersgebeugte Gras. Ein Herr mit hinaufgekrempelten Hosen äugt durch ein Prismenfernrohr. Wenn er seine Schlundorgane spielen läßt, könnte man glauben, seine Fettkehle entstammte dem nächstbesten Butterladen ... Dann ist alles wieder still, die Sonne verklärt die Eiszacken in strohgelbes Farbenaroma. Letzte seelische Gefühlseinstellung geologischen Tatsachen gegenüber. Es ist immer noch still; man schätzt aus den diskreten Räumen vornehmer Restaurants her die eherne Stille, wenn einer nach dem Hors-d'œuvre sich nicht zu atmen getraut, weil ihn sein Nachbar dabei ertappen könnte.

Alles stimmt. Der Gurten ist 858 m hoch. »Unbeschreiblich schöne Rundsicht« auf die Hochalpenkette vom Wetterhorn bis zur Altels. Die violetten Joddämpfe über dem Jura nehmen zu und in Bern flammen die Laternen auf.

In ihrer Ahnenreihe mochte ein Seiltänzer stekken. Sie hatte den leisen schwebenden Schritt des Tango auf Glatteis. Und trotzdem hatte sie etwas molluskenhaft Weiches. Es war auch wie ein Pendeln, frei, schlangenschwingend in dünner Luft. Gelbe und weiße Astern trug sie im schwarzen Haar und ihre Augen wackelten wie alte Rüstungen im Rittersaal zur Gespensterstunde. Das machte die Nerven kalt, kalt wie Bogenlampen in einer tollen Winternacht, wenn die Straßenbahnschienen kristallen glitzern und schwere Pelze ihren letzten Atem tun. Es war ein Märchen, eine gläserne bläulich durchklingende Ode an das stille Bestehen der reinen Natur. Nur des Nachts, wenn sie dahintänzelt – nicht tagsüber vor Schaufenstern, zwischen Kinderwagen und ähnlichem Getier – spielen ihre feinen Linien das unruhige Labsal für unsere Augen ... Eine 18jährige, die man vielleicht besser als 23jährige präzisieren darf. Sie kam stets bei Verdi in den Saal und verließ ihn mit Offenbach. Wie sich das erklärte, weiß ich nicht. Und es ist mir gleichgültig. Alles Wissen hat den Geruch kalter, nasser Landstraßen. Nicht alles Wissen ist mir teuer, wie die Feinheiten mancher Sèvres- und Limoges-Arbeiten ... Vollends bei Esmeralda, dem Blumenmädchen.

Die Aehre, 28.2.1915

Sommerfrische

Ich weiß, es fällt mir schwer, die Wahrheit hier zu sagen. Aber warum soll man's nicht. Es kommt darauf an, eine Warnung auszusprechen, die sich vom Juni bis zum September hinüberzieht. Ja, ja, gerade im September gibt's noch schöne Tage. Also meine These, auf zur Empörung! Die Sommerfrische in ihrer heutigen Gestalt ist eine Gefahr ... eine geistige Gefahr natürlich, nun, unserer Erdoberfläche kennt andere eigentlich gar nicht mehr. Sie bedeutet die Verweichlichung, die Ernüchterung aller Cerebralen. Ein Zeiss, magisches Gletscherlicht, ein paar gelbe Bände – sie liegen immer mit einer gewissen Grazie auf den Korbsesseln herum – können diese gefährliche Paralyse nicht aufhalten, nicht einmal eindämmen, auch schöne Frauen nicht in zarten weißen Kleidern mit hinreißenden Fußknöcheln.

Man wird primitiv da draußen zwischen Kuhglokken, im Wind, in der lechzenden Sonne, man wird naiv – mein Gott, die Zeiten Gessners und Bodmers sind doch vorbei –, einfach geformt, das Schlimmste, eine Beute der Literaten von heute. Herr Sternheim, für Sie gibt es hier noch ein Domäne; den Sommerfrischler zu erwürgen, zu sezieren, diesen Pfarrer, der morgens beim Frühstück den Honig behutsam auf seine Hosen tropfen läßt; den Zahnarzt, der sonst Intellektuelles als Sünde betrachtet, aber hier plötzlich wie ein Morphinist zwischen Fisch und Rôti Vergleiche aus Bergsoo stottert; die wohlsituierte Bürgersfrau, die im fleischlichen Lächeln ihre Blößen zudeckt; den Lehrer, der im Kommandoton sämtliche Servierfräuleins mit seinen schlechtgewählten Wünschen foltert; die große breite Schar der Armen, nur Spielarten der Toilette, des Ballspiels, quälender Gesundheit. Wie Rosenblätter liegen dazwischen Langeweile des Herzens und kühle Überlegenheit doppeldeutiger Liebhaber und die opfernde Gebärde irgendeiner nachdenklich verlangenden Dreißigjährigen.

Das Vokabularium ist ein eminent begrenztes, Terminologie eines Sechsjährigen. – »Die Landstraße ist das einzige Trockene heute«. – »Nein, Frau Doktor, oben bei der Brücke wird's sehr feucht.« – »Im Wetterwinkel sieht's bös aus, morgen gibt's wieder Regen.« – »Ach, wissens was, in den Bergen kann man sich aufs Barometer gar nicht verlassen.« – »Der Jaggi meint, es hält noch ... Waren Sie schon beim Wasserfall hinten? ... Nein, was die Buben von den Rechtsanwalts beim Essen immer für ein Spektakel machen.« – »Ich hab's doch gleich g'sagt, dahinten im Tal regnet's schon.« – Die Geplagten begeben sich gestikulierend mit Stöcken, Zeitungen und Tüchern in die Lesesaal-Verandas und beenden dort nach einer Stunde ihre platonischen Dialoge. Einige taktile Interjektionen stören den Ablauf: Klaviergehämmer,

Ohrfeigen, Knistern zerrissener Albums, Teetassen. O grausame Lockungen!

Der Menschensalat mit seinem Vaseline- und Ullsteinromanhorizont könnte einen zu Fall bringen. Indessen, draußen reckt sich faustisch das Chaos, Granitblöcke starren durch zerfetzte Wolken in den ewig azurnen Kosmos. Panischer Schrecken, Verwunderung, heulendste Andacht durchrast unser Herz. Auf Eiskrusten werden wir zu Inkarnationen eines Mysteriums, das nicht Mensch, aber auch nicht Gott heißt, Altäre und Weihrauch verblassen dort oben und muten an wie menschliches Spielzeug, wie ein bescheidener Komödienvorwurf zu kleinlichem Seelenfang ... Leiser, zaghafter Glockenton stiehlt sich herauf aus dunklen menschlichen Kanälen, um die Sturmhast meiner Allheitandacht erdwärts in ergraute Gespenster zu ziehen, in Längstzertörtes. Du mein Fackelschein, emporgesungen in Sonnengold. In den Trennungssphären – ist unser Denken, unsere Schwermut anderen Gesetzen untertan? Habt ihr nie am Gletscherseil eine steigende Gravitation, ein seltsames Heimweh – ja, ich sage Heimweh – nach dem Saturn und Uranus brennen fühlen? Ein unheimliches Distanzgefühl musiziert um unsere Muskeln und Nerven, hinreißend stehen wir an unseren Ursprüngen in adeliger Buntheit, jeder Herzschlag rauscht klar wie eine wundervolle Kathedrale. Im Zenit löst sich der Tag, bleibender Tag ... Ach, drunten das Totenland, Kunst, Religion, Technik, Schmeicheleien, alle Tönungen der Halbheit. Bäume dich, du Bastard aus Erdensinnlichkeit und küssendem Weltgefühl, im Freudentumult, eingekeilt zwischen wilden geologischen Leidenschaften, bebend in glutvollster Gegenwart ganzer Jahrtausende. Die Scheidung, Gleichbewußte, drückt euch nicht, anderen mag Tennis Bekenntnis sein … In Purpurdunkel atmet die Seele wunderfeinen Glanz, für den ich weder in Märchenbüchern noch bei Hofmannsthal, auch nicht in Mineralogiebüchern eine treffende Bezeichnung finde.

Unten gehe ich am Bazar suisse, an erleuchteten, gelbverschlossenen Hotelterrassen voller Überraschungen vorbei, rauchende Bergführer sitzen in den Fluren … und gewiß, ahnungslos sage ich mir da: Die Sommerfrische ist der einzig kinofreie Ort.

Das Gelbe Blatt, 17. Mai 1919

La Suisse

Jeder Handwerksbursche, jeder bessere Dichter und jeder angehende Revolutionär hat in diesem revolutionsfeindlichen Land zu irgendeiner Zeit einmal debütiert. Da man aber bei uns stets für die Erhöhung des Militär-Budgets stimmt, haben die internationalen Vaganten zumeist eingesehen, daß nur in mittelmäßigen ausländischen Geographielehrbüchern die Schweiz als Hort der Freiheit ihr Dasein fristet, und zogen es dann vor, ihren Abschied einzureichen, wenn der geeignete Gongschlag im eigenen Land ertönte. So hatten wir die Ehre Lenin und Mussolini bei uns zu sehen, die nach Ablauf ihrer geistigen Pubertätsperiode die Eidgenossenschaft verliessen, um dann später von außen her ihre einstige behäbige Hebamme ein wenig zu kitzeln. Ein Vorgang, auf den der solide Schweizer – unsolide gibt's überhaupt nicht – übrigens böse reagiert. Immerhin, unser maître de plaisir Wilhelm Tell – neuerdings von Jakob Bührer sehr hübsch renoviert – sollte uns zu gewissen bewegenden Taten inspirieren, doch haben wir es vorgezogen, unsere Kantönli-Fehden bei Jass und Café-Kirsch in einem unblutigen Gesichtskreis abzuhalten. Die Hypertrophie unseres Ahnenkultes gipfelt in einem starken Nationalsinn, der jedoch nicht wie bei Chinesen zum Fremdenboykott ausartet, sondern im Gegenteil sich zu einer fast pathologischen All-Liebe ausweitet, wobei wir es meisterhaft verstehen, den Patriotismus mit Geschäftsgeist zu verbinden. Denn wir sind, wie unsere grosse Schwester-Republik, die U.S.A., tüchtige Realisten und ziehen aus unserem Neutralitätsrecht legalisierten Profit. Ein Volk von solch rationaler Klarheit, von solch bezwingender amusischer Attitüde, das Ernst Zahn sogar als poetisches Mannequin deklariert, das die Grippe mit Neo-Salvarsan bekämpft, das jeden begabten Attentäter ausweist, das die schönsten Reklame-Affichen der Welt besitzt, das alle Jargons Europas spielerisch beherrscht, das die offene Ablagerung des Kehrichtes grundsätzlich verbietet, das das flache Dach in seinen Alpentälern kultiviert, das Henry Bordeaux die Verherrlichung von Mürren einräumt, das dem Seelenakrobaten Rudolf Steiner die Naturalisierung verweigert, das eine Konsumgenossenschaft von Frauenvereinen und Heilsarmee honett repräsentiert, das neben der deutschen Robert Bosch A.-G. die besten Zündapparate (Scintilla, Solothurn) konstruiert, aber leider keine tonangebenden nationalen Automobil-Typen auf den Markt werfen kann, was in eleganter Rassigkeit Citroën, Packard, Studebaker, Cadillac, Buick und Fiat besorgen, ein Volk, dem die Schrulle der Kunstakademien unbekannt ist, dafür mit allen Mariagen auf dem Vierer-Bob sympathisiert, heute die frauliche Sensibilität eines Lavater sabotiert und das Gleiten in weichliche Gemütslage mit Russian Boots kompensiert, eine derartige Gemeinschaft alemannischer und romanischer Glieder verhält sich [gegenüber] der Verjüngung durch rote Politik ablehnend, weil die Merkzeichen rustikaler Sattheit unschöpferisch verebben. Wir sind zu wenig korrumpiert, um zum Schauplatz einer Komödie zu avancieren, und die leiseste verführerische Anomalie, die ein Dramatiker im Bundeshaus erspähen wollte, will sich ihm nicht zeigen, oder er müßte sich mit der Wünschbarkeit für die Einführung eines neuen Monopols oder mit den Flunkereien der bernischen Bauernpartei zufrieden geben, um grausig monotone Szenen zu gestalten. Einer Nation, deren ganze Seelsorge dem *Journal officiel des Etrangers* zugetan ist, muß der Pendelschlag hoher Superlative erspart werden.

Es dünkt einen daher verwunderlich zu erfahren, daß es die Schweiz war, die das Genie eines Alfred Kerr zuerst erkannte, es tat Robert Faesi. Und glauben Sie mir, wir hatten sogar den größten Kosmetiker aller Zeiten, nämlich jenen berühmten Professor Kocher, der es fertig brachte, die Frauen wieder einem kropffreien Leben in Schönheit entgegenzuführen, und jenes Land, das 13,7 mal kleiner ist als unser adoriertes Frankreich, hat die Delikatesse delicieuser Weibchen in niegesehenem Charme malerisch gebannt; die Vautier in Genf, und vor allem Maurice Barraud sind die Apostel eines erotisch deskriptiven Ästhetizismus von geheimnisvoll pikanter Vibration. Aber unsere Sinnlichkeit ist nicht so laut wie die des Herrn Carl Zuckmayer, denn wir sind in der Lage, den *Fröhlichen Weinberg* durch den traurig melancholisch unerlösten Weinberg des Charles-Ferdinand Ramuz abzulösen, eines beschaulichen Meisters, den die Kritik als unseren größten Erzähler maskieren möchte, dessen Griffel jedoch nicht über die Perspektive eines dumpfen bergigen Dorfzirkus hinausreicht. Da sind Hiltbrunner, Siegfried Lang oder Chenevière schon kameradschaftlichere Kreaturen. Doch ich gerate in den gestirnten Himmel geistigen Klatsches, möchte Ihnen aber doch verraten, daß wir trotz unserer robusten Naturkraft (stellenweise durch Tuberkulose gebrochen) einige Zeitschriften von gepflegtestem Format besitzen, die man bedauerlicherweise auf unseren Verkehrsbüros im Ausland vergeblich sucht. (Das rührt daher, weil in unserem politischen Departement keine literarischen Ambassadeure sitzen.) Sie heißen: *Neue Schweizer Rundschau*, *Annalen*, *Individualität* und *Revue de Genève*. Um Gotteswillen, fast hätte ich unser Magazin für Servierfräuleins, Käsehändler und Veltliner-Trinker, den pietätvollen *Schweizer-Spiegel*, vergessen.

Wie Sie wissen, bewohnen die Eidgenossen die fünfte Etage Europas, während unsere Kollegen Dänemark und die Niederlande sich mit dem Erdgeschoß begnügen müssen. Dieses Maximum an Sonnenintensität hat uns im Hochland das geheiligte Lourdes – Davos, das Konservatorium für Lungenpfeifer – beschert, während die fashionable Schnee-Kathedrale St. Moritz (von den Deutschen stets wie ein jüdischer Vorname ausgesprochen) nur auf trainierte Scheck-Gläubigkeit bedacht ist. St. Moritz ist für den Schweizer ein so unbekannter Ort wie für den Deutschen etwa Pirmasens, das er nicht zu kennen scheint. Eine neue Gesellschaftsschicht ist in unserem Völkerschmelztiegel im Anmarsch begriffen, es sind die Stenotypistinnen von der Société des Nations; du triffst sie am Quai in Lugano, sie illuminieren die Confiserien von Montreux, ihr entblößtes Lächeln ergänzt das Bild beim Grand Concours national suisse de Ski in Château-d'Oex; sie sehen aus wie mondäne Arbeitslose und tragen nicht wie die anderen Schweizerinnen bürgerlicher Sorte Atalante, das schlanke, gestrickte Corselet, jenen anschmiegsamen Ersatz für Büstenhalter. In ihren Seidenstrümpfen spiegeln sich die interessierten Diplomaten-Gesichter sämtlicher Rassen. Mit den Tumulten des Daseins-Galoppes werden wir heute wieder vertrauter. Der Religionsprügler Calvin, der uns dem Schmuck des Heidentums entführte, mag heute in dem Piloten Mittelholzer sein stummes Ende finden, einem Manne, der die Liebkosungen der Wüsten und menschenfressenden Riesen mit dem Granit der Alpen surrealistisch vermählt. Wolkenvater (man verzeihe mir den indianischen Ausdruck) Mittelholzer ist unsere populärste Figur.

Im Palace-Hotel Suisse steigen viele Touristik-Girls ab, von den anderen Untermietern, den voyageurs traqués (wir hatten solche von Klabund bis zu Rilke und Hardekopf), vernimmt man in der Office nichts, sie träumen ihre cordialen Nostalgien lautlos aus. Da wir nach Goethe das Naturevangelium der Erziehung gepachtet haben und wir somit [bei] allen desequilibrierten Kreuzzügen abseits stehen, produzieren wir weder Hochstapler, eher Tiefstapler (ich glaube, Magnus Hirschfeld hat das Wort geprägt), noch Akteure und Artisten. Wir leiden, im Gegensatz zu den Fascisten, an Agoraphobie. Nur die Kinderfräuleins durchbrechen unseren Lokalstolz mit ihren habgierigen Expansionen. Früher gab es Schatzgräber im Kanton Zürich, heute betätigt sich hierin lediglich Otto von Greyerz bei der Hebung von Heimatpoesie.

STACHELSCHWEIN, Juni 1927

Lob der Berge

Hart und weich ist das Orchester der Bergwelt. Ihre Sinnlichkeit ist voller Halbdunkel und Unruhe, voller atmosphärischer Temperamente; es ist eine emporgerissene Sinnlichkeit, die schon beinahe in Ausserirdisches entartet, ein unbeschreiblicher Prozeß, in dem keine schablonisierten Harmonien walten, aber über jener organischen Buntheit der Formen keimt zugleich der reine Glanz eines himmlischen Geflüsters, im Schein der Firne und Gletscher kündigt sich Reichtum und Phantasie an, wohnt ein überkontinentales Sehnen, ein Zuviel an Erdentum. Dinge wohnen in den Bergen, von denen die Straßennetze der Städte nichts wissen. Keine Armut nistet in den hohen Felsenburgen, keine Sorge lauert auf dem Alpenpfad, noch herrscht der Frühstil der Welt in dem Wirrnis der Moränen, und das enge Pathos der Schluchten, der brutale Zirkus der Erosionstobel singen ein verwegenes, aufreizendes Lied, donnern eine Sinfonie ohne Zeitgefühl, ohne Heimkehr, ohne Prophetie.

Die Giftfarbe der Menschen, diese stoffliche Staffage des Fleisches mit ihrer lodernden Wollust ... in den Silbernächten der Berge bleibt sie unsichtbar.

Der Tanzschritt der Partner, alle Maskeraden der Bitterkeit und des Unverstandes, die Eindrucksmacht kleinlicher Kirchen, der Fortpflanzungswahn der Leiber mit seinen Stauungen und Spannungen, so unsäglich die Wahrheit des Seins bedrückend ... all das erstirbt, verwittert, verschwebt im brausenden Evangelium der Gipfel, in der tollen Brandung entrückter Lichtmassen, vor den Silhouetten steinerner Barrikaden, vor jener einsamen Lagune der Ewigkeit.

Drunten hüpfen Grasmücken und Schmetterlinge, man turnt mit Beiwörtern, Attributen, Verben, Narren, Dürftigkeit und Greisen, mit Herzlichkeit und Wochenbett herum, mit jenen erschaffenen Klugheiten menschlicher Verzweiflung, mit jenen abgezirkelten Infamien unserer sozialen Partitur, mit dem Heiratsdrang einfältiger Philosophien, mit den Sektierern der Zersplitterung, mit Altertum und Strumpfbändern, mit der gesamten Tragik unserer Intrigen, mit dem Coup de théatre der *Trahison des Clercs* – die Julien Benda so zuvorkommend enthüllt hat! – alles Käufliche zerschmettert an dem Granitgestein, an den Zinnen und Graten phantomhafter Naturkraft, vor jenem ergreifenden Bildraum der Schlichtheit riesenungetümer Gestalten. Der Ruf der Hirten klingt wunderlich im Wiesengrün, und die Murmeltiere sind die einzigen Musikanten auf dem Geröllhang, kleine koboldartige Heldengeschöpfe, ein lustiger Pilgerchor, der einen pfeifenden Aufruhr auf Klippen und Felseninseln grotesk inszeniert. Kriegsgeheul gegen den Menschen ...

Edelleute und Sarazenen eilten über die Bergpässe, manche Kaiserkrone rollte von Nord nach Süd, in den Wäldern erschraken die Bären vor den Statthaltern der Päpste und Monarchen, unheilvoll durchzogen Ränkeschmiede geisterhafte Wälder, Waffenspiele und Zöglinge der Christenheit sprengten herüber. Scholaren und Doktoren zogen über den Brenner, der stille Albulapaß sah Ritterprunk, und die Dämonen Europas erfüllten seine Täler. Was wäre die Religionshistorie, was wäre die Kunstgeschichte ohne unsere Alpenpässe? Höllentief hat sich das Schicksal unseres Menschentums in die Schluchten eingesägt. Wie viele Tränen sind dort oben im Schnee geflossen, wie viele Gebete [wurden] an quellenhellen Wassern zum Himmel gesandt! Wetterwendischer Geist der Geschichte, er kennt keine gottgegebene Ruh. Das Blut der Etrusker, Römer, Ostgoten und anderer Stämme und Rassen, gesalbt und gekrönt von der Gewalttätigkeit alles Geschehens, klebt an den Steinen des Lukmanier, und mancher Handstreich, der in Mainz oder Nürnberg, in Parma, Cremona oder Neapel das Gastmahl der Adligen unliebsam störte, erhielt seine entscheidende Taufe am Gotthard und San Bernardino. Rassenkanäle zwischen höhnischen Bergtitanen warfen Hader und Zwietracht, Fanatismus und Freigeisterei hinab und hinauf ins Land der Meervölker und lärmenden Waldmenschen, und seltsame Wortgemenge schufen Neuwendungen auf fremder Erde.

Wohl ist der Talboden frei, aber an den Hängen bleibt der Erdkern noch vom Winterschnee verdeckt. Krokus und Enzian färben blumenweich das Tal, als die ersten Pleinairisten des kommenden Bergfrühlings. Unser Fiat-Wagen entwindet sich der wilden

Zügenstraße – weit liegt hinter uns Davos, jenes Symbol bedrohter Existenzen –, taucht nach Wiesen hinauf, das dem fluchtbereiten Nietzsche vorübergehend eine stille Stätte bot, eilt weiter auf einer zauberischen Höhenstraße nach Lenz, wir schauen hinab in den Grund, nach Tiefenkastel, hinein ins Oberhalbstein, wo die Straße dem Julier entgegenläuft, einem Paß, der heute noch das Dienstreglement des einstigen expansiven Römertums demonstriert. Wieder denke ich zurück an das dramatische Gefälle der Völker, an Römerblut, an die Suprematie zeitweiliger Übermacht, an mittelalterliche Pioniere, an die politischen Wurfgeschoße der Vergangenheit. Mögen Flugzeuge über stolzen Firnen kreisen, mögen die Pizarros der Bankwelt, die Loyolas der Diplomatie und psychoanalytische Inquisitoren im Pullmann durch den Gotthard flitzen, die Limousinen an mildtätig-melancholischen Paßhospizen manch Gnadenbild weltlich übersehen – gleich mythenschwangeren Gleichnissen ruhen die Berge im ewigen Erdzeitalter. Sie sind die letzten Götter, die heiligsten Priester und verführerischsten Sirenen auf unserer eitlen Zweckmäßigkeitstribüne ...

Neue Zürcher Zeitung, 24.6.1928

Das alpine *Café du Dôme*

Großformatig, amerikanisch steht das Kurhaus Davos da. Gleich einem baulichen Experiment in einem vielbeschäftigten Alpental. Von oben gesehen: eine Architekturnotiz inmitten der ewigen Berge.

Eine Drehtür führt in das Café aller Völker. Die Extravaganzen der Nordländer, die Schauspielergesten der Südmenschen sitzen in einem Menschenlaboratorium zusammen, an dem mancher Ethnograph seine wissenschaftliche Verdauung laben könnte. Hedy, das kleine hübsche Fräulein, nimmt die Garderobe ab. Armselige Literatenmäntel hängen neben den raffiniertesten Pelzmänteln; mondänster Modenreiz, Sportdreß liegen nebeneinander, Börsenmänner und Klassenkämpfer umarmen sich sanftmütig in dem engen Raum, nur durch den Garderobenzettel des Fräulein Hedy sorgsam getrennt.

Ein Karneval der Gesichter, eine Verkündigung der Physiognomien, ein Panoptikum des Lebens, eine Fundgrube für Phrenologen, ein Universum von Kranken, Abenteurern, Sportmilitaristen, Faulenzern, Verstockten und Hellen tut sich auf, ein internationales Idyll aus Überrraschung, Überspannung und Enttäuschung. Irgendwo mag auch das heilige Kleinod des wahren Lebens funkeln.

Ein lebendes Reisebuch von Profession, getaucht in Jazzband-Radau.

Im Kampffeld der Eitelkeit und Unruhe etablieren sich Leute, die die Nähe der Menschen lieben und zugleich ihren Kopf vor der Ewigkeit verbeugen, denen Worte entschlüpfen, Gedankenpfeile, die im Pariser *Dôme*, in der *Rotonde*, im *Romanischen Café* oder in dem früheren *Café Stefanie* mit Dankgefühl akzepiert würden. Der Musenalmanach von Davos ist noch nicht gesammelt. Wohl mag jener Jules Fredmann in seiner *Davoser Revue* den literarischen Ehrgeiz besitzen, die Schrapnellwölkchen der Dichter aufzufangen, um sie einem Kranken- und Sportpublikum liebevoll zu kredenzen, noch aber ist diese Übereinkunft mit Literatur und Kunst zu locker, um als exakte Poeten-Registriertrommel gelten zu können. Nein, zwangloser treffen sich die Weggenossen im Kurhaus-Café; fast könnte man es als kulturelle Demonstration auffassen, wenn man jene Antisportköpfe in geistigen Liaisons dangereuses vereint erblickt.

Am Morgen schon vergräbt sich der Dichter René Schickele in Zeitungen. Schön ist's, wenn man der Liegekur entronnen, am Vormittag mit ihm zu plaudern. Die Tischgenossenschaft wächst, sobald der Lyriker Ernst Blass erscheint, der die Binnenseite der modernen deutschen Literatur seit ihren Kämpfertagen tief erlebt hat. Wir kennen Blass vom *Sturm* und von der *Aktion* her, aus einer Zeit, wo Franz Jung, Ferdinand Hardekopf, Jakob van Hoddis, Albert Ehrenstein, Kurt Hiller, Rudolf Blümner, Max

Herrmann-Neiße, Carl Einstein, Ernst Wilhelm Lotz, Mynona, Georg Heym, Else Lasker-Schüler oder Franz Pfemfert stolze Namen waren. Er gab die *Argonauten* heraus und war am Manifest Der *Kondor* beteiligt. Er ist der reine Dichter – auch heute noch, wenn er nachmittags den tea-room mit seinem musikalischen Hexensabbat betritt. Diese Musik ersticht den Menschen. Ein ironischer geistgewetzter Berliner Arzt, Stoffwechselspezialist mit spanischer Mütze, begrüßt uns kameradschaftlich, Verkehrsdirektor Paul Lips schüttelt uns lächelnd die Hand, die Hebamme der Weltuniversität, eine Wiener Pianistin, taucht auf, Arnold Masarey, der Dichter der *Meerfahrt*, erlabt sich schnell an einem Tee, und Klabund, seit elf Jahren der geschulteste Kenner von Davos, verschlingt ein Regiment von Zeitungen. Marty, der charmante Typ unseres Kurortes, Sportliebhaber, distinguierter Causeur und Tänzer, dem nichts mißlingt, gruppiert sich indessen malerisch in einem Fauteuil. In einer Ecke liest Wilhelm Herzog die deutsche Korrektur eines russischen Geschichtswerkes. Herzog, ein scharfer Kritiker heutiger europäischer Methoden mit einem herrlich wissenden Denkerprofil, der hinter der Noblesse seines Auftretens einen klaren kulturpolitischen Standpunkt einnimmt. Wundert Sie das? Gewiß nicht, wenn sie sich seines brillanten *Forums* erinnern, an dem einstmals Frank Wedekind, Heinrich Mann, Annette Kolb, Hausenstein, Peter Altenberg und andere mitarbeiteten.

Draußen liegt eine hohe Schneedecke, drinnen in dem bunten Etui unseres Cafés kreischt noch die musikalische Falschmünzerei, manch galanter Viveur führt noch rasch seine Tänzerin in die Bar, in das Terrain der Alkohol-Separatisten, in den entnervenden Boxring schöner Flaschen und scheuer Ampeln.

Sieben Uhr abends. Unsere Konversation stagniert. Man greift in die Hosentasche, bezahlt, und das Café bekommt das Aussehen eines müden Wartesaals. Es verfällt in spirituelle Anästhesie. Einige Poeten begeben sich in Schlitten nach ihren Pensionen.

In abendlicher Kühle erklingen Silberglöckchen. Märchenfroh erscheint einem dann die listenreiche Zauberbühne von Davos.

Neue Zürcher Zeitung, 19.2.1928

Wandernotizen

Mancher Morgen zog herauf, mancher Tag ging zur Neige, und die bunten Gestade des Lebens, waren sie von Tälern oder Ebenen umgürtet, entriegelten im Wolkensaum den eitlen Kranz des Schicksals. Man lauschte dem launenhaften Lächeln der Menschen, man verband sich mit ihnen und ging sogar eine Zeitlang ihren Pfad, der Verheißenes kündete, aber plötzlich schob eine Nebelwand sich dazwischen, mürrisch und kühl, und es trat ein Bruch ein, weil hinter der Biegung keine Kapelle erquickender Eintracht aus der Verwirrung ertönte, sondern weil hinter den Körperfehlern der Mitmenschen auch die Defekte der Seele grinsten.

Die Bewohner der kleine Bergnester sind mir die liebsten Kameraden geworden. In ihnen wohnt der echte Zorn der Natur. Das Gewirr der Felsen spiegelt sich in ihren Gesichtern, in ihren Blicken lauert die Macht des Schnees, die Stille der Nacht; die örtliche Topographie formt ihre Schenkel, bildet ihr Kinn, gibt den Frauen ihre Brüste und ihre nachlässigen Schultern, und ihre Hände ähnln wilden tobendkralligen Baumwurzeln, die greifbar Grausames tun können, aber zugleich einer halbverhungerten Gemse liebevoller Arzt werden können.

So entdeckte ich hoch in den Graubündner Bergen das verwegene Tschiertschen, hingekauert auf dem Rutschgebiet des Gürgaletsch, das gleichgültig auf die Schlucht der Plessur hinablugt, die beunruhigend von Arosa herunterjagt. Eifersüchtig stehen die sonnegebräunten Holzhäuser am grünen steilen Hang, und nur im Hochsommer fährt der Car alpin zu den Verlassenen hinauf, bringt sie fast aus dem Gleichgewicht und vermittelt so den Rhythmus eines technischen Tieflandes, wo in einem tollen Hippodrom Aufwiegelung, Lorbeeren, Beredsamkeit, Soldaten und Fachleute gedeihen. Nachts kommen die Holzfäller und Jäger im *Hotel Central* – ein Name, der zu keiner Schlußfolgerung übrigens verpflichtet – zusammen, trinken ihren Veltliner, und ihre Kehlen kennen keine Pausen. Bisweilen diskutiert man in romanischen Idiomen. Und hinter dem Schanktisch dieser elend schönen Kneipe lehnt mit der Brissago im Mund der Wirt, immer träumerisch, selten beleben sich seine Züge, ein melancholischer Beobachter von aristokratischem Profil – jeden Abend, wenn ich ihn betrachtete, kam mir Hofmannsthal nicht aus dem Sinn –, und fast niemals mischt er sich in das Gespräch der Lärmenden. Hier, in diesem weltabgelegenen Bergwirtshaus hat die Vorsehung einen Seitenweg eingeschlagen, sie hat vielleicht in diesem sentimentalen Menschen eine Mischung erzeugt, die, wäre sie anderswo zustande gekommen, uns einen zweiten nachdenklichen Henri-Frédéric Amiel geschenkt oder möglicherweise auch einen guten Theatergeiger abgegeben hätte, der so aber, statt sein verlorenes *Journal intime* zu schreiben, dazu bestimmt ist, die draußen im Brunnen gekühlten Bierfässer ins Lokal herüber zu rollen. Ich hatte eigentlich viel Mitleid mit jenem Verirrten. Aber warum ihm einen metaphysischen Traum einimpfen, eine lebensschwächliche Neigung ihm unterschieben, wenn sein Gewissen die harte Realität des alpinen Erdenlebens nun doch zu bewältigen versteht? ...

Wie anders war der berauschende Sonnenuntergang auf der wipfelfreien Schatzalp, als wir wieder in das Davoser Hochtal hinabstiegen. Ein Überrennen der Farben hub an. Ein somnabules Gelichter zitterte aus dem Dickicht des Himmels herab. Ein wuchtiges Schneekontingent marschierte in allen Wundern der Strahlung dahin, die Keuschheit des Kosmos küßte die Erde und blendete die Schädel zerrissener Menschen. Und das sonst dumpfe, taube, anschmiegend traurige Davos, jene ärztliche Kolonistenstadt mit ihrem Händlertum und dem schaurigen Humus eines besonnten Todes, jenes Theben der Krankheitspriester und jene ehrwürdige (wirklich?) Plantage kavernöser Luxus-Phthisten, wo die Sportwelt die Opferfeuer der Reklame-Marotten anzünden muß – wie leuchtete in der Abendandacht dein brennendes Herz! Aus einer versunkenen Blume ward ein kirschrotes Märchen. Fieberfarbene Hypnotik quoll aus Eistälern herauf, und ein imaginäres Paradies lechzte in funkelnder Schönheitsnymphomanie ... Sind die letzten Sottisen im Kurhaus verklungen und man tritt in die Kuriosität des nächtlichen Morgens hinaus, wer von diesen teuer-billigen Grandseigneurs fühlt noch jene Regionen des Widerspruchs, wer ahnt dann noch jene Begleitung, die über dem wahnhaft absurd-absonderlichen Tal schwirrte? Nur den reichen Armseligen entgehen die unaufhörlichen Überraschungen einsamer Sensationskurven …

Und heute schreite ich auf einer Hochfläche, die unvermittelt mit der Brüstung der Alpen zusammenprallt. Auf schmalem Wiesenweg geht ein Jesuitenpater vorüber. Zwei Phantasmen tauchen auf, gleich royalistischen Ausrufern türmen sie sich empor: Neuschwanstein und Hohenschwangau. Für derartige Hochhäuser, als Undinge eines irrsinnigen Monarchen im felsigen Wald blockiert, fehlt mir Sympathie und Bewunderung. Jene Tempelritterpose dürfte nur noch Ausflugsziel wütiger Motorräder sein, allenfalls Sehnsuchtskrönung patriotischer Frauen bedeuten, die hier in kitschiger Schloß-Silhouette verspätete Weltgeschichte mimen. Gleich willkommenen Defaitisten wölben sich dahinter die Berge, heiter und frohgemut, und knüpfen die Gedanken höher, als das närrische dynastische Burgen vermögen.

Berliner Tageblatt, 14.4.1926

Südliche Glanzlichter

Es liegt eine merkwürdige Verlassenheit über diesem Land, eine Einsamkeit, die glücklich machen kann, eine Stummheit über den Hügeln und Bergen, die neugierig macht, weil hier der Natur aufregende Experimente gelungen sind. Die Gesellschaft hat sich von der Riviera eine snobistische Vorstellung gebildet, sie hat sie mit allerlei Luxusdingen verkleidet, mit einem Fieber der Eleganz, mit einem Komfort der Lichtreklame, mit mondänsten Magazinen und Hotel-Riesenbauten ausgestattet, die jedem Kinoregisseur und mittelmäßigen Romanschreiber bekannt sind. Man ist auf Vergnügungen trainiert, auf internationalen Glanz bedacht, auf ein Panorama der Sorglosigkeit, gestützt von Spiegelwänden und Mamor.

La Côte d'Azur, eine Spekulation der Geschäftswelt, des Mittelmers, verschwenderischer Kokotten, und das alles in einen Blütenduft getaucht, der hinter Genua spürbar wird, um bis nach Marseille in gepflegter Sorgfalt zu erstrahlen. Diesem Ruf erweist man höfliche Ehrfurcht, weil die zarte atmosphärische Hingabe bestrickt, weil die vom Meer umbrausten nackten Felswände bei Menton und Monte Carlo eine Schönheit inspirieren, deren festlicher Glanz dem Gefecht nordischer Stimmung überlegen ist. Generationen haben uns die Unwiderruflichkeit des Riviera-Zaubers eingeimpft. Jenes Land wurde zum Terrain kitschiger Phantasien, darin alle Roheit zu schweigen hat, weil der gutsituierte Bürger die Börse an Herrlichkeit hier vorzufinden vermeint. Die Riviera ist zur klimatischen Apotheke Europas geworden; sie ist voll Ritterlichkeit bequemer Flaneurs und geschminkter Lippen, Flugzeuge aus Paris überziehen den Strand, und Jazzkapellen vollführen heute an der Stelle ihre soziale Arbeit, wo früher Phöniker, Römer, Sarazenen und Wegelagerer gelandet waren. Die Ballade des reichen Mannes spielt heute dort, wo einstmals Kampf, Raub – Kolonisation nennt man diese historische Wahrheit – in antiken Zeiten geherrscht haben.

Über Mimosen-Gelb und Nelkenpracht, über dem farbigen Gewölk der Kamelien, Tulpen, Levkojen, Veilchen erhebt sich die Prüdigkeit des Gesteins gleich stolzen einsamen Monologen im Himmelsblau. Hingeklebte Felsen-Nester, bald hell, bald düster, in pathetischer Isolierung, unten eingesponnen von Orangenpflanzungen und melancholischen Olivenwäldern, erzählen von dem Abenteurertrieb vergangener Epochen.

Auch meine Wandersehnsucht führte mich in ein solches Nest. Nizza, dieses parfümierte Chaos hymnischer Blumen, der Mondanités, phantastischer Juweliere und angebeteter Tailleure, mit seiner monströs beunruhigenden Casino de la Jetée-Promenade draussen im Meerwind, mit seinem perspektivenreichen Quai du Midi, mit seiner begnadeten Hotel-Flut auf der weltberühmten, palmenüberschatteten Promenade des Anglais, mit seinen gemütlich-geschäftigen Boulevard-Cafés auf der Rue de la Victoire ließ ich hinter mir, raste auf der Autostraße nach Cannes dahin, um über St. Laurent, Cognes, La Colle nach Saint-Paul abzubiegen. Eine Fahrt durch Gärten, Pfirsich- und Kirschblüten und Agaven, vorbei an stillen, weiß-, rot- oder gelbgetünchten Häusern und Villen, alles verklärt von ein theatralischen Augenschein ... Droben auf einem Hügel liegt Saint-Paul, grüblerisch, gebieterisch hingestreckt wie ein Raubtier. Tückisch zusammengepferchte Häusermassen in harter Verteidigungsstellung. Ein alter, uralter Flecken mit hoher Burgmauer ringsherum. Eine menschenverlassene Piraten-Festung, enge verstaubte Gäßchen, die durch halbzerfallene Gemäuer hindurchschlüpfen. Ab und zu taucht eine unfrisierte schwarze Gestalt auf; aber ihre Miene ist aufrichtig und klar. Eine sympathische Wildheit lauert hinter allen Dingen, hinter dem Dunkel der Nischen, hinter verwaisten Torbögen und schmalen Fenstern. Nicht artistische Schöpferlaune, sondern Not und schärfste Wachsamkeit vor räuberischem Überall haben diesen geheimnisvollen Ort erbaut. Eine meisterhafte, imponierende Architektur erstand aus geformtem Trotz, aus Murren gegen die Umwelt. Eine romantische Vergangenheit schleicht heute noch in diesem minutiös hartnäckigen Gewinkel umher; der tolle Schatten der Jahrhunderte spukt in dem Schweigen der Steintreppen, an den Wegkreuzungen. Heftige

Geißelhiebe müssen dieses armselige Dorf getroffen haben; denn ich glaube noch überall den Schmerz der Kasteiungen beobachten zu können.

Ein fröhlicher Entschluß hat indessen außerhalb dieses mystisch-stummen Steinmassivs ein paar »Hostelleries« hingestellt, englischen oder schottischen Walter-Scott-Cottages nachgeahmt. Dort wohne ich bei Mousieur Roux, dem Freund der Maler und Literaten; von meiner Fensterlehne aus schaue ich ins weite besonnte Land. René Schickele läßt hier ein graziöses Kapitel seiner *Maria Capponi* spielen, und Herbert George Wells hat jene Milde des Klimas und die jubelnde Luft jenes Erdstrichs im *Clissold* mit seinem großen Wissen umrankt ... Auf den weichen Rundungen der Hügel stehen verstreut einzelne Haciendas der Blumenzüchter und Bauern; auch die verwöhnten Anwesen Ruhebedürftiger kokettieren inmitten der Olivenhaine. Weiter im Norden kauert am Bergrücken des mächtigen Baou überlegen das köstlich-pittoreske Städtchen Saint-Jeannet mit seiner exquisiten Trauben-Kultur; mehr westwärts folgen Vence und das närrisch absurde Tourettes in ihrer bizzaren Tektonik. Endlich Grasse, wo eine splendide Botanik französischen Parfumeuren ihr Einkommen liefert. Durch Orangenbäume hindurch erblicke ich im Süden die blauen Fluten der Mediterranée; Wellenkämme brechen sich am Cap d'Antibes. Theater, Konzertsäle, Kasinos, Grande Bataille de Fleurs, Spielfelder für Polo, Golf und Tennis, bunte Badekarren begrenzen die lichte Bucht ... Es ist ein altes schönes Land, in dem ich lebe; aber seine ewige Jugend hat Maupassant besungen; nur das Dekor und die Menschen haben ein wenig gewechselt. Gauguin und van Gogh haben in heißer Andacht darin ihr künstlerisches Tagewerk vollzogen … Die Provence, sie bleibt das Bekenntnisland der Künstler aller Nationen.

Im apart-originellen Speisesaal des Monsieur Roux schmoren über brennenden Holzklötzen des Kamins fünfzehn Hühner am Spieß. Man lacht, gestikuliert, raucht; eine flotte Causerie führt Amerikaner, Engländer und Franzosen zusammen. Die Leichtigkeit der Atmosphäre, sie geht auf Menschen über. Monsieur Roux versteht als gewinnender Wirt sein pikantes Handwerk. Die Tennismeisterin Susanne Lenglen, die verstorbene Isodora Duncan, der Maler Picabia, die Poeten La Fouchardière, Claude Farrère, Bernard Shaw, Duvernois, Charles Vildrac und Schickele, sie alle waren von seiner *Auberge de la Colombe d'Or* begeistert. Und auch in meinem Reiseerlebnis darf sie gewiß nicht fehlen.

Tages-Anzeiger, 5.4.1929

Marseille

Eine Stadt, die ins Meer springt, die den Herzschlag des Wasser in sich trägt, die alles bekämpft, was an Europa zu erinnern scheint. Mit einem Seherblick schaut sie hinaus ins Meer; unentrinnbar ist ihr Blick. Dieses Stadt-Auge, am Ende der Provence, zwingt Afrika, zwingt den Orient in seine Macht, befreit und knechtet, denn es ist voller Ahnung, Zerstückelung, Verlockung und Brutalität. Geladen mit praktischer Vernunft, die aber nicht nüchtern-abstoßend wirkt wie im Norden, betreibt Marseille eine Tyrannei herrischer Lebenskraft inmitten eines kosmopolitischen Schauspiels.

Die Schlachtordnung ist der Hafen – nicht der alte, der für verspätete Maler reserviert ist, nein, es sind die modernen »Bassins« de la Joliette, du Lazaret, d'Arène, National, de Radoub, de la Pinède, Wilson und Mirabeau. Hier spürt man kein Altern der Welt. Die Sirenen heulen. Schleppend ziehen Ozeandampfer durch ein schwimmendes Kabinett von Masten, Tauen, qualmenden Kaminen, durch ein Territorium von Kranen und Flaggen-Demonstrationen. Ein Film, der keine Spielraumgrenze kennt. Endlos lange Docks, Schuppen und Speicher. Auf den Kais bleiben Menschen zurück, Pflegebefohlene des Landes, Statisten Europas in weinerlichen Szenen, während die anderen, dort oben an Deck, schon dem Aufhorchen fremder Kontinente verfallen sind. Eine gigantische Hafenmole ist gegen die Wuchtentfaltung des Meeres errichtet. Grausam tobt die Brandung an den Stein- und Betonquadern. Das ist die schönste Promenade von Marseille, schöner als die Corniche mit ihren »Bastides«, reizvoller als die Cannebière. Die Wellen türmen sich auf dem Gestein, an diesem Panzer der Zivilisation. Lange wandere ich auf dieser Steinbrüstung, ein Windhauch bringt Kühlung vom Meer einher. Drüben steht, wie auf einem Trittbrett, die Kathedrale, eine göttliche Zitadelle mit ihren Kuppeln, die auf einer romanisch-byzantinischen Fassade ruhen. Gleicht das Ganze nicht einem riesigen Mokkabecher? Nebenan kauert Frankreichs älteste Kirche, die Major. Einstmals ein Tempel der Diana, bis dann der heilige Lazarus mit seinen ebenso heiligen Schwestern Martha und Maria Magdalena hier das Christentum einziehen ließ. Rechts davon sinkt graues, müdes Dächer-Geröll den Hang hinab, Marseilles ältestes Quartier, das dem römischen Belagerer Cäsar zu trotzen verstand. Gottlos ist dieses groteske Gewirr heidnischer Häuser. Kraus ihre Verrenkungen. Schroffe Wände übergipfeln sich in den engen Gassen, wo verrußte Gesichter, Hunde, Katzen, Weiber im Zwielicht auf schmutzigen Steintreppen, Erben eines unehrenhaften Gewerbes, in deutlicher Absichtlichkeit auf Frevel, geheime Lust und höllische Wünsche üppig prahlend lauern. Toll rauscht das Blut hier, frech und frei. Ob rückwärts, ob vorwärts, in jedem Menschenantlitz wohnt ein dumpf verdorbenes Gelüst. Es sind die Bastionen einer rohen Lustbarkeit, es ist das Paradies der Resignierten, der Verzweifelten, der Verstossenen, der Leidenschaftlichkeit, der Hemmungslosigkeit und rettungsloser Impotenz. Es riecht nach Abfall und Gewalttätigkeit, nach schlammiger Phantasie, nach gefährlichen Parfümen, nach Wollustruf, nach bouille-à-baisses, nach Tier und Fischen ... Jene dunklen Gassen mit der Schaulust einer unverhohlenen Geste fallen maliziös zum alten Hafen herab. In den kleinen ärmlichen Bars sitzen Matrosen, Vaganten, Hafenarbeiter, Namenlose, Neger, Berber, Malaien, Krüppel, Akrobaten, Zornausbruch und Liebkosung. Alle sind von der Sonne verbrannt; alle hat das Meer übermannt; versteckte Spielgenossen der Arbeit und Qual sind sie alle.

Marseille ist die Stadt und das Hospital der Extreme und der Mischungen; es ist ein hartnäckiges Männerasyl, das wohl den Charme exotischer Frauen aufweist; aber die City bleibt ohne Schmuck und weiche Annehmlichkeit, weil der tauschlustige Mann, der Händler, das Wirtschaftsleben hier heimisch sind. Uns so manifestiert sich hier ein Zentrum jenes »Weltmestizentums« mit einer neuartigen »energetischen Rassigkeit«, wie das der geistreiche Robert Müller des öfteren im heutigen Weltbild formuliert hat. Phönikische Piraten, griechische Streber, Liguren, kleinasiatische Politiker, sarazenische Intrigen, punischer Menschenschlag, arabische und hamitische Rassenelemente züchteten den romanisierten

Strudel einer mediterranen Lebensform, der heute die Cannebière, den Cours Belzunce, die Allèes de Meilhan, die Rue de Rome und die elegante Rue St. Ferréol dirigiert. Auf zerklüftetem Fels erwuchs eine köstlich südliche Stadt, an der schon Tacitus die glückliche Vermengung griechischer Höflichkeit und gallischer Klarheit rühmt, deren warme Luft eine orientalische Trägheit ins Herz legt, wie das Flaubert so schön zu notieren wußte, die einen Stendhal, den Freund der gens du Midi, bei aller kühlen Kritik immer wieder anlockte und der er, als commis voyageur émérite, in seinen bei uns fast unbekannten *Mémoires d'un Touriste* lebendig frohe Worte schenkt. Rimbaud, der poetische Wüstenanbeter, taumelte hier in den Tod. Seither erkoren Literaten Marseille zu ihrer waghalsigen Wallfahrt, von Verwunderung, Bedeutung und Afrika-Nähe fasziniert, um es am Ende als Kriminalroman zu entwirren. Aber das eindringlichste Porträt dieses kunterbunten Kaleidoskops gelang bereits 1912 Ferdinand Hardekopf, jenem sorgfältigen Detektiv letzter Sensationen, in seinem artistisch-überlegenen *Moralischen Variété*.

Die Physiognomik dieser Stadt, eines Werkzeuges antiker Kultur und heutiger technischer Imperative, wird durch hochgetriebene Punkte bestimmt. Die Gare St. Charles ist ein Epigone der Akropolis, die Notre-Dame-de-la-Garde erhebt sich auf nacktem Gestein wie ein überirdisches Vermächtnis, das Fort St. Jean und der Pharo, beide ernst residierend am Hafeneingang, wirken wie hinterhältiges Theaterdekor. Diese verbitterten Sonderlinge konstruieren ein rigoroses Stadtbild, wurden zu Instrumenten einer großartigen Topographie.

Nochmals führt mich der kühne Aufzug hinauf zur Notre-Dame-de-la-Garde, zu jenem Gibraltar der vergoldeten Madonna. Drinnen in einem kleinen verglasten Raum brennen Wachskerzen für die Toten. Schwer bedrückt mich die Hitze in dem einsamkeitsvernichtenden Gewölbe; gegenüber in einem dunklen Winkel küssen Kinder und Frauen einen liegenden Marmorchristus. Ich entfliehe der phantastischen Nacht der Kirche und trete hinaus ins Freie; drunten, tief drunten rattern Taxis, Straßenbahnen und Omnibusse; ein mächtiges Eisennetz überbrückt den alten Hafen; sonst Häuser, Häuser, feilgeboten wie in einem Baukasten-Panoptikum; aber vor der Grenzenlosigkeit des Mittelmeers beugt sich alles in Andacht. Wirklich, eine pathetische Zeremonie umfängt mich, die Lebenskreise der Jahrhunderte ziehen an mir vorüber; labyrinthisch öffnet sich mir der Geist der Geschichte; sie glitzert wie ein pittoreskes Abenteuer, und in der universellen Chemie der Beziehungen erhebt sich jene heroische Kirche wie eine legendäre Monstranz.

Tages-Anzeiger, 25.5.1929

Paradoxie des Hotelzimmers

Hotelzimmer mit weißlackierten Möbeln sind mir am sympathischsten. Der Waschtisch trägt eine große weiße Marmorplatte, die Wände sind grau-blau gehalten. Und das Ganze ähnelt fast einem chemischen Laboratorium und trägt den Stempel der Standardisierung. In Detroit, in Territet oder auf dem Cap Martin findest du dein Hotel Beau-Séjour, deine cuisine soignée, deinen ascenseur, auch werden deine Schuhe gleich miserabel geputzt, und die einzigen lebenden Apparate sind die hübsch überlegenen filles de chambre in jenem Sklavensystem der ›regional understandings‹. Einzeleindrücke werden überall unterdrückt. In irgendeinem Wiener Bezirk läuft das warme Wasser mit der gleichen Geschwindigkeit in das Waschbecken wie in der Rue de Rivoli. Du träumst die gleichen qualvollen Gedankenbilder in allen Betten, vorausgesetzt, daß ihre Orientierung Nord-Süd oder Ost-West beibehalten wird. Du fühlst dich hier wie dort überflüssig. Vielleicht bist du ein ausgezeichneter Ingenieur, ein kordialer Außenpolitiker, du bist möglicherweise ein Seifenhändler, hast eine Österreicherin zur Frau und in Pontresina ein

Châlet, du magst in delikaten Dingen Bescheid wissen und den König der Hedschas zum Freund haben, Linksliterat oder Tennispazifist sein, Krankenhausarrestant, Lebensmittelreisender, Arbeitslosigkeitsstatistiker oder sonst eine wackelige Existenz zwischen Empfängnis und Totenkammer sein, was ist mit dir los? Du trägst die Leibwäsche des Nichts. Dein Diplom Mensch reicht gerade dazu hin, als morsches Bakterium im Weltall zu figurieren. Auf der Planetenkugel treibst du vergleichende Philosophie und ahnst kaum, daß viele hundert Millionen unsichtbarer Sterne über deinem Haupt dahinziehen; du wirst stolz sein auf die Individualität deines Blutes, das dich zu irgendwelcher Gruppe biologisch verpflichtet, zu Chinesen oder Patagoniern, zu gewandten Schlanken oder schmachtend Dicken. Du schwimmst zittrig nervös im Kosmos, fast so unsubstanziell, wie der Maler Paul Klee seine Visionen ohne Hindernis hinsetzt.

Die Lustigkeit des Hotelzimmers macht dich melancholisch, weil sich das bestrickende Nomadentum als der heimliche kategorische Imperativ entpuppt. Kolonist der fremden Betten, Pensionär einer schwebenden Lebensform. Der Mensch ohne Heimatwert soll den Zusammenhang mit der traditionellen Realität verlieren, so sagt man wohl, aber wenn ich mein Atelierfenster heute den Bergen öffne, morgen dem Meer, übermorgen den Arbeitervierteln, den Rücken der Frauen, den Tieren und Heiligenbildern, den Arabesken der Sinnlichkeit und dem Garten der Wehmut, so werden jene blendenden Bilder die Organisation des labilen Ich doch säuberlich intensivieren.

Nicht die Irrfahrt einer Auflösung spricht da zu uns in der chronistisch farbigen Tätigkeit, sondern mein Sein distanziert sich zu Klarheit, aus der die Härte und das grelle Licht verschwindet. Auch zu einer Rettungsaktion für meine Gedanken kann sich diese beengende Klause, diese Gasthof-Odyssee steigern, wo man die Wunder des Buchs immer wieder neu erkauft, weil unten im Weinsalon amusische Kreaturen vor der Mythologie barocker Vorstellungen, vor der bewegenden Laune der Grabsteine und der Einfachheit des Totalen eine mitleidslose Sperre errichten und dem Interieur himmelhaft bannender Erinnerungen entfliehen. Wie liebst du dann deinen einsamen Balkon in Pallanza oder in Saint-Paul du Var, wo um getünchte Steinmauern nächtliche Sonette erklingen, von der Heimsuchung alles Rätselhaften tief gebeugt.

Wie ein Trappist lebst du in jenen Räumen, deren pantomimisches Inventar – an allen Orten gleich verantwortungslos – dir den Mund verschließt, und du bleibst der Deutung, dem kriminalistischen Instinkt der Hotelgäste überlassen. In ihren dummen Augen magst du ein Genesender sein, vielleicht umzieht dich sogar der Schleier des Hochstaplers, aus der Liberalität deiner Gesten formt sich für andere das Bild eines schattenlosen Artisten oder die Fratze eines politischen Agenten. An den Ideentrapper glauben sie nicht. Ein Entkommen aus der Welt haftet dir an. Halb Sonderfall, halb Grenzübertritt aus moralischen Bezirken. Die Einfühlungsgabe, die man dir schmeichelhaft zubilligt, macht dich zudem noch verdächtiger. Nur auf Umwegen bist du ein richtiger

Mensch, man akzeptiert dich als Sehenswürdigkeit einer verworrenen Romantik. Selbst der Unsinn der Fremdenliste löst dein Geheimnis nicht.

Ich esse meine Suppe mit einem Baumkuchenkonditor, mit einem Geschäftsführer, mit bürgerlichen Reliquien aller Spielweite, mit den Perversionen der Eitelkeit und des Stumpfsinns, mit den gutgebauten Komponisten unserer Zivilisation, mit den Chordirigenten der Armut, mit den Musikern des Reichtums und dem Mosaik der Demokratie. Die Volksseele verschwistert sich; Bankbeamte, Adelsmädchen und Bürofiguren, je nach Naturanlage, finden im geistigen Verzicht ihre Nahrung. Blaß und bleich ist diese Sommerwelt. Ein winziger Novellistenstoff. Du bleibst ein Separatist ohne Compagnon. Der Déclassé tritt auf wie ein Fürst, aber des Nachts schnarchen durch die perfid dünnen Zimmerwände alle gleich, ob Seemann, ob Freimaurer. Wie in einer Schachtel hocken diese Normalexistenzen zusammen, und nur die Farbe ihrer Socken läßt auf verschiedenartige Wesen schließen. Gleich einer lächerlichen Gerichtssitzung erscheint mir diese verengte Arena, wo Puritaner und Lästerer in belangloser Wortwirtschaft ersticken.

Und als die Bauhütte einer schicksalsbeladenen Aschermittwochstimmung schleicht das Hotelzimmer durch die geschmückte Zeit dahin. Trotzdem, aus der Schattenstille des Alleinseins erwächst für uns gnadenreiche Botschaft.

Ruhe auf der Flucht, 1932

Herbstliches Davos

Die helle Heiterkeit der Natur schimmert jetzt über Davos. Die Sonne taucht Wälder, Berghänge und Alpen in einen Blutstrom magischer Farbigkeit, die vor der himmlischen Bläue traumhaft, phantastisch erbebt. Das Rostrot der Bäume und Matten blüht aus gigantischen Lichtern auf, malt die Schönheit einer überirdischen Anmut. Wie an den Toren des Paradieses schlummert jene adlige Stadt, von Zärtlichkeit beschwingt, von leiser Krankenmelancholie durchrüttelt, von Sehnsucht leicht erregt. Ein Weltkonzil tagt hier oben, Jahr für Jahr, ein Meeting des Dämons hält seine Wacht, jene Demokratie der Krankheit trägt alle Menschensekten allumfassend zusammen, mögen ihre Teilnehmer vom Morgenland herpilgern, mögen sie von der heißen Pampa ihre zerbrechliche Lebendigkeit einhertragen, Insulaner und Städter, alle unterwerfen sich willig unserem therapeutischen Hochtal.

Oh, du Mekka der Tuberkulose-Karawanen, wo der Arzt wie ein edler Scheich durch die Südzimmer wandert und wo er über dich das gräßliche Moskitonetz der Liegekur breitet, wo die Menschenohnmacht zu neuem Flug sich emporschwingen soll. Davos, dein Name ist sagenhaft umstrahlt im Katarakt menschlicher Hoffnung.

Hier blüht im Herbst der Sommer noch. Aus der Atmosphäre orgeln heiße Sonnenstrahlen ein seltsames Alpenlied schon frühmorgens. Das breite glitzernde Antlitz des Scalettagletschers, das herrlichste Gelenk dieser Landschaft am Mittag und am Abend, mag wie ein wundervolles Betäubungsgift wohltätig hier hingesetzt sein. Lichterloh lodert dein Eisherz in die etwas geborstene Menschheit hinein, die ihr resigniert-elegisches Rendezvous hier abhält, in diesem wahrhaft pazifistischen Korridor.

Wie liebt man deine sinfonische Komposition, deine Sicherheit im Glückversprechen. Aber wieviele Menschen gibt es hier, denen die heroische Dichtung der Natur nur Dekoration ist, die sie nur wie liebliche Theaterkulissen bestaunen dürfen und die auf alle Anfechtungen, sie in Wanderungen zu ergreifen, zu genießen, verzichten müssen. Die höchstens einmal ihren Südbalkon mit einem Wagen auf der Promenade vertauschen dürfen, wo der Lord des Oberhauses spazieren geht und die internationale Uniform des Gentleman sich von der Domäne des Fieberthermometers abhebt. Denn Davos, du mystisch-imaginäres Monopol, du hygienische Schaustellung von Gesundheit, Bob und Krankheit, bist ja das Wembley der Morbiden, das gesuchte Manövrierfeld der Ärzte. Die erleuchteten Sanatorien wirken des Nachts wie eine ungeheure Lichtreklame. Auf den Liegehallen träumt eine ganze Welt. Wie in den langweiligen Vitrinen eines Museums ruhen dort sachlich, nüchtern, abgestumpft die Patienten, und das Lungengewebe gibt den Jazztakt in dem sentimental-mondänen Variété schüchtern ab.

So dämmert über Davos jene Grazie, jene Nervosität einer kuriosen Auslese von Menschen, die der praktischen Sphäre entrückt sind und unschuldsvoll ein überirdisches Leben ins Auge fassen. Die schneegebänderte Pyramide des Tinzenhorns lächelt dazu und spendet diesem alpin-weltstädtischen Nebeneinander sein imponierendes Raffinement. Es sind alle irgendwie Außenseiter, die dort den Rhythmus der Tage zubringen, morphologisch leicht faßbare Typen, man möchte fast sagen, uninteressante Figuren, die auf ihren Veranden eine gelassene Diplomatensprache reden und sich eine eigene Heimat gegründet haben. Halb Vergnügungsstätte, halb medizinisches Cinéma. Außenseiter, denen die pathetische Zielsetzung fehlt, die als Pilger einer flirtenden Narkose umherwandeln.

Aber der Wallfahrer, der in den sommerlichen Herbst hineinwandert, wird höher steigen, er geht zum Strela-Paß hinauf, wo er drüben den Kreuzzug der Engadiner Berge verfolgen kann. Und dann – in keinem banalen Reiseführer ist diese neue Entdeckung bisher angeführt –: Ein kleines schmales Weglein zieht sich fast eben am Hang des Schlahorns hin. Voller Abenteuerlust streift es an Felsabstürzen vorbei, schlängelt sich durch die grotesken Lavinenverbauungen hindurch – ein Wunderwerk Davoser Technik –, kriecht an der fast senkrecht abfallenden Felswand entlang und endet später weiter unten an der Dorfstäli-Hütte. Wirklich, der jetzt fertiggestellte

Höhenweg ist eine famose Premiere der diesjährigen Saison, er entführt uns in ein vollkommenes Neuland der Alpen-Dramatik. Wie die Axenstraße dauernd in den Spielplan des Vierwaldstättersees eingereiht ist, so hat heute Davos sein lockendes Geheimnis in jenem Bergpfad, der die Ergriffenheit, die Andacht, die befreienden Schwingungen alpiner Szenerie enthusiastisch in uns erklingen läßt, das malerische Gesicht formstarker Akzente gütig enthüllt, wo man die schmetternde Gangart des Ewigen kühn vernimmt. Als mächtige Signale leuchten auf der Hochducan, das Eisdröhnen der Grialetsch und Scaletta ... Und beim Hinscheiden des Tages blitzt die Rhätikonkette gleich einem flammenden Schwert. All jene Kostbarkeiten unter dem Himmelsdom verdanken wir diesem bescheidenen Weglein, das so vergnügt in die reiche Flut des Daseins hineinlacht ...

Es ist Herbst in Davos, und bald werden sich die ersten Fahrgäste des Winters einstellen ...

NEUE ZÜRCHER ZEITUNG, 31.10.1925

Seitenblick auf Berg und Mensch

Für René Schickele

Ich lebe auf einem magischen Punkt dieser Erde.

Noch träumt die Landschaft im tiefen Schnee, der die Indiskretionen der Natur sorgsam verbirgt, aber schon beseelt die Amsel den nackten kahlen Raum. Sie ruft von den Bäumen herab, als wenn sie schon das Land lieben wollte, als wenn die Frühlingsfaune ihren Hirtengesang angestimmt hätten, als wenn an Winterwegen Blumenaugen blickten. Der Kurgarten bleibt noch einsam, alles fröstelt im Winterpelz. Vielleicht ist es der letzte Schnee, der Fels und Tannen schüchtern sterbend küßt. Das Pathos der Eismonotonie, nur von den Narrenmützen eines militaristischen Sportzeremonials vergnüglich unterbrochen, wird gar bald in ein sommerliches Orchster entfliehen, Mai-Ouvertüren werden ertönen, um grazilen Mädchenhüften gute Lockerung zu verleihen.

Aber die Bitternis des Lebens in ihrer vollen Würze müssen wir vorher kosten. Klagen sind um uns geschart. Im Morgenlicht, im Abendrauch, in allem Tun, in den dunklen Gedanken, die unser Ich umnetzen in allen Wanderungen abseits dem geistigen

Wohlgeruch der Städte, flötet nur Ungemach, Leidfjorde zernagen unser Blut, und die Drachen der Trauer zerwühlen den eitlen Strand unserer Hoffnungen. Wohnt auf dem Mond Erbarmen? Die Schutztruppen der Erde führen uns in obdachloses Leid, währenddessen die Philosophen ihre Fortschrittsbuchstaben weiterplappern und das Hagelwetter kriegerischer Tugenden die Amulette der Güte plump vernichtet. Regellosigkeit des Geschehens? Gott läßt einen Lichtwechsel – vielleicht nur ein mechanischer Vorgang – eintreten, Pulsationen, deren mathematische Behandlung noch zu fordern wäre, weswegen wir jene Bewegungen mit ihren Maxima und Minima epigonenhaft Geschichte nennen. Noch ist alles tabu, Liebesspiele, biologische Heimlichkeiten, jede Grenzscheide, zivilisierte Brutalität, jede Scham und Verwirrung. Müssen wir nicht Gott in flagranti ertappen, um endlich unsere Bahnbewegung, oder wenigstens deren Bahnelemente, zu ermitteln? Was wäre der Mensch ohne Traum? Eine dämonische Frage. Er wäre befreit von dem seltsamen Kampf seiner Bastard-Vorstellungswelt, der nun einmal zu seinen konventionellen Vergnügungen gehört. Der Berufsanbeter, der Theologe ist der Lebemann der Metaphysik, eines Pantheons disziplinloser Kunststücke, woraus bei geschickter Selbstinszenierung manch kosmischer Schwank zu holen ist. Er, wie der Philosoph – der humoristisch das Kaufherrentum des Gehirndenkens gepachtet hat –, bleibt doch nur der Anekdotensammler des Sich-Erinnerns einer braven Für-Mich-Welt, ein Ängstlich-Sparsamer, der weder Tantiemen von Gott noch Teufel bezieht noch die heroische Fügsamkeit des Schweigens kennt. Kann aus spekulativem Kleingeplänkel außerordentliche Erfassung erstehen, Zugang zur Erkenntnis gedeihen, wenn ohne Wagemut die Systemübeltäter sich der Urteilsstätte der Logik ausliefern? Mit derartigen Experimenten könnte jedes naive Toiletten-Kätzchen konkurrieren. Gott und Mensch sind Zwillinge einer verschwenderischen Substanz, ein Schelmensymbol für einen Nährstoff, dessen mysteriöse Analyse noch nicht geglückt ist. Ein Drechsler, ein Steinklopfer, ein Bäcker oder ein Krankenpfleger, Menschen also, die keine gewollte Opposition vortäuschen, die arbeiten, ohne der Einschätzung ökonomischer Machtfülle anheimzufallen, erledigen ihre menschliche Situation wertvoller als jene Grammophondenker mit ihren ziellosen Weltanschauungsdebatten, die einer Examenskommission angehören oder auf Kongressen durch Fallenstellen kuriose Konfliktstimmung schaffen.

Die faszinierendsten Rekordmeister aller Gebiete kommen aus ihrer Lokalatmosphäre nicht heraus. Es bleibt eine funkelnd narzißtische Dramatik, elegante Esprit-Kosmetik einer vielleicht sogar einsichtsvollen Fremdenkolonie. Ein Schwimmlehrer, ein Gastwirt, ein Postbeamter, ein Bürgermädchen oder Proletarier, selbst Coiffeure und Zahnärzte, und wie die Farbtupfen der soziologischen Palette sonst heißen mögen, ob jung, ob alt, ob bescheiden oder witzgepfeffert, Typen, die ihre offizielle Wohnsitzgemeinde nicht im Geistigen einnehmen und seit dem letzten Schulaufsatz komplizierten Kulturgebieten fernstehen – also auch Bobfahrer sowie manch kühler Gentleman –, glauben nicht an die Schreckschüsse unserer Akademie-Animierkünstler, selbst im wohlgeregelten Radiovortrag [nicht]. Sie wehren sich entrüstet gegen die Berühmtheit der Grimauds.

Intellektuelle unter sich ... ein gar trauriges Kapitel, weil hier die verschiedenen Reaktionsformen der Hirne und anderer biologischer Anhängsel schmerzlich demonstriert wird. Statt Beschwörer und Zauberer zu sein, statt sich zu opfern, gestalten sie Kategorien von Raum und Zeit, versteifen sich auf Darstellungstricks, auf Wahrscheinlichkeitspikanterien. Sie sind Gespenster selbstgeschaffener Qual, und darin den Höllenstürzen der Poeten ähnlich. Im schmutzigsten Vorstadttheater arbeitet man mit saubereren Mitteln als auf dem Podium der Professoren mit ihren Wortexkrementen ...

Draußen wetteifert endlich schon der Krokus mit dem Schnee. Mein Hundefreund Polo zieht mit mir durch die Wälder, hüpft über Schneeterrassen, und der Föhn pfeift über Malerkäuze, Dichtertemperamente, Hexenmeister, Klageweiber und Blinde. In unserer satirischen Traumstadt mit ihren Fieber-Illuminationen und geschraubten Plattitüden der Reklame, getaucht in medizinische Meriten, herrscht Torschlußpanikstimmung. Man beschuldigt die Landschaft, das Wetter, man zieht die Berge zur Verantwortung heran, alle denkbaren Attacken bringt man gegen den Ort hervor, um nach dem Süden zu eilen. Die Miete unserer Zimmerpreise sinkt (um 50 Rappen). Aber die Geheimnisse verschwinden nicht aus unseren Räumen ... Ich lege eben meine Zigarettenspitze hinweg, ich bin etwas nervös. Ich gehe in der

Stube auf und ab, zwischen Tisch und Bett, zwischen Koffern und Madonnen, betrachte Zeitschriften, Bilder – jene Schauertaten der Pensionen –, entdecke im Spiegel mein unrasiertes Gesicht, hole aus dem Schrank die schmutzige Wäsche, denn in einer halben Stunde wird die Wäscherin an die Tür klopfen mit dem seltsamen Lächeln einer Theosophenführerin, sie wird dann die Wäsche in einem grauen Sack verschwinden lassen. Drunten beim Frühstück werde ich die Provinzpresse lesen. Es gibt nichts Regelloses in unserem Haus ... Plötzlich kracht ein Schuß. Ganz respektlos. Drüben im Nebenzimmer. Auf dem Korridor schon treffe ich meine Gangnachbarin, eine Malerin; eine andere Dame, eine Schwedin, noch halb in Schlafsucht getaucht, stürzt herbei. Zu dritt betreten wir das fremde Zimmer. Ein junges Mädchen liegt am Boden, nahe am Bett. Der Pyjama ist halb geöffnet, und ein Blutstrom färbt den koketten blauen Seidenstoff. Selbstmord! schreit der Pensionsinhaber. Glücklicherweise ist ein Arzt unter den Patienten des Hauses. In zwei Minuten ist er im Unglückskabinett. Er gibt eine Kampferöl-Injektion und legt einen Kompressionsverband an. Das Mädchen erlangt wieder das Bewußtsein und bittet flehentlich um Morphium, um Morphium, um sterben zu können ... Wir wissen alle, es ist der vierte Selbstmordversuch ... Gott hat an seinem Dirigentenpult einen Fehler begangen.

Eine Stunde später findet im Nebenzimmer eine englische Stunde statt.

Aber auch um den jungen Russen in der oberen Etage ist es schlimm bestellt. Seit einer Woche bekommt er schon täglich eine Lumbalpunktion. Er weiß von seinem Schicksal nichts mehr, er kennt seinen Vater, den müden Althändler, nicht mehr, er weiß nichts mehr von der Pein des Lebens. Am Abend bereits hat die Meningitis tuberculosa gesiegt ... Ein paar deutsche Juristen erfreuen sich drunten im Vestibül an Rundfunkmusik ... Schlechter Empfang heute, was! grunzt einer der juristischen Kunstkenner.

Was ist das alles? Lokalnachrichten, Reihenfolgen aus unserem Partialgedächtnis, ja vielleicht nur Proben unserer Langeweile, um nicht undankbar gegenüber dem Leben zu sein. Vielleicht liegen in der Grausamkeit gerade die Wohltaten dieser Welt. Normalität wäre ein Kasteiungsvorgang der Natur, Sparsamkeit mit Mitteln wäre Lüge, Totschlag des Organischen. Darum werden wir die Staatsanwälte meiden, weil sie das Fortgerissensein bremsen und Fernentlegenes durch Kurzsichtigkeit meistern wollen, wahrhaftig, jene sind die großen Unheiligen unserer Zeit, weil sie mit dem gewöhnlichen Denken die trivialsten Assoziationen verknüpfen und so zur Verarmung der Wahrheiten beitragen. Gleichfalls wie der Kosmos nicht darum existiert, um daran Intelligenzprüfungen anzustellen. Wie naiv ist jene Anschauung, aus den Pfeilern und Querbalken, aus den Quellen des Werdens einen reich illustrierten und noch dazu billigen Katalog für Gelehrte zu machen. Schaut doch den Gesichtsausdruck der Künstler an, betrachtet die Liberalität ihrer Muskeln, wundert euch über die Ungleichmäßigkeit ihrer Körperhälften, studiert ihre paradoxen Neigungen, blickt in ihr

Nachtgesicht und in die Fülle des Morgens, in die Sturmflut ihrer Falten um Mund und Stirn, achtet auf ihren Hinterkopf – eine Partie, die dem Untergang geweiht ist –, oh, welch fatale Notizen hat euch die mitteilsame Natur überlassen, welch gefährlich dissonante Akkorde, welch einem Narrenumzug schmiegt ihr euch an – laßt euch nicht erdolchen von den Gezeiten der Stimmung; nein, das Gesicht des Künstlers, und mag es das kümmerlichste sein, keine Beamtenmütze schmückt es, kein Aktenabzeichen bietet ihm Schutz. An seinem Begräbnistage ist es einsam, wie bei der Geburt. Jener dunkle Mensch, der oftmals weder Bett noch Uhr besitzt, wirft die Zwischenfragen an allen Erscheinungsorten auf, aufreizende Heftigkeiten, schonungslose Abrechnungen, immer kleine verteufelte Zwischenfragen, die die Schlafkammern der Bourgeoisie erschrecken und einen wüsten Tumult unter den akademischen Feuerwehrmännern verursachen.

Jener Ort, fast der Materie enthoben, der uns trägt, verwendet kaum logische Mittel, um zu wirken. Wirklichkeitsnähe, Wirklichkeitsferne – beide verschwimmen vage zu imaginären Dimensionen. Sein Sehraum, von Bergen und Gestirnen umstellt, von wohlbeleibten und mageren Charakteren – beinahe widernatürlich – deformiert, zu allen Jahreszeiten Vorfeld eines komischen Hypererotismus, enthüllt einen Futurismus der Erlebnisphasen, schafft eine einzigartige simultanéité des états d'âme, ruht im Urschoß eines flinken cinématisme, dem sich optimal anzupassen nur kubistischen Seelen gelingen wird.

Noch pfeift schneekalter Wind seine Sehnsuchtsklagen durch unser mitleidvolles Tal. Menschen verblühen ohne Schuld und Erlösung in Stummheit und Entfremdung. Und andere Horizonte weiten unsern Blick. So manche Beichte fällt ins Land hinab.

INDIVIDUALITÄT, Herbst 1928

Aus meinem Schmetterlingsnetz

Essays

Der Geist der Exotik

Das Gesicht der Welt ist verschieden, in den Menschen wandelt sich die Rasse, die Wechselfülle ihrer Seele wird zum farbigen Pantheon der Religionen, jeder Kontinent hat seine Metaphysik, seine besondere Institution von Phantasiegebilden, seine Mythen, seine Kultur.

In dem Kleid einer fremden Welt wohnt die Magie. Jeder rationalistische Geist beugt sich hiervor. Staunend, mystisch erschreckt, beherbergt ein Wunder unmittelbaren Lebensgefühls. Der Nebel, die Blumen, der Bach, der Urwald, der Jaguar treffen die Nervenbündel der Eingeborenen, ein Fabelvogel unter der Tropensonne erschüttert die kochende Phantasie heißer Menschen, ein Schwirrholz zaubert Geister hervor, unerschöpflich der Born der Geheimnisse. Und aus unterirdischen Tiefen quellen die Gesichter wieder hervor als tausend wühlende Dämonen, entlocken Stein und Holz seltsam verschlungene Ergriffenheit. Der Erdball speit Götter. Aus Fieberträumen dampfen allnächtlich Märchen. Aus Bäumen ticken die Ahnen. Amulette schützen den alogischen primitiven Menschen. Das Seelische haftet an allen Dingen wie der Tau. Die Überspannung gefühlvoller Kräfte, psychischer Motive schafft den Animismus und die Magie, Zaubermittel, Tänze, Idole, Riten in Gebärde und Prozession, bemalt die Oberfläche äußerer Dinge. Affektiver Kausalitätstrieb, Verkettung innerer Reflexe drängt den Exoten zur »Kunst«, einer Manipulation, die mit unseren armseligen kunstästhetischen Formulierungen nichts zu tun hat. Den Kunsthistoriker empfindet man hier als übles Beiwerk, da ihm die Anteilnahme an innere Geschicke in diesen Sphären versagt bleibt, die Unzulänglichkeit des Berichterstatters erscheint einfältig, da ihm die Eigenheit, der Resonanzboden für psychische Anschauungsweisen abgeht. In der »schönen« Holztrommel, in der »interessanten« Maskierung, in dem »expressiven« Tanzstab schlummern Ausdeutungen, Beziehungen, komplizierteste Gedankenreihen, die dem zünftigen Historiker allenfalls zum »symbolischen« Akt werden; die geheime Verbindungslinie jedoch bleibt ihm in seiner letzten Tragweite verschlossen. Solange die psychologische Struktur des Schaffensprozesses nicht freigelegt wird, solange bleiben alle Kombinationen über die Exotenkunst harmlose Meinungen, ideologische Zynismen. Spieltrieb, Nachahmungstrieb sind bescheidene Förderungsmittel für das Zustandekommen künstlerischer Betätigung. An Stelle der realistischen Kausalauffassung der Vulgärpsychologie, die immer von dem hypothetisch klassischen Klischée-Format des Europäers ausgeht, tritt die analytische Komplexforschung. André Gide sagt: »Kunst ist stets das Resultat eines Zwangszustandes«, ein Wort, das alle Zeitstrecken überdauert. Es führt mitten hinein in die Schicksalsmächte der exotischen Kunst. Nicht Selbstcharakteristik schafft hier das Werk, über allem steht das »große Geheimnis«, die übersinnliche Zauberkraft, das mystische orenda der Irokesen, die unsichtbare Macht, die als mana in Melanesien Leben, Krankheit, Tod und Teufel allgewaltig beherrscht, der Dämonen und Totengeister dienen, gleich den Heiligen der katholischen Kirche. Wie der Drang der ostasiatischen Kunst der Intuition tief entspringt, so trifft man das gleiche Gefühlsmoment in den oft wundervoll hergestellten Masken der Indianer, Westafrikaner und Ozeanier. Die Idole auf den Festplätzen der Geheimbünde – soweit nicht christliche Missionare sie in ihrem Fanatismus zerstört haben – vermitteln den Schauer und die Märchenhaftigkeit aller religiösen Abschattierungen des Daseins. Bis in das Ornament hinein kann sich die Beseelung erstrecken.

In unserer einseitigen Weltanschauungskultur reizte die brutale physische Schönheit des Exotismus, die Robustheit und Exaktheit der Formen zum Genuß am Kunstwerk, gleichgültig, ob wir die Motive, die kultlichen Projektionen jeweils erkannten. Die Diskontinuität ward zur neuen Lebensform, unsere hirnliche Sucht nach Sonderformen bekam innersten Rückhalt. Die Wucht der archaischen Ballungen, immer instinktiv echt, ob sie im alten Mexiko, in Joruba, in Java, im heutigen Paris oder Rom sich in Bildgestalt entlädt, bleibt ursprünglichstes Merkzeichen, Sinnbild im Auferstehungsgedanken natürlich wirbelnder Kunsttat. Welcher äußeren Kultur wir hierbei angegliedert sind, bleibt völlig belanglos. Wer in der Eingeborenenkunst eine gewisse Monotonie zu sehen glaubt, wird erstaunt sein, in diesen geschlossenen Werken voller Distanzgefühl und sicherer Raumgebung, in dieser farbigen Ornamentik (die sich wohl gemerkt nicht immer aus der Technik, aus Weben und Flechten ableiten läßt), in der figurenreichen Rundplastik recht bewegte Szenen und lebhafte Akzente anzutreffen, er wird offen bewundern müssen, mit wie relativ einfachen Mitteln frappant der tropisch nervöse, vegetative und animalische Inhalt zur aktiven achtunggebietenden Seins-Gesinnung gebracht wird und wie ungemein modulationsfähig auf der engen, stark begrenzten Raumausdehnung heterogenster Urkulturen die Verfertiger das Werk der Gottheit oder profanen Verzierung eindeutig zu bannen wußten. Was uns Fortgeschrittenen als ein Gelübde an die Abstraktion dünken mag, ist hier absolut naturalistische Vitalität, gewissermaßen eine unerhört körperliche Verdichtung von organisch-geschichtlicher Tradition und seelischer Schärfe, das Schauen einer eigentümlich präsierten Vorstellung. Die Heraufbeschwörung der Exotik wurde für uns zum künstlerischen Umschlag, zur Aufdeckung suggestiver Wünsche, zum Leitmotiv einer neuen inneren Physiognomik, zum Protest gegen die Korrektur einer malerischen Impotenz. Eine panische Synthese erschütternder Erregungswellen aus Sexualität und imperialer Geistermystik wölbt mit rassiger Kraftfülle die Legenden des roten und schwarzen Mannes in Holz, Stein und in Märchen. Die verzerrte Gestalt eines exotischen Künstlers durch literarische

Geheimlehren interpretieren zu wollen, beweist nur den Unverstand der europäischen Seele, jede Emotion in der künstlerischen Erhöhung und Unterwerfung in ihre unoriginale, empirische Orthodoxie zu pressen. Das Geschlagenwerden von dieser männlich neuen Formenzone erlebte Gauguin naiv, Palau wurde dann zu einer bilderstürmerischen Bußfertigkeitsangelegenheit erhoben; heute, wo ein Liebeswerben um die Schätze unserer Völkerkundemuseen einsetzt und aus allen möglichen Zwischenschichten Exoten-Apostel erstehen, ist im Grunde unser Verhältnis zu den primitiven Kunsterzeugnissen dennoch gänzlich ungeklärt. Eines wird mit größerer Intensität bemerkbar: Unsere tiefsten Bewußtseinsschichten, seit Generationen hindurch durch eine bestimmte logische Bahn im Wirkungsbereich zurückgeschraubt, stimmen in der instinktiven Orientierung mit der Mentalität des Primitivismus vollkommen überein. Die verborgenen »mythologischen Phantasien« (nach C.G. Jung) wurzeln tief in unserer Hirnstruktur, das Erlebte der participation mystique, um eine Bezeichnung französischer Psychologen anzuwenden, aus dem Labyrinth des Unbewußten aufquellend, endet überwiegend in einem psychischen Exotismus, und wie außerordentlich positiv die schöpferischen Expansionen dieser Vorstellungen anschwellen können, offenbart einen hochentwickelte Künstlerpersönlichkeit wie Paul Klee.

ARARAT, Juli 1921

Exotisches Kabarett

Es ist nicht ohne Komik zu sehen, wie leicht aus der ehrlichen Hingabe an eine schöne Sache, aus einem festlichen Kult, aus den Abenteuern der Begeisterung eine Farce werden kann. Es gibt einen Foxtrott auch in geistigen Bezirken. Man unterwirft die Fingernägel der Modelaune und zieht der Dame Kultur je nach Wunsch ein verführerisches Abendkleid an, das alle Schwankungen der Stunde mitmacht.

Da war jener Maler Gauguin, der aus einem für uns sympathischen Reinlichkeitsgefühl heraus den Exotismus – nicht nur in Bildern, auch in *Noa-Noa* – entdeckte, sofern man dafür nicht schon Herodot, Alexander den Großen, Cook, Las Casas, Defoe, Cooper, Sealsfield, Swift, Stendhal, Chateaubriand oder Gautier verantwortlich machen will. Gauguin jedenfalls erlebte neue Akkorde, das Phänomen primitiver Zonen schärfte seine Sinne ... und heute diktiert die Negerplastik bereits einer Asta Nielsen verzückte Worte in die Finger. Man fühlt: Ein verschminkter Snobismus in Reinkultur ist hier am Werk, der uns auf dem lächerlich dünnen Drahtseil der Bildung seine Exzentriks vortanzt.

Es waren Einstein, Kühn, von Sydow, Vatter und der Schreiber dieser Zeilen, die literarisch das Horoskop des Exotismus für unsere Zeit gestellt haben. Hier war Enthusiasmus und Sachlichkeit am Werk, die im Archaismus weder ein Verjüngungsmittel für das westliche Weltbild noch einen feuilletonistischen Zeitvertreib erblickten. Da der Fachethnograph nicht die Courage fand, die magischen Idole in unseren Völkerkundemuseen im Spiegel unserer modernen Psychie zu ›erleben‹, mußte diese Mobilisierung von anderer Seite her erfolgen. Stellungslose Ästhetiker bestritten damit ihr Geschäft. Uns reizten der menschliche Inhalt, das künstlerische Schaffen an jenen verwegen schönen Offenbarungen, die Konzentration des Ausdrucks, das psychologische Extrem einer anders gelagerten Menschenrasse, das prälogisch mystische Denken. Die Wendung lag also nicht allein im geographisch Konkreten, sie lag in uns. Auch andere Agenten erwuchsen den tropisch lockenden Paganismen. Von Matisse, Picasso, Ensor bis Pechstein, Nolde, Schmidt-Rottluff, Heckel und bis zum Kirchner unserer Davoser Landschaft beeilte man sich, zu einem ›primitiven‹ Rütlischwur zusammenzustehen. Und die Verteidigung dieses Exotismus übernahmen dann, ohne allerdings von seinem Symbolismus etwas zu ahnen, die Kleinbürger der Graphiker, Innenarchitekten, Keramiker und das immer ein wenig infantile Heer der Kunstgewerbler aller Art, zu denen man wohl auch die Thesen-Literaten zählen darf. Der phantasieloseste Filmregisseur hat plötzlich seine exotische Vision, die Music-Halls treiben ethnographisch angetönten Schabernack, und der Schatten der Medizinmänner spukt in den Kompositionen der Psychoanalytiker und der schreibenden Globetrotter.

Zum Glück gibt es noch Entscheidungen – ich denke besonders ans Literarische –, wo man außereuropäische Emanationen mit Anstand und Würde behandelt. So hat Robert Müller, das interessanteste Profil Österreichs (auch wenn's die Kritik nicht weiß), unsere Erkenntnis in dieser Hinsicht wertvoll bereichert, so haben Cendrars oder Supervielle oder Malraux, vielleicht auch der lockere Morand und der Vaudevillist de Croisset Staffagen eines neuartigen Raumes aufgebaut – wenn auch meist unter erotischer Begleitmusik –, in denen sich die Akustik fremder Kontinente verfängt. Oder auf welch wundervoller Lebensbasis ruht Leo Matthias' *Ausflug nach Mexiko*, ein Buch nervöser Spannung, hinreißend geschrieben, voll exakter Aufschlüsse, mit poetischem Elan und nachdenklicher Wissenschaftlichkeit gewürzt.

Lag früher der Zündungspunkt des ethnographischen Eindrucks im Formal-Künstlerischen und im metaphysischen Bedürfnis, im Malerisch-Plastischen und im Vital-Geistigen, so rückt jetzt, wo Künstlerhand und Tanzmusiken ihre Pflicht erledigt haben, der transozeanische Anspruch vielleicht dem Ziel einer kameradschaftlichen Geopolitik entgegen. Wenn der Völkerbund als der glückliche Dompteur im zwischenstaatlichen Geschehen auftreten will (und er muß es), so wird er zu seiner Vervollkommnung Beiräte aus jenen Reihen aufzunehmen haben. Im grossen Gegenwartsroman der Völker hat der auf imperialistischen Karawanenstraßen einherziehende

Eroberer seine Rolle ausgespielt. Der Völkerbund will nicht Umnachtung wie der Militarismus, ihm gilt das Erkennenwollen höher, und trotz der befremdlichen Formencharaktere, von denen die exotische Kunst eindringliche Dokumente bietet und die der Forschersinn ermittelt: Der Menschheit ist der große Gedanke der Einheit nun erst deutlich eingepflanzt. Hat dies mit der Tatsache des Exotismus noch etwas zu tun? Gewiß. Weil es aus den kleinlichen Diadochenkämpfen des Westens herausführt und die Schule der mediterranen Überhebung begräbt. Das Gespenst einer schwarzen Gefahr oder eines ›yellow terror‹ existiert nur für ein Europa, das Tanks und Giftgase mit christlichen Kombinationen fabriziert und den Amazonas oder den Kongo als wirtschaftliche Strafkolonie behandeln möchte.

Auf das intellektuelle Furioso mit kosender Einfühlung, das den geknechteten Objekten in den Vitrinen galt, mochten es Grabfigürchen, Totemzeichen, Kultmasken, Zeremonialdecken, Ahnenidole oder andere subtile Dinge von hoheitsvoller Schönheitsmischung sein, folgt der befreiende Gang zur Wildnisseele, die uns mit ihrem Opfermut das ewige dramatische Ringen um die Deutung des Seins enthüllt. Jenseits der kritischen Forschung vollzieht sich nun der Dialog im Menschenherzen. Erhaben sind das Heidentum der katholischen Intelligenz und die Pracht des antiken Mitla, aber gleich schön sind die Märchen der Kabylen und die aus dem Sudan, die Kosmogonien der nordwest-amerikanischen Indianer, der tiefsinnige Bildzauber Polynesiens und die sakrale Dämonie der Maori-Schnitzer.

Die Muskelgrazie der Negerrevuen schlenkert für einige Zeit in gepudertem Scheinwerferlicht durch Europas Clownerie. Das ist ein Spielzeug-Primitivismus, der, loben wir alle Ahnengeister, bald seinem Ende entgegengehen wird.

ANNALEN, Januar 1927

Aus meinem Schmetterlingsnetz

Wir leben in der Welt der Eintagsphilosophen. Ihre geräuschvollen Emissäre tummeln sich in der Presse, in den Parlamenten, im Theater, in der Kunst, sie sitzen in den Kanzleien des Radikalismus und in den konservativen Kabinetten. Ihr Lokalstolz gipfelt in der rapiden Reaktionsweise. Der Habgier ihres Herzens fällt alles zum Opfer. Ihr Eroberungsziel ist das Heute; sie wissen nicht, daß es ein Gestern gab und die Toleranz des Morgen aufdämmern wird. Sie machen für Gesundheit Propaganda und verraten selbst das peinliche Zeremoniell des Neurotikers. Sie sind für Kino und Lob der Technik und haben zugleich ihre Poeme für einen modischen Katholizismus bereit. Sie tragen ihr preziöses Ich im Ellbogen und predigen in einem Atemzug Geistesschulung. Sie sind längst über die europäischen Grenzen vorgestoßen, Landstreicher und Normannen einer fast kriminellen Geistesart. Daß sie allerweltsfreundlich einherschreiten, brauche ich nicht besonders zu betonen, denn ein Coiffeur hat ihnen eine physiognomielose Fratze zurechtgestutzt, die in Mexiko, Oxford und Charlottenburg überall zuhause ist.

Sie hängen ihre Skalpe an das Radio und bekrähen alle Weisheit des Himmels und der Erde. Im Grunde genommen leben sie nur vom Diebstahl, gewiß nicht von dem in der Wallstreet, sondern von dem an den Autokraten der Arbeit, der Gesinnung, der ritterlichen Entdeckerfreude. Das ist der journalistische Parvenu, der alle Sättel der Schriftauslegung reitet, der faunisch die Schwächen und Mängel unserer Zeit zu seinem Vorteil ausnützt und sie in zynischer Verschlagenheit als überlegene Maske drapiert

Von wem rede ich? Von den Kulturschwätzern, vom Literatursnob, von jenen rechten, linken und mittleren Parasiten, die glauben, überall Stimmrecht zu haben, und rechthaberisch blasiert die Entzauberung der Welt obligatorisch machen. Von den Akteuren der Wortkuppelei, von den Transvestiten der Bildung, von den Leuten mit kleinem Hirngewicht, von den menschlichen Affen, die etwa ein Albert Ehrenstein heute beim richtigen Namen nennt. Von der Kreatur, die als nichtsnutzige geistige Demivièrge dazu geschaffen wäre, ein recht lautloses Dasein zu führen.

Das heißt gewiß nicht eine Lanze für die Peitsche des Schulmeisters brechen und die bisweilen auch am Schweizervolk erschreckende Ideenarmut versteifen wollen. Bekämpft man das Luxusgeschäft der gelockerten, entwurzelten Persönlichkeit, die in der Hauptsache außerhalb unserer Landesgrenze ihr lächerliches Wesen treibt, aber dennoch unsere Denkrichtung bedroht, so geschieht das aus intellektueller Ethosfreude heraus.

Neben dem Mann mit der spitzen eitlen Zunge dominiert der zweite Schreck der menschlichen Tierschau: jener primitive »Chauffeurtypus« – vom Frackphilosophen Keyserling nicht übel umschrieben –, der Materialist voll Zufriedenheit und Würde, der weiße Neger unserer Zivilisation, der die ökonomischen Errungenschaften seines Gesichtskreises plump akzeptiert und dabei den Sinn für die Raumtiefe des Verstehens, für die Stromschnellen des Gefühls, für alle spiegelnden Nuancen problematischer Seligkeit verloren hat. Er ist der glückliche Barbar unserer Epoche. Im Bürgerleben überall hörbar. Ohne Magie, ohne Stilwillen. Der Harmoniker der Organisation. Du triffst ihn im train de luxe und auf allen Kongressen als Apostel der Tatsehnsucht.

Zählen Sie, mein Leser, zu keinem der beiden Typen, tragen Sie einen anderen (vielleicht wertvolleren) Anstrich, Ihre Parole, Ihre Offensive bleibt ohne Beachtung, und Sie haben somit ihr Heimatrecht in Europa verwirkt. Und in fernen Ländern sind Sie eine deplazierte Figur.

ANNALEN, Dezember 1926

Der Zuschauer

Frühverwaist steht der Kundige – oder handelt es sich etwa nur um das Vermögen eines Unkundigen? – in jener Überlieferung, die die Wohlhabenden und Armen das Leben nennen und in dem sie einen Schutz gegen Außerirdisches wähnen, einen Schutz gegen ein olympisches Panorama, gegen die Dramaturgie unbekannter Bauzeichen, gegen die Waffen der Vergangenheit und das Kreisen der Zukunft. Die Menschen behandeln das Leben nicht wie ein Segenswort, sondern wie ein beschmutztes Bild, sie flüchten vor ihm in den Almanach ihrer Thesen und Theologien, in die Ordnung ihrer erlernten Sprüchlein. Aber sie hören nicht das Kirmesgeläut, das seinen Hymnus in die Kleinodien trägt, sie hören nicht die Stimmen, die aus den Schlünden geheimer Gebete hervorquellen, sie sehen nicht die großen kabbalistischen Worte, die des Nachts unsere Boulevards erleuchten und über das Meer ihre Licht-Zeremonie dahinstreifen lassen. Sie glauben nur bedrucktes Papier in den Händen zu halten, wenn sie in den Büchern wissenschaftlichen Kastengeistes blättern, deren Kraft nur lähmen würde, wenn in ihnen nicht die Ahnung alter Wahrsagebücher weiterleben würde …

Aber wir haben unsere Yogi noch, wir haben unsere Schamanen, wir haben Beichtstühle, Exerzitien und Inquisitoren, deren Sottisen, Imaginationen und Laster von der ewigen Bedrängnis der Romantik erzählen, die immer dabei ist, ihre Restauration zu organisieren. Denn alle Arbeit, die die Menschen leisten, ist eine Doppelarbeit, einmal ist es eine Selbstbeschreibung des Ich, gleich dem Ultimatum eines Phantoms, eines erschreckenden Reisebegleiters, zum anderen mögen die Wehrkammern exakter naturphilosophischer Erkenntnisse gespeist werden, um uns für ein Jahrzehnt lang die Skepsis zu verscheuchen, bis sich die Behagnis an nackter Haut wieder zu verflüchtigen beginnt. Man liest heute Vergil, Milton und Pascal, morgen Goethe, Stendhal, Duhamel, Döblin, Polgar und Hugo Ball. Gestern waren wir Optimisten, und heute müssen wir uns mit dem Strandgut des Pessimismus begnügen, trotz Charly Chaplin und lauter Kassenerfolge.

Die Flötenspieler der Weisheit – die vollkommensten Imperialisten unserer Gesellschaft – gehen als die Wanderprediger alter Märchen einher, die Zuhörer wechseln, Wieland sprach zu einem anderen Publikum, als Holitscher das heute tut, aber das Ungeheuerliche im Menschen ist unzerstörbar. In ihm ruht eine magische Hieroglyphe, ein heimlich ungehobener Rest wie in jenen schönen Mayahandschriften, und wenn heute eine Mutter am Sonntagnachmittag ihren Kindern von dem Siebenkopf erzählt, der die kleinen Mädchen auffraß, so schleppt sich darin die Marter symbolischer Dunkelheiten weiter, immer mit der rauschenden Hoffnung, irgendwo die Heimat einer

Deutung zu erfahren. Aber was sollten uns all die Details der Erfahrung, die Ausprägung der Formen, die Konturen, die Genauigkeiten nützen, was soll uns dieser Humor für Wichtiges und Unwichtiges aufzeigen? Schärft es den Sinn für Feinheiten, für das Bizarr-Unscheinbare, für die Absurdität der Besessenheit und ketzerischer Idole? Es bleiben kulissenlose Versuche unseres geistigen Eremiten-Domizils, Huldigungen einer dämonischen Orchestration, Kaiserreiche der Dekoration mit Klarinetten und schmelzenden Klängen, Schäkereien und Streitigkeiten renegatischer Leidenschaften, verzischend wie ein Meteorenschicksal, das sich in sinnloser Entzückung einer neuen Station des Nichts zuwendet. Alle Philosophen bleiben Bürokraten einer betäubenden Vernunft, Unzuchttreiber eines Nichtvorhandenseins, Versteckspieler in einem kläglichen Kampf ... allenfalls Bittsteller vor einem unbekannten Herrn. In allen Weisheitslehren lebt die Verzweiflung, und wer daraus einen Fluchtversuch unternehmen wollte, würde geräuschlos nur auf dem geölten Korridor der Feigheit landen.

Ihr seid nur Denker und Gläubige aus Pietät. Weil die Friedhofsruhe des letzten Erkennenleides euch Grauen einflüstert, komponiert ihr Bildgestaltungen, erfindet Kunstideale, stellt ihr euch auf das Podium der Religionen, ihr Hockeyschläger der Tüchtigkeit. Am Grabe Napoleons, Kants und Lenins fühlt ihr die Improvisationen der Inszenierungsversuche der menschlichen Ordensgenerale, deren Exerzierreglement euch einige Zeit verblüffte. Ihr seid aus einem Irrtum Gottes Menschen geworden, und eure geistlichen Lehrer haben dafür gesorgt, euch Geheimzusätze zu verschaffen, um die Schwäche des Zerquältseins dem Bewußtsein zu rauben.

Beging der Mensch nicht schon Selbstmord in dem Augenblick, als er die Besonderheit seiner Geheimnis-Existenz erschaute? Sind nicht die Konversionen Deckmäntel des Heuchelns, weil man der reinlichen Entscheidung entweichen möchte? Weil man die Hygiene des Nihilismus fürchtete? Habt ihr nie darüber nachgedacht, daß nur der Mensch den Einfall ersinnen konnte, sich einem Beruf hinzugeben, der die barbarischste Etikette verrät, dem Schauspieler, dem Spiegler falscher Erscheinung, in dem das schlechte Gewissen seine Liebeserklärung für die Entwürdigung entdeckt und wo die Vokabeln der Selbstverneinung blinzeln. Nie ward der Komödiant zum Helfer. Er zuckt nur bescheiden als Räuberhauptmann des Ich auf, erdenkt sich sichtbare karnevalistische Situationen, Schnörkellinien gliedermännischer Unsauberkeit, um hinter autistischen Lustempfindungen jede Verantwortlichkeit zu ignorieren.

Eine Kultur, die das Komödiantentum zu ihrem Geschäftsführer erhebt, ist des Wegwerfens wert, und die dem Heiligsten: der Besinnung, die Absage erteilt.

Alle Krisen des Individuums, die passiven und kriegerischen, enden in der Besinnung, dem wahren Schwert des Erkennenden. Er verachtet die Keuschheit und Sterilität der Asketen, er liebt den Grenzübertritt und entweicht der Disziplin, dieser gefährlichen Mischung von Unwissenheit und Absolution, den Verbotsschranken letzter Formulierungen, die sich stets nur als Särge der Betörungen erweisen. Er glaubt nicht an das Uhrwerk der Schreiber und Priester und belächelt die Rente der Jungfräulichkeit, er hat ein Besitzrecht an Allem und ist darum arm wie ein Paria. Er ist der Verherrlicher hoher Resignation. Einsam ist er in seiner Weltkameradschaft.

Eine Seligpreisung der vie douloureuse – plumper Überbetonungen entrückt, unvergiftet vom Ehebruch zwischen Himmel und Erde – vertraut der Unruhe des Geistes, dem fröhlichen Locken einer durchsättigten Substanz, durchfunkelt von apokalyptischer décadence. Verzicht wird zur Einsicht. Man darf das nicht als Widerhall des Abstiegs deuten. Ein Blick, der die unbestechliche Strenge innerer und äußerer Tragik gestreift und erlitten hat, der die Transformationen der Gestaltungen genossen und grauenvoll liebt, der in sich die kalte Flamme der Sternbilder adelt und die Köpfchen lispelnder Frauen in seinem Arm trägt, dem keine Demütigung auf den Straßen der Nacht erspart blieb, ein solch gestählter Blick kokettiert nicht mit dem Abgrund, nicht mit Verfall. Er sieht Eitelkeit, Tollkühnheit, Tiefe, Opfer, er sieht das Antlitz der Varianten, die verschiedenen Typographien des Geistes, Beseeltheit und Muskeln. Darf er sich binden an den Irrwahn naiver Machtvisionäre?

Aber das Feld der Analysen und Synthesen ermordet das Glück. Merkwürdig einsam wandern wir im Theater der Impresarios mit ihren unabänderlichen Systemen. Wir grüßen Meister und Gnome. Und kehren ein, abgehetzt vielleicht, ironisch gesund vielleicht, in das Refugium schöner kostbarer Sammlungsmöglichkeit, in unser Ich.

INDIVIDUALITÄT, Frühjahr 1927

Kleines Porträt

Wollte man heute sich nach Spielkameraden umsehen, nach Genossen, die in der Arena des Geistes ihre freudvollen Kämpfe feiern, wo hinter dem erregten Lautsprecher des Herzens eine lebhafte Intelligenz pocht, wo alle Ereignisse des seelischen Landschaftsbildes in ein Mittelland der Gedämpftheit zusammenfließen, mit stiller Beklommenheit müßte man feststellen, daß Inbrunst zur Gemeinschaftssehnsucht wohl in vielen Menschen lebt, aber eine Unreife in offenkundiger Unsicherheit uns wieder zerreißt. Ein jeder der Geistigen hat sein eigenes Kloster, sein romantisches Archiv, seinen Privatheros, seinen eigenen Weg, seinen Provinzialismus, das Quartier seiner Ideologie. Unsere Augen, Ohren, Hände und Antlitz sind sehr pedantisch geworden. Unser ganzes Begehren gleitet aneinander vorüber, entkräftigt die Aktionen und modifiziert die einzelnen Typen. Ein jeder ist sein eigener Leibarzt. Die Sympathien gelten nur uns selbst. Die Hegemonie der Empfindung macht uns zu Autisten, also zu illegalen Punkten in der großen strömenden Organisation.

Es zieht sich ein toller dunkler Flor um jeden Menschen: Er bleibt sein eigener Brandstifter, er bleibt sein eigener Missionar. Dem Krieg der Völker, der Rassen, der Kulturen folgt der grinsende, gellende, schaurige Kampf der einzelnen, der aufgewühlten Seelen, der Mord der Köpfe untereinander. Die Begeisterten, Überschwenglichen gegen die Kühlen. Die Erotiker gegen die Kastraten. Die Hermaphroditen gegen die Vollgeschlechtlichen. Die Bonvivants gegen die Schulmeister, die Euphorischen gegen die Verstimmten, die Apathischen gegen die Ekstatiker, Kümmerlinge gegen Boxer, Mucker gegen Atmung, Luft und Sonne, die intellektuellen Parias gegen spirituelle Bordelle. Die Eudämonisten gegen die Geknechteten, die Kaviaresser gegen das Jägerhemd, Peter Altenberg gegen Spitteler, Brillat-Savarin gegen Mazdaznan, Eishockey gegen Montmartre, die Hetäre gegen Rudolf Steiner. Der Feind und das Evangelium im Menschen heißt Autismus.

Eine andere Schlachtordnung gibt es nicht mehr, oder man müßte schon mit Lukian in den Kosmos hinausgreifen. Wirklich, die Charakteranlage der Zykloiden und Schizoiden – die leibhaftigen Exemplare, die uns der Franzose Max Jacob in seinem *Tableau de la bourgeoisie* zoologisch-anthropomorph aufspießt – genügt für den Augenblick, um unseren Globus verrucht amüsant zu gestalten. Und Gottfried Benn ist heute ein besserer Lehrmeister als Aristophanes. Seit *Noa Noa* brechen die Exoten in unsere europäischen Vestibüle ein, aber nur als kuriose andere Wahrheit, als eine dämonisch menschliche Wahrheit, sei es im Ballsaal, sei es in den Museen, sei es in der

Kunst, ohne daß wir die Luft ihrer Magie erschauen. Aus der kalt virilen Grazie heutiger Frauen quillt ein neues Poetengeschlecht, dessen Triebsublimierung in die Radioartistik einmündet. Da alle Lebensventile gleich weit geöffnet sind, sind wir zu zerbrechlichen Wesen ohne Kolorit und Geheimnis herabgesunken, in eine vielgewandte, transozeanisch stilisierte Motorik hinübergeflossen. Ein Bettler, ein Bergführer, ein Kutscher, vielleicht noch irgendein Attentäter laufen als die letzten Drachen in unserem gesellschaftlichen Komödienhaus herum, als sentimentale Exzesse, als ängstliche Entrüstungen gegen die Unkörperlichkeit der Zeit. Les personnalités tuent l'art, sagen die Pariser Kritiker. Hätten wir dann in der entpersönlichten Neutralität den Frieden? Aber furchtbarere Perspektiven, höhnischere Umbannungen sind im Anzug. Schon jener Schwarmgeist, das Christentum, hat alle Impulse des Hasses geradezu dogmatisch freigelegt.

Der Mensch hat seine Physiognomie geopfert, wie er seine Überzeugungskraft eingebüßt hat. Denn die Physiognomie war seine letzte Schutzform, sie war die Maske einer übermenschlichen Dämonie und Wachheit zugleich. Findet man heute in einem Luxushotel, in einem Hörsaal, in einem Theater noch Gesichter einer geistigen Heraldik, noch lebendige Profile, die von einer unbändigen Verstrickung verschlossener Untertöne erzählen? Leute auf einem Tennisplatz, Genossen, die Revolutionen entfachen, Techniker, die Schiffswerften und Getreidespeicher bauen, sie zucken alle im gleichen Herzschlag, sehen aus wie pensionierte Militärs, und mit ihren austauschbaren Zügen dilettieren sie gestaltlos dahin. Mitglieder einer anonymen organischen Substanz, niederschmetternd immer dasselbe Rezept.

Man heult, flötet, trommelt, wimmert uns eine greulich schöne Mestizen-Musik vor, und das Spalier einer Pseudo-Männlichkeit und vergessenen Weiblichkeit klatscht nach dem Tanz in Kuba, an der Côte d'Azur, im fad mondänen Gletschernest gefügig diesen modernen Märchensendlingen zu, und der Psychopathologe, der als oberster im Rat der Gesellschaft der Nationen sitzt, lächelt leise mit Wohlgefallen über die Melodie eines akzeptablen Sterbens.

BERLINER TAGEBLATT, 19.3.1926

Parlament der Gesichter

Als eines der erschreckendsten Erlebnisse mag jenes uns erscheinen, Menschen ohne Köpfe zu begegnen. Aller Arten Menschen gleiten an uns vorüber, machtvolle und gebrochene, leere und stürmische, mitternächtige und freie, besiegte, tote und lebende, weisheitsvolle, gekrönt mit herrlichen Einsichten im Ozean des Kosmos, und weinende, verlacht vom Frieden und gezeichnet mit dem Mund der Wehmut.

Durch unsere Stadttore schreiten Menschen mit Elfenbeingesichtern, fliegende Frauen mit Glasgesichtern, Männer mit frostigen Steingesichtern, in die kein Fenster der Freude führt. Manche gleichen geheimen Meerinseln, verschwunden im Getümmel der Zeit, vom Schlagbaum der Einsamkeit in nur geahnte Bezirke furchtbar verbannt ... Hier glänzen Blutspuren, [die] Botschaften der Triebe und der Lust erklingen lassen, und dort: jenes wird von traurigen Wörtchen umrahmt, vielleicht eine müde Krankenschwester, die die stumme Stunde des Todes mit aus der Klinik hier herübergenommen hat, oder das schmale, eingefallene Gesicht einer alten Mutter, einst von Rosenketten umkränzt, heute verlassen vom Atemzug der Kinder und nun im Gesang des Leides erstarrt. Staatsanwälte, in denen kein Frühling mehr wohnt, deren Augen wie Lanzenspitzen irrende Kreaturen mit Verdammnis durchdolchen. Es gibt auch Gesichter, fast ohne Eigenwesen schon, die nur Torso und Fragment sind und lediglich dem Schema ihrer Drüsenformel folgen.

Hat der Bildhauer den Kopf entdeckt, nachdem früher unvergeßlich seine Herrschaft bei Magiern, Achämeniden und Minoern war. Gleich einem Dankopfer hat er ihm gehuldigt. Er sah seinen Reichtum, seine Schlagkraft, seine lokalisierte Energiekonzentration, er sah die seltsamen Schluchten und sein Schreckensbild, in allen Formen hat er ihn abgetastet, manchmal bis hinab in blutleere Regionen, wo er sich sarghaft auftürmt und dem Leben schon abtrünnig geworden ist. Seinem Arrangement gelang es, reizvolle Widersprüche ins Relief zu setzen. Er hat ohne Methode gearbeitet, nicht wie ein Prüfer, wie ein Kriminalanthropologe; er war nur ein Übersetzer des Vitalen – gleichgültig ob Liebender oder Hasser –, und ihm wurde die ästhetische Einfalt wie die robusten Biegungen der Zügellosigkeit offenbar. Er setzte den Minnesängerkopf neben den Diktatorenkopf, den Mörderkopf neben den eines Majoratsherrn, den Kopf eines Lyrikers im Halbschlaf behauptet er neben dem eines Cowboys und eines Satans. Ein ganzer Kiosk von Schicksal und Schlüsselroman kommt so zustande. Knalleffekte des Zeitdramas, plastische Spaßvögel, Reeder der Dialektik, exotische Milliardäre, Dirnen-Reminiszenzen und keusche Komödiengesichter.

Der Kopf ist immerhin ein Risiko in dieser Welt.

Er ist das humorvolle Erzeugnis der Zoologie und einer trivialisierten Metaphysik, einer Liebesgeschichte, die auch unter dem Namen Kultur bekannt ist. Er steht unter dem Schutz der Erdperipherie und trägt den Machtwillen seiner Planeten in sich, er ist jung wie ein Wolkenkratzer und älter als Neantertal. Aber sicherlich sinkt er nicht zu einer kraniologischen Kuriosität herab, wie es eine falsch orientierte wissenschaftliche Diagnose wahrhaben möchte, und die Maximen der Woltmann bis Günther, die heute einen arischen Frontkämpferbund gegen die Herstellung von ihnen nicht zugelassener Schädel grotesk organisieren, beweisen, daß doch recht viel schönes Ketzertum in den Köpfen steckt. Weilt man schon unter dem Blickwinkel des Anatomischen und will dergestalt eine Architektur errichten, worin die Geiststufe mit der Naturstufe in Wettbewerb tritt, so wird die Kundschaft der Monarchen vermutlich schlecht abschneiden in Gesellschaft der Voltaire, Lichtenberg, Schopenhauer, Nietzsche, France, Rainer Maria Rilke, Franz Blei oder Arthur Holitscher. Es gibt indianische Häuptlingsköpfe, die in Würde die Figuren der Alexander, Cäsar, Wilhelme und Mussolini elegant übertrumpfen. Überflüssig, von Goethe zu reden, dessen Klischee seit langem von unseren Dichtern gepachtet ist. Der Materialismus der Nasenwurzel-, Ohren- und Hinterhauptspezialisten sagt gar manch Ergötzliches aus, so daß ein Bauernmädchen mit einer Filmdiva, die Heilige Katharina mit der Aufsichtsdame eines Warenhauses verwechselt werden könnte; denn auf unserem alten Kontinent lastet noch Schwüle, Stauung und Eigensinn, die einen paneuropäischen Typus noch nicht formieren ließen, analog der offensichtlich indianisierten U.S.A-Photo, die heute drüben Politiker, Packträger, Schriftsteller, Finanziers und Chicagoer Schlächter gemeinsam umfaßt.

Bisweilen hat man den Eindruck, dieser Kopf hat sich auf einen falschen Träger verirrt. Also ein Kopf ohne Instinkt-Verantwortung. So erinnere ich mich meines ehemaligen Coiffeurs in Genf, dessen Profil ein wundervolles Kunstwerk war, das eigentlich in der Comédie Française zu Hause sein sollte, ein Umstand, der dem Manne oftmals peinlich wurde, da er in den Brasserien stets für einen großen Akteur gehalten wurde. Man muß wirklich sehr vorsichtig sein mit dem Repertoire der Köpfe, man darf nicht gleich an Habgier und Besinnlichkeit denken. Als ich Hermann Hesse während des Krieges in seinem Landhaus bei Bern besuchte, hatte ich vor mir die kristallklaren gestählten Züge eines Skifahrers, aber es gehörte nicht viel dazu, aus Augen und Stirn den Spürsinn des Poeten herauszulesen. Die einstigen Dadaisten wiesen weder Schelmenmotive noch Jongleur-Einfälle auf, die heutigen Surrealisten, delikate Beleuchter des Imaginativen, verbinden mit ihren Halluzinationen ein sachliches, fast ingenieurhaftes Aussehen, nicht unähnlich dem moderner Maler und Baukünstler.

In seiner Totalität begegnen sich alle Allianzen des Lebensgefühls, zugänglich dem Reichtum dynamischer Strömungen, mögen Idylliker und Abstrakte darin ihr sinnliches Gedächtnis malen, das einzig beglaubigte Selbstportrait des Menschen erlebt im Gesicht seinen brutalen Durchbruch.

Wie schön ist es, daß auch die Armut hier ihre hohe, reiche Gastlichkeit entfalten darf.

Von den geschlechtsextremen Gesichtern bis zu den farblosen, die durch kein weiteres Adjektiv zu umkreisen sind, zieht sich eine vielsagende Linie. Schmucklose, Alltägliche – die oft von bestrickender Wirkung sind, gerade bei Frauen –, Vulkanische und Prickelnde, Klerus-, Spital- und merkantilistische Physiognomien. Ausgestorben sind Dürer- und Holbein-Gesichter; Barock- und Empire-Gesichter sieht man fast nur noch in historischen Kasernen, Ensor-Phantasmen erblickt nur der Wachsame, aber der unerbittliche Max Beckmann sitzt noch in unseren Paßbureaus. Mit nur Minuszeichen mögen jene versehen sein, die stets auf eine Premiere lauern, um dem Wohnplatz ihres Gesichts eine neue Imitation zu verleihen, die ohne Impuls heute eine hamitische Kinopose bilden und morgen einem dogmatischen Sklaven ihre Beschäftigung schenken, das sind jene paradiesisch schönen Gesichter, okkulte Jazzleichname, Reklametiere, die beinahe schon in die Registratur der kopflosen Menschen hineinwandern, über die ich aus Courtoisie nun doch nichts Näheres notieren möchte.

Seien wir glücklich, daß auch die Geheimsekretäre, Geist-Versteckspieler und schnüffelnden Seelenconciergen nicht von den Köpfen im Stich gelassen werden.

BERLINER TAGEBLATT, 31.3.1927

Erotische Merkwürdigkeiten

Allenthalben auf unserer kleinen Erde begegnet man dem Opferfest der Liebe. Man fühlt ihre Irdischkeit, manchmal nur, wie in einem Ätherrausch, führt sie uns auch hinaus in die Seligkeit einer Zweisamkeit, wo das leise Lächeln der Seele beginnt und der Klang des Herzens zum phantastischen Gefühl großer Ergriffenheit sich hinzaubert. Doch die wahren Gefährten der Liebe sind seltene Gestalten im enttäuschten Europa. Eher eine galante Lohe, eine amouröse Leidenschaft, ein bestrickendes erotisches Schlingkraut, die im gehetzten Lebensplan sich aufbäumen, zwischen Jazz-Musik und Causerie, ein feuriger Horizont, der zur Gemeinsamkeit zwingt, um dann wieder die Trostlosigkeit allen Begehrens nur noch grausamer zu entlarven. Die Liebe ist der Lebensgier gewichen, wie der hymnische Rausch Hölderlins von Polizeiverfügungen, Wedekind und Strafverfolgung abgelöst wurde. Das Konkubinat von amerikanischer Filmsentimentalität und kriminalistischen Krisenmachern schafft ein neues Kampffeld, einen neuen Zauberapparat, der zugleich als der willkommene Lehrmeister auftritt, wo das wollüstige Leben eine technisch-tolle Liaison mit den kleinen bürgerlichen Arbeitsleuten im Kinoparkett eingeht. Höchstens eine arme Modistin, die ihren Dumas gelesen, die vielleicht auch einmal ganz zufällig zu den Briefen der Madame de Sévigné gegriffen hat, sieht die Liebe noch in anderen gefühlvollen Aspekten an, sie wagt sich in eine elegante Konfiserie und erlabt sich an dem tête-à-tête ihrer Nachbarn, die ihr das Schauspiel aller Abenteuer symbolisieren sollen. Die Roman-Liebe ist heute nur noch eine Angelegenheit von Domestiken. In den Schiffskabinen, in den Hotel-Halls und in den Salons der Klubs denkt man anders. Die mondäne Liebhaberin in einem Sanatorium arbeitet um Mitternacht mit Mitteln, die sich mit dem Gebaren im katholischen Cäcilienverein durchaus nicht decken wollen.

Man hat die Liebe erotisch entwaffnet, man hat ihr den Schleier der dekorativen Geste abgenommen, man hat sie dafür durch Toiletten deklarieren lassen und sie in die Farce unhumorvoller Kabaretts eingesponnen. Aphrodite tritt heute beim Nachmittagsempfang im Pyjama auf, lispelt triebhaft Hysterisches, macht eine Konversationszwischenlandung bei Magnus Hirschfeld oder Moll und springt mit Ergebenheit auf das Lotterbett einer diplomatisierenden Wissenschaft. Und als letzte mathematische Sicherheitspolitik erscheint die Heiratsannonce, einst das unschlüssige Sehnsuchtsgebiet gepeitschter Delinquenten, heute eine nüchterne kommerzielle Inquisitionsfeme.

Die Liebe hat ihren Konkurs angemeldet. Die grossen Gastronomen der verführerischen Liebesspeise leben nur noch in dem pikanten Gewand ihrer Memoiren, und ihre couragierte Phantasie mit allen zynischen, anmutigen Einlagen erneuert sich kaum in unserem unantikischen Milieu. Eine Epoche, die nicht den verlockenden Reiz der Mäßigung kennen will, die vielmehr die größte Brutalität der Öffentlichkeit, den Tanz, als den barbarischen Partner der Zeit kultiviert, um allen dummen Komplizen einfältiger Sünden zu schmeicheln, kann kaum noch Virtuosen eines gesteigerten Verlangens modellieren.

Der Tanz ist das Schauerstück der wehrlosen Keuschen. In ihm feiert der zahme Erotiker seine jammervollen Orgien. Der Tanz macht alle Schlafzimmer dieser Welt überflüssig und bleibt für die Hüften nur ein unrhythmisches, schnippisches Schwatzen. Wer aber den Wein liebt, wird sich mit jenen leichten Gastgeschenken gehorsamer Dancing-Mimosen nicht zufrieden geben. Die Kommandos aus einem musikalischen Exerzitium heraus werden den sinnlich Begabten nur zur meditativen Einkehr stimmen, er wird die markante Kitschigkeit des saloppen Tänzerpaares, das in die Ära der Salzbrezeln hineingehört, allenfalls noch auf der Wunschstraße eines Viehhändlers liegt, mit der Ruhe der letzten Nachtsterne betrachten, und sein einziges übergoldetes Gespräch wird das Schweigen des Februarwindes sein. Wer die Bergkämme liebt und das prangende Blutbassin endlos jubelnder Nachtgöttinnen verachtet, den Storchenschritt hüpfender Körper – sein Arm umspannt nicht tänzerischen Krimskrams, wo keine Üppigkeit seinem Jagen sich bietet. In jenem Kreise sieht er die lächerlichen Varietäten der Gespaltenen, von der

Neugier des Voyeurs, des handwerklichen Roués begonnen bis zu den Intrigen des Fetischisten und elenden Transvestiten, kleine Abenteurer unter einer honetten gesellschaftlichen Freibeuterflagge, die an den Palisaden des Inferno schon zerschellen.

Wieviel mehr tierische raublustige Verwegenheit steckt in einem Frauenarm, den Corinth in seiner Wahrheitsliebe mannhaft entdeckt. Oder was verbergen nicht die flammenhaft zart morbiden Leiber, die der unfehlbare Vautier oder van Dongen in beutegierige Roben stecken ... Hellsichtig, geschmeidig und erlesen spielt hier wiederum das divinatorische Orchester schicksalsbannender Geschlechter ...

Neue Badische Landeszeitung, 9.4.1926

Das verborgene Leben

Muß man in die bergentrückten Einsamkeiten entfliehen, in die Zisternen klösterlicher Männerbünde einsteigen oder das zerrissene Kleid prophetischer Untergangskapitäne anlegen, um sich in ein Geäst zu verfangen, wo man den Abschied von der Welt immerhin mit einem Ausblick auf die Erde zu verbinden trachtet? Gewiß, es gibt Menschen, die gleichzeitig alle Motoren heutiger Sensationen bedienen können und deren Herz wie eine office erscheint, in der man die Flugbillette für die Stockwerke jeder Lebensluft abholen kann. Aber schon unsere Bibliotheken sind ja solch ein unübertreffliches boardinghouse, ein Riesenkasten historischer Erinnerungen und zugleich Fassade der rapiden Gegenwart, wo man Kongestionen schlimmster Art davontragen könnte, verfügte man nicht über eine geradezu märtyrerhafte Fröhlichkeit. Wahrhaftig, an unserm Leib sind die Schießscharten der Zeiten erkennbar, denn wir ruhen nicht nur auf dem eitlen Postament, auf dem windigen Verdeck heutiger zynischer Worte – wie leicht wäre sonst eine geschickte Orientierung! –, sondern wir tragen die Grabhügel der Vorzeit, gepflegte Alleen der Entwicklung, die Bruderkämpfe vieler Lehren in uns. Alle Erschütterungen des Kosmos durchkreuzen unser Blut, und einstmals hatten wir ein gutes Manometer, an dem die Seuchen, Nöte und Begeisterungen wissend abzulesen waren. Der Expressionismus wollte so etwas wie ein Erlöser sein. Aber der Mensch wollte das Zuchthauspanorama seines Innern gar nicht sehen, er begnügte sich lieber mit kleinen zierlichen Toilettenspiegeln, die den Geisterlaut nicht mehr nachhallend zu bannen vermögen. Weil das Aufhorchen fast stets zu einem Aufschrecken wird und sich nicht zum hübschen Lockmittel für Puppen herbeiläßt, eher die ehrwürdigen Familienporträte vor Gericht zu ziehen beliebt, so entwindet man sich diesen Landschaften, diesen Sprüngen in seelische Buntheit und betritt Wege – schöne, glatte Mittelwege – einer wohlsituierten Öffentlichkeit, ohne Widerwillen und Ärger.

Oder gehört dieser Mensch einer alten Dynastie an, der immer glimpflich auf seine Ehre bedacht war und seinem Leben keine Richtung zubilligen konnte und wollte? Nein, er wollte sein Schicksal nicht entziffern; nein, er will auch heute noch nicht die Dornen des Glücks genießen und dem Verlangen seines Instinktes nachgeben. Der Mensch ist wirklich kein Raubtier, keine Wildkatze. Der Rasierpinsel ist ihm noch lieber als der Revolver. Er propagiert stets das Nachgeben, nicht das Durchhalten. Der Weltkrieg wurde sicherlich nicht aus innerer Notwendigkeit, sondern nur aus Faulheit – fast wäre man geneigt zu sagen aus Bequemlichkeit – weitergeführt.

Hinzu tritt noch jene Sucht, seine Willensfreiheit auf Umwegen, sogar auf Auswegen durch den Alltag gleiten zu lassen, ein Verfahren, das wesentliche Detail unter Decknamen zu verleugnen. Barbarisch und wiederum schnell betreibt er das Handwerk des Angenommenen. So schleppt er sich meinetwegen als Dichter durch die wirtschaftliche Mechanik, aber er gibt nur zu, ein einfacher Versicherungsbeamter zu sein. Er spannt als Maler den weiten Bogen optischer Reflexe, der Lichtbündel Reiz verwandelt sich ihm in einen Harem herrlicher Sichtbarkeiten, und fragst du ihn – nicht wenn er vor der Leinwand steht – nach seiner beruflichen Abkunft, so wird er dir zaghaft antworten, er arbeite als Zeichner auf dem Baubureau eines Architekten. Schamvoll mißhandelt so der Mensch seine Bestimmung. Auch die Piraten wollen unbenannt durch das Leben huschen. Er pocht auf etwas, diese seltsame Lebenskreatur, das eigentlich gar nicht mit seinem wirklichen Wesen identisch ist. Aber vielleicht darf man jene Phantastik als unbewußte Schalkerei hinnehmen, denn das Leben wäre zu sehr von großer Traurigkeit umrahmt, wollte man die Dinge in nackter Schau enttäuschen. Sind das nicht Zufälligkeiten, eure Berufe, habt ihr sie nicht erfunden, um im Gewerbe der Zeit einen Halt zu erschleichen? Wandelt einmal die mit Kunstmarmor verkleideten Treppen unserer Geschäftshäuser hinauf. Sie beginnen mit einer Coiffeuse, mit Scheck- und Depotrechnungen unten, wenn man das Haus betritt. Ein Lesekabinett ladet weiter oben zur Einkehr ein, gegenüber wirtschaftet ein Nasenarzt mit seinen kaltfeuchten Instrumenten, aus dem Tumult der Affichen leuchtet das Emailtäfelchen eines Detektivs auf, dessen Augen alle Legenden entsiegeln möchten, und eine Graphologin beweist euch die inkonsequente Handlung der Existenz, weil die kleinen Briefworte als das Abziehbild eurer demütigen Seele ausgegeben werden. In einen anderen Raum hüpfen Sechzehnjährige hinein, um ihre Hüften einer Tanz-Akademie anzuvertrauen. Das weitere Lokalkolorit wird von Orientteppichen, von einem Filmverleih- und Photo-Atelier bestritten ... Das ist das Schild auf dem sich das Leben abspielt; es sind Arbeitswohnungen, wo hinter jeder Zimmertür ein Mensch sich gegen das Leben verteidigt, ein magasin pittoresque mit den Equilibristen der Schöpfung.

Im Abendlicht draußen auf einem Berghang legt er diese Diktatur, diese harte ökonomische Bekleidung ab, die ihm Institutionen wie Polizeiausweis und Einwohneramt aufgedrängt haben: Denn das wahre Geständnis seiner Person verstände keine Behörde, weil sie sonst um die Zerstörung ihrer Güter besorgt wäre. Draußen in der Bruderschaft mit Eichhörnchen, Fischen und Tannen trägt er einen andern Namen, der mit dem Westwind über das Schilf dahinrudert und sein Herzblut mit dem Gekräusel verlorener Bergkuppen zusammenschweißt, dann ist er ein Falter ohne Siedlung und Gegenwart, er weiß nichts mehr von Verrat, von Waffenlärm und Handgemenge kleinlicher Vergiftungen, bis der Haftbefehl der materiellen Arbeit ihn am nächsten Morgen seiner romantischen Leichtgläubigkeit wieder entreißt.

NEUE ZÜRCHER ZEITUNG, 20.5.1927

Kleine Erholungsstunde der Resignation

Als ein Thema der Geschäftsstilistik, jawohl, so bietet man uns das Dasein feil. Im Salon und Proletarierquartier arbeitet man [nach] den gleichen respektvollen Normen, nur die Drapierung wechselt, und die Schwingungszahl der Schmerzen ist verschieden. In dem Schutt der Häuser, Wiesen, Wälder und Lüfte bekommt jeder Mensch von seinen Mitgenossen ein berufliches Prädikat zugeschoben, das ihn einer gesellschaftsbildenden Gattung verschreiben will. Gewiß, der Mensch liebt den gewaltsamen Vormarsch nicht, er sympathisiert lieber mit einem soliden ruhmvollen Beamtenapparat, läßt sich bereitwillig von einer merkantilen Denkart verprügeln und hat ein Mißtrauen allem Zauber gegenüber, der eine neue Melodie, eine neue Kameradschaft des Geistes, einen neuen Brand der Anschauungen verkünden möchte. Je und je wurden alle Sklavenrevolten sehr findig und sinnig unterdrückt, und unsere gesamte Geschichte stellt eigentlich nur eine groteske Waffenlieferungsfrage gegen neue Gedanken dar. Und trotzdem wurde der blühende Leib einer jeden Kultur nicht von den Menschen geschaffen, die kein dekoratives Pensum absolviert hatten, sogar in den meisten Fällen eindringliche Gegenpole des jeweiligen Milieus darstellten, von Sprengstoffevangelisten, deren deklassierte Natur geheimnisvollstes Testament ist. Traditionalisten klimmen in der Gestaltung zu virtuoser Höhe empor, diese hier, die Entbrannten, die Verbissenen, die Widersacher stürmen in Bildern und Bewegtheiten voller Dunkel und Licht, ohne Endstation, ohne Ebenmaß. Sie werden selbst von den Erscheinungen verschlungen. So geschah es mit Weininger, so geschieht es heute mit Rudolf Pannwitz und Ernst Fuhrmann, Autoren, die außerhalb der Mimenzunft stehen und für die die geistigen Schankwirte der Zeit noch nicht einmal einen prägnanten Fachausdruck gestanzt haben. Es sind die Avantgardisten einer noch unsichtbaren Front, Menschen mit einem neuen historischen Geist, die die wissenschaftlichen Intimitäten belächeln und ihre eigenen Fermente der Schaubühne aller Dinge einträufeln. Sie kämpfen gegen Pedanterie und Dürre, gegen die Vernunftflammen, die überall lodern, und in einem vielwissendem Orgasmus stürzen sie sich wie tolle Empörer auf alle Gebilde des Tages und der Nacht. Die Wissenschaft war bisher – in ihren Augen – nur der Zufluchtsort denkfauler Begabung, die Kunst nur ein Eitelkeitskatalog. Ihre Denkgeschwindigkeit erschüttert. Fast gibt es keine rätselhafte Sachlage mehr, sie untergraben die Originalität der Erdbewegung, die Raumteile des Kosmos schrumpfen zusammen, die Vorstellungen der Gelehrten erscheinen wie ein Gedicht von Ringelnatz.

Vielleicht ist der Mensch doch ein sehr elastisches Medium, das immer nur durch gewisse Kunstgriffe sich am eigenen Leben erhält, das notiert, dichtet, schläft, predigt und handelt, um nicht allzu schnell ein winziger Leichnam im Nichts zu werden. In den Katarakten des Geschehens ist er heimatlos, dieser Mensch, eine kleine Gestaltallegorie mit »seelenvollem Blick«, die heute noch der Deutung harrt.

Notre inquiétude, überall fühlbar, sie existiert. Die Konturen der Landschaft sind die gleichen wie zu Homers Zeiten, zwar nicht mehr so brutal sind sie vielleicht, seitdem das Flugzeug die linearen und farbflächigen Proportionen wolkenleicht besiegt hat. Aber unser Herz hat noch nichts von den schönen neuentdeckten Lichtmassen in sich aufgenommen, noch nichts von dem Fassadenblick von oben, der fast entkörpernd wirken müßte. Wir kosen noch immer die eitlen koketten Nixen der Vergangenheit, den gauklerischen Hades der Erinnerung. Oder war der zarte Marcel Proust der letzte starke Vergangenheitsoptiker?

Und kommen sie einst, die anderen, die die Düsterkeit der Daseinsangst verjagen, die unsere pygmäenhafte Gesinnung ertöten werden – wird diese Opposition uns dann die letzte Gültigkeit schenken? Vielleicht schreiben sie nur einen neuen Aberglauben auf ihr Programm; ein neues Gleichnis, ein neues Symbol in schöner herrlicher Rüstung wird erstehen. Die raffinierteste Auswertung inbrünstiger Einsichten, die kundigsten Interviews der Seele, das hitzigste Zielwollen, was wird es uns bringen, uns schenken? Werden wir glücklicher an der Angelschnur unseres Geistes? Wir werden vielleicht zu einer wesentlichen Aufbesserung unserer sozialen Lage gelangen, die Strahlentherapie wird Poeten begeistern, die Sanitätswachen werden verzehnfacht werden, die Schulen der Weisheiten werden den Akkumulatoren der Sonnenenergie Platz machen müssen, wir werden in den Zustand einer offiziellen Zentralisierung des Erdballs hineinrutschen, eine Magie der Geschmeidigkeit wird launenhafte Sektierer und Pietisten vernichten, aber hinter der technischen Verführung wird der Exakte fortfahren, dem Bourgeois den Krieg zu erklären. Die Nationalisten werden weggeblasen sein, doch die Knaben gehen, wie ehedem, zu den Mädchen, und die Köpfe wettern gegen das Korsett der Organisation, die Zahl bleibt weiter bestehen.

Ein tugendhafter Aspekt leuchtete uns in der Neuauflage des Alten entgegen. Es wird wiederum ein kleiner Irrgarten sein, den wir beschreiten, mit Ruhepunkten, tragischen Renkontre, mit Formalitäten und anderen künstlichen Gebilden. Der Mensch soll keinen sicheren Unterschlupf auf Erden finden.

Neue Zürcher Zeitung, 18.9.1927

Vom Trost des Regens

Nach einem leichten Regen werden die Gedanken schäumend und klar. Sie fliegen zu den Platanen empor, sie verstricken sich in das breite Astwerk der Kastanienbäume. Die Straßenbahnwagen haben nicht mehr jenes kreischende harte Geräusch an sich, sie rollen plötzlich mit freudigerem Getöse über die Plätze dahin. Die Wirtshausschilder blicken lustiger aus engen Winkeln hervor, und Freunde, deren man eigentlich im Laufe der Zeit überdrüssig geworden ist, bekommen, wenn sie mit einem Male wieder auftauchen, ein sympathischeres Aussehen, man grüßt, man lacht, man plaudert mit ihnen. Sie sprechen nicht mehr von ihren Sorgen, sie vergessen, über ihre Gesundheit zu klagen, sie machen sich sogar über die schlechten Zeiten lustig, sie kaufen einen konkurrenzlosen offenen Sechszylinder-Touring (es wird sich um einen Cleveland handeln) und fahren in einer Woche an die Nordsee und werden in sieben Wochen oben in Evolène sein. Fast freut man sich mit ihnen, denn der leise Regen und die kapriziösen Tropfen, die noch in den Bäumen taumeln, machen jede Empfindung deiner Seele zu einem kleinen

Glanzstück. Man steht vor den Antiquitätenläden, bestaunt die alten Truhen und die weinende Madonna wie die rührende Schönheit einer verlassenen Braut und weiß, daß man jenes kostspielige Théâtre des Arts gar nicht zu besitzen braucht – du kaufst ja doch nur Fälschungen –, um an ihm Gefallen zu finden. Unter dem geheimnisvollen Mantel des Regens zerstäubt der Neid und der Hohn der Menschen, die atmosphärischen Impulse machen dich reich, und du wirst glücklich wie jene eleganten Leute in den Schaukästen der Cinémas.

Von allen Dingen dieser Welt ist es jener tänzelnde Regenfall, der allein imstande ist, dieses Wunder der Charakterveränderung zu vollbringen. Ein Totenfest wird zum Freudenspiel. Eine Geliebte, die man längst verloren hatte, sie überbrückt die Erkältung ihres Herzens und wird dich an jenem zauberischen Tag wieder zum Tee bitten. Und eine Lenznacht dämmert herauf mit jenem lockenden Schachspiel kosender Gedanken. Unversehens hat die billigste Zigarette das beste Aroma; ein Schuljunge wird dir mit Leichtigkeit den Beweis des Pythagoreischen Lehrsatzes vor Augen führen; das Schluchzen eines Bettelkindes kann dich zur tiefen Einfalt bekehren.

So wird dir alles Kleinliche und Häßliche zu »illuminations«. Du hast den Glauben geweihter Dichter wieder gefunden. Wäre ich Seelenarzt, ich würde meine Patienten nur an solchen verführerischen Tagen behandeln, wo die Natur die Schichten der Stimmungen unwiderstehlich auszuglätten vermag, wo störrische Launen in Süßigkeit zu überlisten sind, wo jede Rache einen Kuß gebiert. Ein rauschhafter

Schritt erspart dir alle möglichen peinlichen Überlegungen, und unverzüglich siehst du dem Leben ins Angesicht. Die sonst so alltägliche, müd ermattete Umwelt verändert sich zur humorvoll gebauten Staffage, du bist ihr Regisseur und wunderst dich über die Vielfalt der Kostüme. Es ist eine Wandlung der Effekte, die anhebt, ein geheimnisvolles Schwingen einer klingenden Mittellage.

Du trinkst einen Whisky und träumst von einer fernen Äquatorstadt, von Betelkauen ... Darf deine Phantasie an solchen Regentagen nicht lüstern umherschweifen? Darf ich den Bodensee nicht mit Hollywood verwechseln? Im Dollarkurszettel finde ich keine Gegenliebe, aber in der wolkenumflorten Regensonne keimt der warmblütige Reiz enthusiastischer Sensationen. Sie wirkt wie das Silberkettchen eines Hypnotiseurs ... Das ist der allmähliche Sieg der plätschernden Tropfen in der Seelenkunde, der ohne Geschwätzigkeit bei dir seinen Einzug hält.

Du wirst ihm dankbar sein, dem Regen, dem melancholischen Regen, der auf einen stillen Bergsee zärtlich niedersinkt, der vor die Cafés der Weltstädte einen eifersüchtigen Schleier zieht und dir Befreiung zulächelt. Es stimmt einen traurig, wenn man erfährt, daß der Gefangene hinter den bösen rohen Mauerwänden niemals jene magische Macht erfahren wird, über die auch der Händler kapitalistischer Mysterien – es gibt auch solche – den Kopf schütteln wird.

Im Regen brennen auch die Kerzen heller – habt ihr das nie bemerkt? Die Schornsteine strecken ihre Hälse höher, und die unzähligen Leitungsdrähte über den Dächern singen eine einsam tröstliche Musik unartiger Spieldosen ... Nur in den dumpfen Kontoren ist es um diese Zeit drückender, in den Bahnhofhallen bekommt man nervöses Herzklopfen ... Zu seltsamen Herbstzeitlosen werden dort die Menschen. Aber schon auf dem Bahnhofplatz ist man dem muffigen Unterholz entronnen, und deine Gedanken – noch von Skepsis zerbrochen – beginnen zu frohlocken, und deine Glieder entspannen sich wild. Man mag das bespötteln, aber es ist so, ein Kaplan oder ein Bauernknecht kann unter derartigen Verhältnissen zum Don Juan avancieren ... Habt ihr niemals die Damenbeine unter dem Regenmantel beobachtet? Die Wünsche sitzen dann an kürzeren, aber haltloseren Fäden.

Das ist eine kleine Geschichte vom Regen, die eigentlich zum Maßstab unserer Zeit nicht mehr recht passen will, die verächtlich auf alle Impressionen herabsieht und dabei doch in ihrem schlummernden Bewußtsein auf die sinnliche Gebärde wartet. Aber der Regen duldet keine Vernunftsklaven, er nimmt allen Wesen die Blindheit ab und plündert überlegen die Posse des irdischen Mosaiks. Er enthüllt ein überraschtes Orchester im menschlichen Herzen. Und unter seinem fluidalen Baldachin lösen sich Dissonanzen, um uns die Harmonien unserer Gesichter wieder zu schenken.

NEUE ZÜRCHER ZEITUNG, 10.1.1926

Anflug von Zufriedenheit

Bücher und Bilder

Anflug von Zufriedenheit

Bücher bringen uns Erlösung. Sie sind eine Art Religion. Sie entrücken uns dem diabolischen Zwang des Augenblicks, sie ändern unsere Isolation, unsere Angst, vertreiben Minderwertigkeitsgefühle, die Drastik momentaner Moralität, zerreißen Hochmut und Martern einer zerbrochenen Wirklichkeit. Ein Buch, das kein Fernbeben auslöst, das nicht dynamisch verwandelt, bleibt eine Banalität, hat weder Gesicht noch Abglanz. Wir haben Bücher im Garçonne-Stil, Bücher mit hypochondrischen Beschwerden, Bücher, geladen mit Gedächtnisspuren singulärer Erscheinungen; sie können ganz bescheiden, beinahe unscheinbar daherkommen, aber aus der gedruckten Gutmütigkeit steigt der adelige Stolz altertümlicher Trunkenheit auf, bringt unser heutiges Milieu in Aufwallung, weil ein berühmter Urahn unsern Zeitgeist zu belagern beginnt, wie das im Philippus Aureolus Paracelsus, der zauberischsten Figur der Schweiz, des Friedrich Gundolf edel geschieht. So lebt in der Asche der Historie manch begnadetes Herz, das seine Beredsamkeit in einem Traktat plötzlich wohltätig entfaltet, zu den Menschen schreitet, unter günstigem Sternenstand, um in einem mit Esprit überpuderten Säkulum das reine Wissen leuchten zu lassen.

Darf man daher nicht die Buchhändler beneiden, jene Zeughausverwalter des literarischen Lebenselixiers; wird man nicht die Bibliothekare in stiller Achtung bewundern, die die Testamente und spirituellen Autogramme in ihren andächtigen Zimmern verwalten? Jugend und Alter liegen in jenen, noch nicht sinnberaubten Berufen beieinander, sie schützen Weltbeherrschtsein und Eintagsruhm, sie werden zum Ausüber manch süßer Paradoxie, sie öffnen ihre Zufluchtsstätte Homer und Karl Kraus, Schlegel und Altenberg, Galen und Freud, Soziologie, Predigern, Puritanern, Daumier, Klabund, Ideen-Provokateuren. Zu gerne möchte ich im Widerstreit einer solchen Beschäftigung existieren, weil sie Vergangenes verjüngt und Zukünftiges schon zum würdigen Gegenstand des Katalogs macht. Buchhändler und Bibliothekare sind keine Spielverderber, sie glauben nicht an den Bankrott des Geistes, respektieren noch Heldenverehrung und verschließen sich dabei nicht den Springfluten sonderbarer Prophetien. Eine solche Galanterie der Haltung vor den Lebenswundern erheischt Lob, wenn man zugleich Pitigrilli und Rudolf Kaßner seine objektive Besonnenheit erweist. In der Zivilisationswüste mit ihren Couplets und Clowns harren jene gütigen Männer auf einem Gesundheitsgewissen aus, dem nur der tieferblickende Arzt etwa letztes Verständnis entgegenbringen dürfte. Sie verteidigen die Elite und sind auf den aufreizenden Rebellenstraßen hierzulande gleich beheimatet, jeder Chance der Aufklärung und Empfindsamkeit liebevoll zugetan. Sie kauern nicht auf dem Gehsteig unvernünftiger Karrieresucht; frei von pedantischer Nörgelei üben sie ein Amt aus – selbstredend ohne blutgebundene Verflechtung –, das einer romantischen Universalität dient und untrüglich den Gebräuchen und Lehrsätzen der Nationalkulturen zu gehorchen weiß. Es mag bisweilen ja der Fall eintreten, daß sie die Rolle eines Gefangenenwärters zu übernehmen haben, wenn eine sparsame Polizeimoral gewissen Seelenstürmen abhold gegenübersteht; dann werden die Bücher empörerischer Anlockung in das oberste Fach hinaufgestellt, um verwerflichem Mißbrauch zu entschwinden.

Wer an die Pforte der Bücher pocht, ist kein verlorener Mensch auf dieser Erde. Er lebt im Sonnenlicht und am Brunnen der Liebe und der Schwärmerei. Bücher, Tiere und Pflanzen, sie lehren die Buntheit im Schatten der Vergänglichkeit.

NEUE ZÜRCHER ZEITUNG, 3.12.1928

Kurt Hiller
Die Weisheit der Langenweile

Man kann es getrost behaupten: eine Erscheinung, einzig dastehend im gegenwärtigen Schreibwirrsal unserer Zeit, ohne damit dem Verfasser ein Kompliment zu machen. Dieser Herr schreibt eine spitze Feder und seine cerebralen Sprünge bewegen sich nicht in »denkbehördlichen« Bahnen. Das tut einem zuerst wohl bei der Fadheit unserer modernen kritischen Literatur. Wie weit der Mann aber dabei Poseur oder Akrobat ist, will ich hier nicht näher untersuchen. Worüber schreibt Hiller? Über Eth, Puristen, Todesstrafe, Franz Werfel, Ernst Blass, Trottelglosse, Kolleg in Ophir, Spirituale Naivetät, Stiefrevoluzzer, den Sinn des Lebens und die Reichstagswahl. Diese Auslese mag genügen. Im Grunde ist das Ganze eine Berliner Lokalangelegenheit, und in den Cafés zwischen dem Bayrischen Platz und Halensee gibts ein Redethema. Im Berliner *Gnu* (literarisches Cabaret) hat er bereits einige Weisheiten in die Luft geschleudert. Nicht immer unter Beifall. Hiller ist zweifellos ein geistreicher Kopf (persönlich will er zwar mehr beanspruchen), wenn auch streckenweise maßlos impertinent. Drei Opfer stehen ihm zur Verfügung: Die

»Beschnuklappten«, das gesamte Heer der bürgerlichen Logik, weiter der Journalismus und die Privatdozenten, speziell die ästhetischen; das erfährt man zur Genüge. Einigen jungberliner Dichtern wird der Lorbeer gereicht. Max Brod seziert er mit feiner Kenntnis, seine nagende Psychologie feiert hier ein stimmungsvolles Feuerwerk. Es muß offen gesagt werden: Ungewöhnlichen Scharfblick kombiniert mit sprachlicher Findigkeit (Hiller hat seine eigene Terminologie, die ihm keiner streitig macht), Spotthunger vereint mit Besserungskoller, und periodenhafte Entgleisung verrät er in potenziertester Form. Der »Prolog« kennzeichnet das Werk in seiner physisch-kondensiertesten Eigenheit. Kerr, Karl Kraus sind die Taufpaten, auch Nietzsche will er gern mithereinbeziehen. Ein geschlossenes Urteil über das Buch auszusprechen ist schwer, weil alles variiert, jede Zeile trägt eine andere Maske, bald freut man sich über die draufgängerische Art, bald ist man versucht ein Hiller'sches Schlagwort auf den Verfasser selbst anzuwenden. Ich bin in diesem schillernden Irrgarten voller Miasmen und strahlenden Blüten nicht ohne Genuß spazieren gegangen. Junge Hirnmenschen werden in diesem »radikalen Unknirps« (Hiller nennt sich selbst so in einer Polemik mit einem »Pfahlbürger von Denkstil«, siehe »In mein Buch muß ich flüchten ...«), in diesem neuen Typuspropagator einen Schrittmacher rassiger Gedanken erblicken. Solche Raketenjongleure besitzen wir nicht viele. Ob wir das bedauern sollen?

DIE AEHRE, 19. 7.1914

Meine beiden Freunde

Ich habe zwei Freunde. Zwei, die mir nicht untreu werden, weil sie mich gar nicht kennen. So ist's. Und das ist gut so. Die Freundschaft wird hierdurch tiefer, ehrlicher und menschenungetrübter. Manchmal kommt es sonst vor, daß man Differenzen entdeckt, bei zwei Menschen, unter sich. Das ist eine schmerzvolle Einsicht. Das Seelenprofil bekommt eine unschöne Ausbuchtung.

Aber wißt Ihr auch, es ist schön, romantischsüß, einen Freund zu hassen, ein paar Lebensaugenblicke hindurch. Ein jeder hat sich hierbei schon ertappt. Ich hasse vielleicht liebe Menschen stärker, inbrünstiger als manchen unsympathischen Wicht.

Da ist einer, mit dem man zusammenkommt, kein Philister, kein Talent. Eine schleichende Dissonanz schlängelt sich giftgrün heran. Man geht auseinander. Heute, muß ich sagen, ist jener Mensch in meiner Achtung gestiegen. Ich weiß, es ist ein Unbedeutender, einer von denen, die nichts zu verspielen haben, die steril bis ins innerste Gefüge sind.

Meine beiden Freunde ...

Ja, der eine ist tot. Er sagte von sich traurigzufrieden: Mir gebührt eine Ecke bei den Ärmsten auf dem Kirchhof. Sein Leben war keine Klubsessel-Verdummung oder ein Beinegeradeausstrecken. Gewiß nicht. Nach arbeitsreichen Tagen, oder wenn ich mich mit der Welt zerrissen fühle, dann greife ich nach ihm, nach seinen Bekenntnissen. Dort stehen sie, ein paar gelbe Bücher mit rotem Aufdruck, im Winkel, mit vielen anderen traulich zusammen, mir immer zur Hand. Die sind voll von Menschenhaß und tiefer Bewunderung. Leidgeschwängert, asketisch-schicksalschwer. Wer hat solches je geschrieben? Krallig und marmorkalt. Einer, der selbst seine Seele seziert. Blutrot und sammetweich liegen seine Hirnfalten da. Dieses tolle Chaos menschlicher Instinkte schwankte wie eine einsame Heultonne auf brandender feuriger See ... Ich liebe ihn.

August Strindbergs Bild trage ich stets in meiner Brieftasche.

Wenn ich am Thunersee sitze, im Gras, das Wasser hüpft und Wolken Schatten zeichnen, dort unten, wo die Hänge den See liebkosen, bei Gunten ... Träume und Gedanken über nichts und einiges andere. In der Höhe kreuzen sich Himmelsbläue und Schnee. Alle Schönheit liegt hier – die Fremden abgerechnet. Nein, wo ich sitze, da gibt's diese Verunreinigung nicht ... Dann kommt es mir immer wieder in den Sinn, wie ich ihn kennenlernte, meinen lieben guten Vegetationsgenossen, in der Bibliothek zu Berlin. Man wollte mir seine Bücher nicht geben. Nur zu wissenschaftlichen Arbeiten, so die Phrase einiger

Subalterner. Ach, ich wollte ja nur eine Menschenseele in meinem Zimmer spazierenführen. Er sollte mir etwas erzählen, so ganz seiner Art gemäß, wie er es eben nur vermag, von Forellen, Tänzerinnen, Grammophonplatten ... Das ist alles.

Immer muß ich da an ihn denken, an meinen lieben guten Peter Altenberg. Ein Schiff führt über den See.

Meine beiden polfernen Freunde.

Die Aehre, 31.1.1915

Peter Altenberg *Semmering 1912*

Der schöne weiße Schnee von 1915 liegt auf unserer Kannibalenerde. Vor mir: die zirbelkieferne Welt eines Mannes, über den ein Wort zu sagen töricht wäre, wir kennen ihn alle. Auf den Photos trägt er bisweilen eine Art Reisemütze, manchmal einen Banditenfilzdeckel (ich vermute echter Pichler aus Graz). Seine Passionen sind: ockergelbes Musselinkleid-Hemd, die Kusine, die mit 52 Jahren beim Blumenpflücken vom Seekofel abstürzte, Lobgesänge auf vegetative und animale Funktionen, Le Monde, sonnige Frauen, irgendeine »herrliche 11jährige ...« Diese kleinen, auf den ersten Blick so urzahmen Skizzen, angetan mit einer stellenweise beiliegenden Anspruchslosigkeit, zirpen lyrischste Melodien (ohne zu langweilen!), fauchen eine süße Portion taktvollen Hasses, zeitigen Emotionen, ganz feine, stille, müde, feinziselierte (wer bei uns malt so Dolomiten, Hotelstubenmädchen, Nervenrausch?) eines Psychologen, eines durch und durch ungriechischen Hedonisten, der ohne jedes Schutzmittel bloßfüßig im Variété des Lebens wurzelt – ja, wir atmen alle –, eines unpapierenen Poeten. Solche Kerle geben uns immer schlaglichterartige Aufklärungen (auch das ist nämlich schon in zehn Zeilen möglich). Nicht allein über alle Phasen des Seins, ebenso – es kann nicht anders sein – über ihn selbst. Leute, die jetzt nach Wien pilgern, wissen nun, falls sie P. A. nicht auf dem Graben, Gmundnersee oder Semmering treffen, daß sie die Chance aber um so mehr im *Café Central* haben werden (in der Herrengasse). Diese Feststellung allein macht die buntbeschwingten Blätter jenes Alltagsanbeters liebenswert. Die Herren indes, die an gewissen Kultstätten die Historie der Literatur zu vertreten sich bemühen, werden in ihrem Urteil einstweilen immer noch von einigen Bedenken geschaukelt werden. Natürlich, mein Gott, wer soll diesem Forellenbiologen, Sauerstoffemanzipator, Tamarinde Grillon-Anpreiser gerecht werden? Bis auf Seite 217 können wir ihn wieder auskosten, diesen honigtriefenden Genießer: einer, der aus jeder Eintagsfliege einen Panther machen möchte.

Die Aehre, 14. 2. 1915

Dada – Almanach

Nehmen Sie Dada ernst oder nicht – es spielt nicht die geringste Rolle. Dada nimmt Sie ernst ... Das ist das Tragische. Der Bürger ist verwirrt. Das Ich des Bürgers und geistige Rebellionen in seinem Götzenstaat waren ja schon immer die spaßhaftesten Kapitel in der Welt. In dieses Banalitätsgerümpel peitscht heute wiederum Dada ohne irgendein pathetisches Gänsefüßchen. Schimpfen Sie, soviel Sie wollen; Sie schaden der Affaire nämlich gar nicht, höchstens Ihrer Person, Ihrer Laufbahn, der Schiebung christlicher oder jüdischer Macher. Wer lacht, sich freut, platzt, den Profit einzieht: Dada. Der große Unbekannte, der bei Ullstein, Goethe oder Rathenau gleich gerne verkehrt. An allen Erdpolen, in allen Cafés, in allen Werkstätten, in der nobelsten Pressenotiz, in allen Laboratorien, in allen Appellen, in allen Reptil-Zentren, in jeder Zigarettenmarke lauert Dada. Andererseits hat diese ganze Bewegung nicht den schwächlichsten Ehrgeiz. Art nouveau (nach dem fixen, talentierten Tristan Tzara, der Schweizer Kritikern damals ihr »künstlerisches« Handwerk so unsagbar schwer machte) oder abstrakte Kunst.

Doch das sind sehr alte Sachen, meint Richard Huelsenbeck. Dieser: Deutscher, Berliner, er geht weiter als die labilen Manifeste seines romanischen Kollegen, der immerhin in der rapiden Gleichzeitigkeit seiner kochenden Sensationen die schöne Geste wahren will. Für die Deutschen ist das »nur« Simultanität, seit Jahren von Italien her bekannt, und in nuce undadaistisch. Literatur, Kunst mit reichlicher Lichtreklame, lediglich bürgerliche Dinge, Flickwerk aus Hornbrille und feierlichen Gefühlen, eine Lehrbegabung für modern auffrisierte Idylle. Die deutschen Dadaisten, die den Wert (ohne Befähigungsnachweis) des Sinnlosen, des Zwecklosen, der pfu- scherischen Korruption, die Müdigkeit und die kümmerlichen Abwehrreaktionen einer mystisch ekstatischen Kunst, von ein paar ehrlichen Kerlen Expressionismus genannt, theoretisch und praktisch tiefbohrender erkannt haben, spotten auf das verrottete Halbdunkel der Romane; sie sind radikaler, revolutionärer, dabei unspekulativ wie ein Telephonbuch und ein Aeroplan. Hinter dem Bluff der Kultur, eines zauberkünstlerischen Intellektualismus, der Reclambändchen, kirchlicher Exzesse, philosophischer Terminologie, Stoffwertung, Weltgefühl, ethischer Notbehelfe, Herzschwärmerei, hinter Dynastien, Menschenboykott, Bahnverkehr, Arbeiterräten, hinter dem menschlichen Verbesserungsstreben steht die absolut sachlich ernsthafte Skepsis des Dadaisten, der jedes Denksystem als müßig belanglose, private Impulsäußerung ansieht, der nur die praktische Hingabe an das Leben anerkennt und es ohne Programm im vollsten Umkreise zu genießen sucht.

Des Dadaisten Philosophie, er wird sich natürlich sträuben, von einer solchen zu reden, gipfelt in einem universalen Relativismus, in einem gelassenen ursprünglichen Nihilismus. Er bietet in seiner dämonischen Ironie der Welt keine Angriffsflächen, wohl aber die eitle, logische, überempirische Welt ihm. Richard Huelsenbeck sagt in dem mit feiner Geistakrobatik zusammengestellten *Dada-Almanach* (Erich Reiss Verlag, Berlin): »Dada ist kein Axiom, Dada ist ein Geisteszustand, der unabhängig von Schulen und Theorien ist, der die Persönlichkeit selbst angeht, ohne sie zu vergewaltigen. Die Frage: Was ist Dada? ist undadaistisch und schülerhaft in demselben Sinne, wie es die Frage vor einem Kunstwerk oder einem Phänomen des Lebens wäre ... Dadaist ist man, wenn man lebt.« Lebensfrohe Realität, tänzerische Lebenstüchtigkeit prägt sich gleicherweise in den weiteren Artikeln des dadabunten Almanachs aus: bei Francis Picabia, Hans Arp (Künstler übrigens, für deren Imperium andere starke Aufnahmefähigkeit verrieten), Walter Mehring, Hans Baumann, Raoul Hausmann und anderen. Die Großmannssucht und schmutzige Phrase einer ganzen Weltepoche wird zu Grabe getragen, die mechanistische, atomistische, dynamische Wirklichkeit, ohne »schöpferisch erlebten« Durchbruch, ohne Widerstand und Hemmung wird in der Relativität aller Beziehungen und Konflikte als nackte, gegebene Manifestation selbstverständlich hingenommen. Der Dadaismus ist bei alledem fabelhaft tolerant. Sie können weiter Fußball spielen, Sie können weiterhin Antiquitäten beschnüffeln oder buddhistische Klöster errichten, Sie können nach wie vor jede Expansion pflegen; denn Dada haßt den billigen Doktrinarismus jeder Form. – Nehmen Sie Dada ernst, bevor jeder Zeitungsschmock und jedes Stubenmädchen ihre humorvolle Bilanz daraus gezogen haben, dann ist die Sache schon längst vergessen, und aus der Verwesung heraus wird Sie der geniale Berliner Zeichner George Grosz mißtönerisch belächeln. Ein kluger, tüchtiger Kopf, Otto Flake, schrieb ein seltsames Ideenbuch von enormer Geschwindigkeitszunahme: *Ja und Nein*, Roman, ein Buch der Operationen, der Bindungen von Straffheit und Erregbarkeit. Ohne Dada nachzeichnend zu erläutern, wird von Dada in der historischen Physiognomie fortwährend erzählt. Ein ernsthaftes Werk der Desillusionierung ... Die Dadaisten behaupten, unsere Zeit sei dadareif. Man wird ihnen glauben.

ARARAT, Januar 1921

Zur Psychologie der Literatur

Mit Kurt Hillers *Die Weisheit der Langenweile* begann in Deutschland eine neue Form literarischer Betrachtung, die den Wert auf den Kern der Dinge legte. Wie seit Alfred Kerr auf anderem Gebiete ward hier der Relativismus erwiesen. Alle früheren Äußerungen, die absolut gelten wollten und mit einem erfolgreichen Scharfblick stets einer klassisch-literarischen Mechanik zumündeten, blieben infolgedessen an der Schönheit einer physikalischen Wirklichkeit kleben, die mit ihrem Koordinatensystem volle Berechtigung und Vorrecht besaß. Man kann die Welt von einer anders eingestellten Warte aus betrachten, wie dies heute Herwarth Walden in seiner Kritik der vorexpressionistischen Dichtung tut, er steht inmitten eines neuen Gravitationsfeldes. Die historische Formanalyse, immer geradlinig gedacht, ward selbstverständlicher Standpunkt, rundet sich zu einer abgeschlossenen Morphologie ab. Orts- und Zeitbestimmungen blieben maßgebend bei Leo Berg, R.M. Meyer, Soergel, Domeier, Ludwig Geiger, Nadler oder Brandes, bis zur reizenden Literaturgeschichte Klabunds. Der materielle Körper beharrte bei Impression, definierte sich als Geschmack und Gleichgewicht. Geschichte wird immer anthropomorph zu erfassen sein, wenn sie um den Menschen geht, ohne daß sich die platte Auffassung in Taufe, Hochzeit, Frauenkörper, Hospital und Begräbnis festlegt. So aber lautete die Rechtsprechung mit einigen Abkühlungen der Historiker. Hiergegen kämpfte schon der größte écrivain, Voltaire, an. Der Skeptiker, stets ein fruchtbarer Geist, steht heute isoliert da. Er wird sich schwer entschließen, ein Buch in die Hand zu nehmen. Er wird noch stärkere Bedenken der Bühne gegenüber äußern. Er teilt die Aussichtslosigkeit des Theaters, von Lenau schon geahnt, von den Goncourts noch straffer unterstrichen. Weltanschauung, die uns heute tief bewegt, scheint dort unmöglich zu sein; Hasenclever, der die notwendige Vorgeschichte Ibsens in nuce nur fortspinnt, kommt aus der Familienähnlichkeit mit Älteren nicht heraus. Gereizt wendet der Zuschauer sich ab. ›Belletristik‹, Dramen, Kunst fesseln in ihrem Quer- und Längsschnitt kaum. Es muß als eines der wenigen Verdienste Spenglers gebucht werden, wenn er mit richtigem Blick heute von ›Kunst‹ abrät. Mehr als irgendwo schlummert im Essay der Tumult geistiger Situationen, die Gedankenkreise übersetzen sich ins Zeitgemäße, Bitterkeit und Sonnenstrahl schlagen darin freudig empor. Die Nennung Hillers gehört hierher, der vor dem Kriege die Altersmethode geschickt und glücklich begrub. Die Intensität, die damals noch von allen möglichen unreinlichen Imponderabilien naiv unterdrückt wurde, brach sich gleich einer Exekution durch.

Es wäre verführerisch und interessant festzustellen, wie weit heute noch Literaturanziehung besteht; daß man hier keine besondere figurenreiche Gesellschaftsschicht im Auge hat, bedarf keiner weiteren Erklärung. Gemeint sind nicht Backfisch-Gemüter, nicht der snobistische Eindringling, sondern Menschen, deren gemeinsames Band von synthetisch gerichteter Geistesstruktur ist. Wie ist dieser Erlebnis- und Erkenntnistypus mit heutiger Kunst noch verzahnt? Als intellektualer Mischling lehnt er den Roman im üblichen Sinne ab, er wittert in der Problematik Ibsens bereits Beschränkung, er strauchelt heute an Heinrich Mann (schon lange) und Edschmid. Was man meist dem Spießer vorhält, trifft in Wahrheit beim geistigen Menschen zu, er findet keinen Weg zur jüngsten Kunst; wenn er Geständnisse heuchelt, so hat das mehr mit Galgenhumor zu tun. Er ist viel zu raffiniert, zu romantisch ehrlich, um Programm und Gerassel einer einzigen Richtung aufsaugen zu können. Barrès' altes Wort hat für ihn ewige Gültigkeit: »Car il n'est qu'une chose que je prefère à la beauté: c'est le changement«. Wer dies als Laxheit ansprechen wollte, wäre im fatalsten Irrtum. Franz Blei ist von diesem subtilen Format, Sternheim, der das Zeug vielleicht ebenfalls dafür aufbringen könnte, hat zuviel versteckte Wünsche, zuviel Grimm, bei negativ bürgerlichen Vorzeichen. Einer hatte hierin eine Mission erfüllt, Carl Einstein; sein ›Roman‹ *Bebuquin* – der noch auf sein Publikum wartet – war von einer exakten, ehrsamen Kunstform, ein Martyrium in Erscheinung und Inhalt. Dies ist der einzige Roman ohne Enttäuschungen. In seinem Reiche ist dieser Mann ebenso gefestigt wie Flaubert oder Zola, er ist unabhängig, er negiert nicht, er reproduziert nicht. Dieser Roman erschien zu früh für die literarische Kritik in Deutschland, die für derartige Erkenntnis-Schaunisse noch keine Protokolle gestanzt hatte.

Nun, wo der unbestechliche Otto Flake seine ›unpersönlichen‹ Bücher schreibt, wird Einstein aus dem Hintergrund gerissen werden. Er, Flake, geht vor wie ein Geograph, wie ein Topograph. Waren bisher alle ›Dichter‹ von Klopstock bis Däubler Gleichnis-Bildner, die fortwährend die umgebende Welt in eine éducation sentimentale umwandelten und jedem Grüppchen ihr Schulbeispiel geflissentlich offenließen, so ward hier die Identität aller psychischen Vermögen panisch lebendig gemacht. Die Entschlossenheit gegen mondäne Üppigkeit erfüllt sich in Flake neidlos. Werden in der *Stadt des Hirns* an die Aufmerksamkeit des ›alten‹ Kunstlieblings bisweilen noch Konzessionen gemacht, so wird in *Ja und Nein* jede Lebensillusion zerrissen. Das äußerste Maß männlicher Betonung (nicht im Blüher'schen Sinne) baut sich hier ein eigenes Gesicht in den Diskussionen, in den Beziehungsreflexen. Mit dem Chemismus selbstherrlicher Mythen irgendeines lockenden Abendsterns ist es aus. Geist tritt an Stelle schöner Sirenen. Vorlaute, die an die legendenhafte Sendung des Dichters sich gewöhnt haben, werden behaupten, dieser hier sei kein Dichter. Weil seine Paradiese einen anderen Platz gefunden haben? Weil er um einen Punkt hellster Klarheit rotiert? Seine ›Opposition gegen die Kunst‹ ist unentrinnbarer Ausdruck des heutigen Menschen. Der Versuch eines interessanten, mitleidslosen Weltbildes manifestiert sich in jenen *Fünf Heften*. In den letzten Jahren hat man mit dem schmerzensvollen Begriff ›Geist‹ schmückendsten Mißbrauch getrieben, hier aber wird mit dieser Anwendung dämonisch überlegen Ernst gemacht.

Nach der ekstatischen Epoche steuern wir dem geistigen Verismus und Purismus zu. Vor Instinktverkrüppelung schützt uns das Kino – die Projektion des modernen Romans trägt als geistkompensatorische Funktion die Zukunft in sich.

FEUER, Februar 1922

Über Arthur Schnitzler

Er war uns schon ein wenig ferngerückt, dieser Arthur Schnitzler, umleuchtet von der blassen Glorie des ancien régime. Selbst Julius Bab, ein gewiß duldsamer Herr, hatte ihm schon den Laufpaß gegeben. Da erschien im Oktoberheft 1924 der *Neuen Rundschau* seine Novelle *Fräulein Else*, und wir wußten über alle modernen Abgründe hinweg, daß hier ein Mann steht, den das Wort noch zur größten Kunsthöhe emporführt. Die Modernen haben oftmals den Klang, den Rhythmus der Sprache zu einem entfleischten Gerippe gemacht und haben in gar vielen Fällen uns nicht eine neuartige Physiognomie des Geistes demonstriert, sondern nur ein bißchen mit Grammatizität, mit neutönerischen Böschungen hantiert, ein abstraktes Volapük in allerlei Kniffen und satzbaulichen Grimassen kurzatmig, launisch, selbstsüchtig gemeistert. Ist der Baugrund der Sprache morsch, so soll sie fallen. Auf Klopstock oder Herder etwa heute zu pochen hieße unsere Marschroute verkennen.

Arthur Schnitzler ist an der Übergangsschwelle postiert. Manche sind inzwischen schon weiter gegangen. Arthur Schnitzler einen Konservativen zu nennen bewiese nur, daß man die letzten zehn Jahre als das Fazit aller Intelligenz betrachten wolle. Die Kleinlichkeit des Tages aber hat zu schweigen. Zumal es sich hier um einen ehrbaren Fall handelt, dem ein europäisches Profil zukommt. Lapidar gesprochen: Arthur Schnitzler manifestiert ein *erotozentrisches Europäertum*. Der krasse, an sich sehr bürgerliche Fall der Weibchenparade im *Reigen* (künstlerisch keine Gipfelleistung) und der Moralist Wedekind liegen auf einem kostspieligen, abendländischen Kulturhorizont, wenn auch heute darüber die Sonne im Spätherbst versinkt.

Dieser Österreicher wurde am 15. Mai 1862 in Wien geboren. Er wurde Arzt und ist es im Grunde genommen immer geblieben. Den diagnostischen Blick hat er auch als Dichter, gerade als Künstler nie verloren. Alle seine Menschengeschöpfe, die er schaut, diese leidenschaftlich schöne Skala ergreifender, kränkelnder, wehmütiger, dämmerig berauschter, dekadenter Figuren haben stets etwas von der Mitgift eines verstehenden Arztes mitbekommen. Nicht die naturalistischen Effekte entscheiden, nicht die Details banaler Konturen formen jenes schmiegsame, leichtsinnig wienerisch epikuräische Relief, [sondern] jene funkelnde espritvolle Erotik, jene merkwürdige amoureuse Sentimentalität, jene sensitive Keckheit, die immer zwischen zärtlicher Anmut und skeptischer Melancholie beseelt hin und her pendelt; die Liebelei eines ironischen Dichters und der kindliche Lebensernst eines Klinikers lauern dahinter.

Paul Bourget sagte einmal, Musset und Byron seien bereits mit fünfundzwanzig Jahren Genies gewesen. Schnitzler hat jedenfalls mit noch nicht dreißig Jahren seine berühmten »süßen Mädels« entdeckt. 1890 entstanden die *Anatol*-Szenen. Der faszinierende Stimmungskünstler ward geboren, der famose Dialogfechter erstand, Schnitzlers dichterisches Wesen ward klar umzirkelt. Er blieb dieser träumerische Lebensanwalt. Er stellte sich in den geduldigen Dienst der Frauenliebe, die aber nie so recht ins Paradies führen sollte, die stets dafür genießerischen Wert auf nervenweiche Abwege legte. Als Impressionist liebte er wie der unvergleichlich kultivierte Hermann Bang die geistreichen Zwischengefühle, die betäubenden, verwirrenden Lustspaltungen, die heimlichen Indiskretionen. Er besaß den Glauben, aber zugleich als zweifelnder Kenner die Hoffnungslosigkeit. Alle Spielarten der Liebe verknäueln sich bei ihm tragikomisch. Von dem chaud-froid Stendhals über die éducation sentimentale Flauberts zu Schnitzler geht diese geheimnisvolle Linie, die mit Hartnäckigkeit auf Lösung drängt, die aber für den Empfindsamen beim letzten Tiefblick auf Widerstand, auf Desillusion stößt. Für diese grausamen Dinge hat sein schillerndes Temperament eine unsagbar feine Witterung, noch mehr, gleich Maupassant (ein deutscher Vergleich ist mir nicht zur Hand) hat er die bewundernswerte Kraft novellistischer Formung. Er schreibt eine helle Prosa, vom gedanklichen Fluch unbelastet, die beglückt, lächelt, Karessantes illuminiert und erschüttert. Er ist der ty- pische homme à femme der Literatur. Das ist seine Wissenschaft, sein Kult, seine Melodie. Das Schauspiel *Der einsame Weg*, der Roman *Der Weg ins Freie* oder die verwegenere Dichtung *Casanovas Heimfahrt* umkreisen variierend das Gelände liebender Dissonanzen, ein Flackern hebt an, die psychologische Analyse triumphiert und der österreichische Formwillen siegt. Schnitzlers Œuvre ist breit ausgewalzt, sein Ideengehalt hat nicht den Radius großer Problematiker, er liebt die Galanterie der schönen, verklingenden Abenteuer, die gigantische Vision ist nicht Sache eines liebenswürdigen Kavaliers; wer sich an Vergänglichkeitsmotive klammert, bedarf der metaphysischen Ambitionen nicht, übermächtig lockt ihn sogar oftmals der Durchschnittsmensch – nicht der geistige Pirat –, ja vielleicht manche Belanglosigkeit umschmeichelt sein Dichterherz, aber der verführerische, peinlich gepflegte Zauber seiner Wortkunst ist erfüllt von echter erlebter Seligkeit. Daß auch er geistige Entscheidungen mutvoll in hohe Menschlichkeit zu bannen vermag, bewies sein *Professor Bernhardi*, wo ein dummes Philistertum ihn als Missetäter zu entlarven suchte. Doch nicht das Peitschen dialektischer, blutbewegter Drastik wurzelt in seiner gütigen Stimme – Geiststrenge würde eine härtere Sprache erfordern –, was er im Übermaß uns ist: der Pilot, der Sprecher musikalischer Tönungen.

In der nächsten Zeit wird Arthur Schnitzler im Rahmen der Kulturabende der Buchhandlung Neff in Stuttgart sprechen. Eine scharfumrissene Gestalt österreichischer Kultur wird so als der beste Exekutor für ihre künstlerische Mission wirken.

Neues Stuttgarter Tageblatt, 2.1.1925

Über Ferdinand Hardekopf

Die jüngste Dichtung altert. Ihr Apparat erschöpft sich langsam. Den Heutigen fehlt die Überredungsgabe. Während Leonhard Frank und René Schickele als Neuklassiker schon ihre Bedeutung haben, kommt ein Sternheim seinen verheißungsvollen Anfängen nicht mehr nahe. Ist Georg Kaiser unser Zeit-Echo? In Fritz von Unruh steckt selbst als Pazifist noch ein pathetischer Soldat. Einer, der sich nicht ekstatisch verschwendet, der aber im Antlitz der Epoche bleibt und das Hirnlich-Pittoreske in tiefen Gefühls-Audienzen meistert: jener geniale Wort- und Geistkuppler Gottfried Benn. Daneben liebt man den nachdenklichen Glauben eines Franz Kafka, wo die Sonnenstrahlen in Schwermut erzittern und die beste epische Schönheit in wehmütigem Gleichmut erstrahlt. Er aber stand dem impressionistischen Reflektor näher als den harten Schritten expressionistischer Programmdichter. Man überschätzt Oskar Loerke, und die Führer Heym, Stadler, Trakl rücken beinahe in Vergessenheit. Schröder, Mombert, Borchardt? Die unterernährte Poesie Tollers findet ein erzwungenes fortgeschrittenes Auditorium, aber man wird sie eines Tages beiseite setzen. Die Zeit ist gar grausam. Die Schönschrift der Peter Altenberg, Franz Blei, sogar des facettierten Hermann Bahr, jenes fetten Aufsichtsratspostens im literarischen Europa, wird stets ihre öffentliche Bewunderung finden. Nun gibt es Poeten, die den offiziellen Literatur-Spionen entgehen. Ferdinand Hardekopf ist einer.

Er zählt nicht zu den Händlern des Feuilletons. Er sitzt nicht in dem muffigen Behandlungssaal der Opportunisten, er salutierte niemals vor der Kriegsmusik noch vor der blinden Macht zielloser Metaphysiker. Es geht ihm nicht um Interessengemeinschaft, die Erschaffung des Ich bleibt ihm die kostbarste diffizilste Substanz: Im Leuchtgewirr der Boulevards sucht er als Nerven-Kriminalist seine apartesten Sensationen. Die Weisheit seines Herzens gehört dem ästhetischen Bild, womit schon sein diesseitiges Romanentum in der Wirklichkeit fixiert wird. Die Nationalgalerie dieses deutschen ungermanischen Dichters liegt an der Seine. Er ist ein französischer Farbenphotograph. Ein äußerlicher Zufall nur, daß er deutsch schreibt. Die Kulturpaarung Paris-Berlin ist als Stilversuch glänzend gelungen, das sensible Übergewicht aber kommt dem westlichen Sensorium hierbei zu. In seinen leichten Worten wohnt eine geheimnisvoll süße Verzauberung der Dinge. Seine Sprache destilliert den leidenschaftlichen Reiz, die artistische Aufgewecktheit in kapriziöse Schwingungen. In seiner raffinierten Retorte erfahren die schmeichlerischen Worte eine gestuftere Wertigkeit; eine neue Sinnbeziehung steckt in jenen Assoziationen, die – halb Flirt, halb virtuoser Gedanken-Gestus – verführerische Abenteuer entfachen. Es ist so, ein Gedicht von Ferdinand Hardekopf macht zehn deutsche Lyrik-Bände überflüssig, ein kleines Prosastück von ihm ist der beste sprachliche Erziehungskurs. Wie blaß, wie liebeleer und pedantisch wirkt ein Sternheim, ein Georg Kaiser dagegen! Nur Franz Blei darf man als den ebenbürtigen Hüter des literarischen Kunstwortes hier noch zitieren. Ferdinand Hardekopf, der differenzierte Gefühls-Pharmakologe, mündet nicht in utopische Perspektiven, in den Gesang snobistischer Grenzenlosigkeit. Er wandert abseits und einsam. Er ist gebrannt im Sinne Nietzsches. Drei schmale Schriften bilden sein Werk, das ihn zum Anwaltstyp aller Subtilen machte. Im Geschriebenen blieb er ihr Premierminister, keiner hat das heiß-distanzierte Herzklopfen seiner erlebten Sätze je erreicht. Keiner. Ferdinand Hardekopf zieht als erregender Sonderfall durchglüht-zerwühlender Emotionen einher. Er arbeitet langsam und wenig (wozu auch? wir haben genügend Rekord-Akkordschreiber), und ward nie zur rührigen Libelle eitler Kunstteppiche. Die Ausbuchtungen der Metamorphosen sind ihm erspart, der hygienische und soziale Wettkampf der erbärmlichen Gattung Mensch zerschellen an seiner Orthodoxie des Cerebralen, an dem unbändigen ästhetischen Instinktwunsch. So ist diesem Kenner des »Nacht- und Tagebuch der Liebe« der Gefahrenkreis des Umlernens unbekannt. Der 1. August 1914 wurde ihm nicht zum Verhängnis, bei seiner rührenden Standpunktstreue war das auch gänzlich unmöglich. Als die Masseneffekte der preußisch-militaristischen Zivilisation aufzischten, leuchtete in der Wut des Ferdinand Hardekopf der adelige Westeuropäer auf. Wir wollen ihm das nie vergessen.

Indessen hat Deutschland diesen Dichter fast vergessen. Vor einigen Jahren war er der literarische Leiter des einzig wertvollen Cabarets in Berlin. Dem Stumpfsinn der Spree-Kritiker entging dies, während die spanische und französische Presse ihm dankbar ehrend zulächelte. Spricht man von ihm, dem gedanklichen vagabundischen Gentleman, dem souveränen Zivilisten sublimer Steigerung, dem Edeling des café-concert und der schmalen Leiber, dem Skeptiker aller Bestände, so fühlt man die imaginäre Schwierigkeit seiner Vokabeln, deren Rassenschicksal dem Klima Baudelaires und Verlaines entsteigt, dem passive Menschlichkeit höchste Krönung verleiht. Er war in der Vergangenheit der Modernste dichtender Literaten, er ist es heute noch. Die Reklame-Metze arbeitet nicht für ihn. Ab und zu tut er einen Griff in das trostlose Nebelmeer der Zeit, und es enthüllen sich dann die verwirrenden aufpeitschenden Abgründe eines frommen Heidentums, dessen affizierter Zufall indifferente detaillierte Offensiven vernehmen läßt. Nur der Unreife ist für derartige separatistische Empfindungen taub, er wittert Selbstbespiegelungslust und schmeckt Gaumenneugierde, wo Inbrunst und Demut entscheiden. Wie lieben wir sein generöses Apachentum, wo im Dämmerlicht Bar-Zyklone kreisen, Enterbte das Paradies der Droguen fürstlich preisen und keusche Gifte der Seele Stürme entlocken. Philiströs wäre es, von Rezepten der Dekadenz reden zu wollen, wenn schon die ökonomische Askese den Lebensmut hebt und das Kinodrama zum bürgerlichen Rennplatz avanciert.

In einer splendid isolation gedeihen *Der Abend* (Kurt Wolff), *Lesestücke* (Verlag Die Aktion) und *Privatgedichte* (Kurt Wolff), stille Werke aufständischer Katastrophen, andächtig den bizarren Folterkammern und schöpferischen Lust-Asylen eines genießerischen Ich ergeben. Sie sind in den anspruchsvollen Comfort psychischer Originalität gebettet; das Kennzeichnende seines Regimes ist der Absolutismus der Tönung, die Leibeigenschaft simultanistischer Komplexe. Nach Jules Laforgue, nach Guillaume Apollinaire haben wir heute den Dichter Ferdinand Hardekopf.

Neue Badische Landeszeitung, 6.6.1926

Über Hugo Ball

Schon einmal hat Hugo Ball seine literarische Neugierde an Zürich gewetzt und uns einen Roman serviert, der allerdings nicht mit schweizerischen Traditionen belastet war, sondern in eine burleskere Gegenwart hineingriff. Gewiß, es waren nur die Nebengassen, wo die kleinen Reichtümer für Balls lustig listige Phantasie bereit lagen, die er humorvoll formte und in einem frischen Sprachstil an den Pranger stellte. Jener kleine Roman *Flametti* (Erich Reiss Verlag, Berlin) gab seine launige Gastrolle im Niederdorf, umkreiste die Atmosphäre der Konzert-Cafés, erbaute sich an dem Witz der Tingeltangel und an dem Glücksrad eines einfallsreichen Variété-Indianertums. Die Glorie abseitiger Spelunken wurde famos skizziert, ja, ihre Existenz geradezu liebenswert gemacht. Das Buch gehört in den Kreis flotter Unterhaltungslektüre; es ist eine kleine Artistenfibel, in der Komplotte aus Frohsinn, Kummer und Satire geschmiedet wurden und das in seiner Unbekümmertheit um Gedankenfracht erheiterte. Eine köstliche Bouffonnerie, der Hugo Ball selbst nur ein kurzes Leben prophezeite. Schade!

Hugo Ball gibt heute sein Tagebuch heraus, das in den Kriegs- und Revolutionsjahren entstanden ist und das – wie es die Genesis mit sich bringt – nicht den Eindruck der Einheitlichkeit vortäuschen kann. Der merkwürdige Titel *Die Flucht aus der Zeit* (Duncker & Humblot, München) deutet vielleicht schon an, daß der Weg von der Aktualität hinweg in eine Art Zeitlosigkeit vorgezeichnet ist. Sein weites und reiches Repertoire hebt mit der modernen Kunst in München um 1913 an und endet in einer Apologie katholischer Repräsentanz. Er entflieht dem entgötterten Barbarentum, der Korruption der Ratio, die ihn auf die Barrikaden kühner Exzesse geworfen hatte und in dem Tauschhandel künstlicher Heimlichkeiten untergehen ließ, um seine definitive Seßhaftigkeit im Kult des vatikanischen Glaubens zu finden. Ein Vorläufer jener Konvertiten-Geste also, die später Max Jacob und Jean Cocteau in etwas geräuschvollerer Form proklamierten.

Die Schweiz hat in dieser Notizensammlung interessanter Reminiszenzen einen sehr beträchtlichen Anteil. Zürich, Bern, Basel und das Tessin sind die Stationen dieses Künstlerdaseins, und der gewissenhafte Chronist seelischer Zustände findet zumal für die Limmat-Metropole und das glückliche Tessin feine landschaftliche Charakterisierungen. Aber die psychischen Phänomene interessieren seine differenzierte Persönlichkeit mehr. Ja, Ball könnte der Fremdenführer durch das geistig-literarische Zürich während der Blutjahre des Weltkrieges genannt werden. Man lernt das *Cabaret Voltaire*, seine Komik und grotesk skeptische Philosophie, die *Galerie Dada* kennen, jene Akademie des Dadaismus, wo eine unbeheimatete Generation das Schlachtfest einer neuen Welt inszeniert, wo Narrheit, Mystizismus, Sinnlichkeit und abstrakte Evangelien unsere bisherige Existenz liquidieren. Hans Arp, Huelsenbeck, der behende Tzara, Janco, die lyrisch so wundersam fein empfindliche Emmy Hennings, Ferdinand Hardekopf, Albert Ehrenstein und andere gehören in diese irdische Topographie hinein. Leonhard Frank und Schickele mischen sich in die Diskussionen. Aber allmählich bildet sich bei Ball, der immer ein verkappter metaphysischer Schwärmer war, eine nicht nur räumliche, sondern auch ethische Distanz zu jenen »Dandysten und Dadaisten« aus.

Die Umkehr oder Rückkehr bei Hugo Ball darf nicht etwa als geschwätzige Umklammerung des Kulturgiftes oder als Schreibtisch-Schicksal bewertet werden, sie ist wohl auch keine ästhetische Zierde. Er steht als Dahinwandernder auf einem zu festen historischen Boden, seine Intelligenz ist zu spannkräftig. Auch ist es kein gewaltsamer plötzlicher Ruck, der seinem Leben die Wendung diktierte. Ein Mensch, der Novalis, Baader, Baudelaire und d'Aurevilly in sein Geheimarsenal einverleibt hatte, der dann hinter dem Staudamm der Schweiz zum Mitwisser geheimnisvoller Expansionen wurde, für eine solch empfängliche Natur war der Flitterkram einer experimentierenden Geistigkeit nur ein Notverband, der eines Tages einer solideren Medizin weichen mußte.

Neue Zürcher Zeitung, 1.5.1927

Das gehetzte Ich

Unter dem Firmenschild *Der Steppenwolf* schrieb Hermann Hesse ein Buch, das mancherlei grausame Phantasien notiert, Abwege des Herzens und der Sinne wahrheitsgetreu herauspräpariert – gerade dieses anatomische Verbum muß hier verwandt werden –, um gleichwohl das Lächeln, das Wohlwollen und die zärtlich Überlegenheit des Individuums zu kennen. Aus der Freundschaft mit dem Ich ist jenes sonderbare Bekenntnis geboren; es zeigt das Handwerk des Einzelnen, die Sklaverei und den Trieb-Widerhall eines Eremiten, der sich allen Pflichten entzieht, auf daß mit sensibelster Deutlichkeit der geheime Rhythmus des eigenen Blutes vernehmbar wird. Und so findet es die Mißbilligung all jener, denen das Erzählen subjektiver Kühnheiten ein jämmerlicher Dorn bleibt. Der Goldknecht einer gehetzten Seele, der die Härten und entsetzlichen Melancholien aufdeckt, verfaßt Aufzeichnungen, besser ausgedrückt: Defensionen, weil ihm die Norm der Lebensbeziehungen verhaßt ist, Lieder eines Sünders, wie sie seit den nervösen Exzessen Hermann Conradis im literarischen Bereich heimisch sind. Die Disziplinlosigkeiten eines weltverlorenen Selbstbekennertums, die Raubgier einer träumerischen Selbstironie, bei allen Negativismen einen Willen zum Leben still bekundend, die Süßigkeit der Niedertracht und der Verderbnis umspielend, keiner Tätigkeitskaste angehörend, bilden noch immer das geliebte Paradies echter Poeten, mag auch heute der soziale Brand mit seinen Flammenzeichen dem Boden entstieben. Die Ich-Projektion, für die selbst der nüchterne Herbert George Wells Worte der Berechtigung hat, das menschlich Autobiographische, jene bedrohliche Proklamation persönlicher Heftigkeiten und Beleidigungen, jene leidvollen Offenbarungen büßen ihre Bedeutung im Raume dichterischer Wunder nicht ein. Vielleicht sind sie sogar die typischen Signalakte aller kämpferischen Poeten, die einem magischen Gefühlsfond ihr Lebenszentrum verdanken, bei denen Priestertum und Satanismus sich in unbefriedigter Sehnsucht umarmen, die dem Flüstern des Wahnsinns gehorchen, um nicht in einem technischen Klima untergehen zu müssen. Aus der Verzweiflung macht ihre psychologische Standarte literarische Revanche; sie kennen die Genußkraft bekennerischer Illustration, die bunte verführerische Maskerade eines koketten Gefühls-Variétés. Die alte »culture du moi«, sie lebt noch, in tragischer Üppigkeit tritt sie bei Hermann Hesse in ihren paradoxen Egoismen zur Schau, und zwar – was richtig ist – nicht in der Phraseologie jugendlicher Kandidaten, wohl aber in mannesalterlicher Ernsthaftigkeit.

Es scheint der abendländischen Geistesart vorbehalten zu sein, Gut und Böse, die Hölle der Erbsünde, den Hexenbrand der Stimmungen in einem solchen

Erlebnis-Zeremoniell zu fixieren. Die Künstler stehen gleichsam wie Patienten vor einem unbekannten Arzt. Eine metaphysische Unterwelt ringt nach Ausdruck, nach Frieden und Befreiung, nach Buße und Gelöbnissen. Der katholische Seelenschmerz eines Zacharias Werner, eines Georges Bernanos, die animalische Bitterkeit des Baudelaire'schen »Mon cœur mis à nu«, die furchtbaren Erfahrungen Strindbergs oder van Goghs, oder jener Pater Hyacinth, den der Einsiedler Unamuno so gerne zitiert, oder der besorgte Okzidentverteidiger Henri Massis – sie ziehen auf der Fahrstraße einer ungewissen Sonderbarkeit, einer düsteren Friedlosigkeit, die sie in gespenstischer Offenheit preisgeben und deren schmerzvoller Ton seit Günther, Lenz, Grabbe, Lenau, Rimbaud und Gérard de Nerval in uns ihre Resonanz findet. Geistige Vagabondage inmitten eines Antibougeoisie-Konzerns ist ihre Sphäre, pfeifend auf die Geschäfte der Zeitgenossen, dienen sie nur ihrer eigenen inneren Nötigung, abseits jeder wissenschaftlichen und ökonomischen Kausalerklärung. Eingestellt auf affektive Spannungen, leben sie in einem dauerhaft ausgebauten System schwerer Konflikte, aus deren Energieumsetzungen ihnen immer neue Sensationen erwachen. Endokannibalismus mit ihrem eigenen Menschsein, das ist die fürchterliche Tributleistung, die hier gefordert wird. Ein buntes lockeres Mosaik, Scheingebilde, Intuition, Helligkeitsunterschiede einer staunenden Atmosphäre ordnen zwanglos ihr Herz. Die Vielfalt ihrer Unrast ist nicht an eine besondere Staffage gebunden, aus jeder Körpergebärde, aus jedem Winkel, ob Mansarde, Waldwiese, Klostermauer, Tingeltangel –

überall erblicken sie die Kreuzeslast des Daseins, treffen sie Bilder der Bedrohungen. Bedenklicher Fehltritt der Charakterologie, bei jenen juryfreien Existenzen von Schizophrenie zu sprechen, wo Empfängnisgier und wunderbares Ringen Nervenlaunen schönstes Kunstgut darreicht. Mag auch Hermann Hesse von der Neurose jener Generation, von der großen Zeitkrankheit plaudern, sich selbst in medizinische Formulierungen stürzen, er tut es doch nur der Solidität halber, um dem Durchschnittsmenschen seine Zynismen, grotesken Einfälle, extravaganten Lüste legitimer zu gestalten. Gewiß, eine andächtige Kunst zerstört nicht, sät nicht Mißtrauen, sie glaubt an den Harmoniezusammenhang, arbeitet in der mühseligen Perspektive der Gestaltung.

In ihrer Seelenvielfalt denken sie mit dem ganzen Körper, nicht wie Fachleute einer festgebauten Produktion entdecken sie ihre Impulse in einem Einheitserlebnis – gewiß nicht! – sie, als raffinierte Techniker eines Revolutionstheaters, werden von tausenderlei Reizobjekten zugleich emporgetrieben, ohne eine einzige feste Bindung buchen zu können, ihr Entzücken preist Schwierigkeiten und Zerfaserungen, Dissonanzen der Kränkung und des Schabernacks. Partner eines verschwenderischen Narzißmus, darin wohl einer Art Selbstdisziplin huldigend, betreiben sie eine Schaupielschule des Ich, ein Betätigungsdelirium, wobei lustigerweise Lehrer und Adept in eins zusammenfließen.

Diese Sendung des mythologischen Ich begann mit Paul Adler, als er *Nämlich* schrieb, sie erreichten ihren Gipfel in Franz Kafka. Sie waren die Komponisten aristokratischer Entsagung. In eine unheimliche Welt der Entfremdung und des Nichtverstehenwollens entfloh ein entgötterter Individualismus, in ein Klima ohne Nutzform und Gemeinschaft, in einen Monismus schönster poetischer Imagination. Die Selbstgestaltung eines Lebensbedürfnisses gewinnt eine solche Größe, wächst sich aus zum Kriminallied der eigenen Seele, das erschüttert und bestürzt zugleich. Manch einer flüchtet sich in ein katholisches Kostüm, um nicht in jenen Katakomben des Ich zu ersticken, wie jener andächtige Hugo Ball das tat. Das war eine radikale Umkehr, die der Gottlosigkeit durch religiöse Regulierung entrann, um so in eine andere Passivität zu verfallen. Vielleicht endet jeder Steppenwolf-Spieler nach seiner egozentrischen Zweifelsucht in einem solchen Extrem, da er eines Tages nach Sicherungen zu fahnden hat. Aus dem Oberbefehlshaber der Ich-Isolierung, dem Avantgardisten der Selbstbespiegelung, wird ein sorgender Bürger des Glaubens in der Einkehr.

Heutigen Tages tritt noch ein anderer hinzu, der »die wilden Abmessungen des ganzen Menschentums« in metaphysischer Neckerei entbinden möchte und in einer Roman-Magie die Dienerschaft des Films und der Panzerautos herbeizitiert, von schwindelerregenden Katastrophen spricht und apokalyptisches Bewußtsein erdröhnen läßt. Otto Wirz gibt eine Physiologie, Phänomenologie, Psychologie, eine okkulte, moralische und biologische Physik des Ich, das in das öffentliche Leben eingreift, während die vorhergenannten Dichter ihr geheimes Schicksal privat erlebten. *Die geduckte Kraft*, die als kümmerlicher Appendix schlechterdings überall ihr Leben fristet, hat hier hypertrophische Form angenommen – bei den anderen war sie interne Luxusbildung nur, hier aber ist sie zum Koloß, zu einem göttlichen Industrieunternehmen geworden, die sich diesmal nicht punktuell manifestiert, sondern ganze Landstriche erbeben macht. Ein ›hysterischer‹ Gewaltstreich, an dem der alte kluge Carl Ludwig Schleich seine Freude gehabt hätte. Und so erscheint Otto Wirz, als ein parapsychologischer Traiteur des Ich, als ein Ich-Physiognomiker, der der Körpersphäre in kosmische Konstellationen zu entschwinden gestattet. Ein Beginnen, eine magische Communio hebt an, die nicht zum Exkurs unserer Betrachtung gehört, weil hier ein »leibfreies Erkennen« propagiert wird, das die Geltungssucht unseres poetischen Ichzentrums, dem ja unsere Verehrung galt, vernichten würde.

Neue Zürcher Zeitung, 13.6.1929

Dank an Kokoschka

Viele Falschspieler flüchten sich in die Kunst. Ihre Akrobatik ist leicht zu erkennen, da sie das Wort Baaders: »Bilder tun der Seele wohl«, Lügen straft. Alle Kunst kehrt zum Urbild zurück, vergeudet sich in Inspiration, entströmt dem Hochofen des Unterbewußten, trägt die Sprache der Sinnenverwandtschaft aller Dinge in sich. Sie ist ein geistiges Gut und dennoch der vertraute Wahrspiegel des Körperlichen.

Aber der große Künstler entlarvt sich darin, daß er die empirische Blickbegrenzung verlacht und ein Firmament aufbaut auf der Wunschfläche seiner Offenbarungen und gewollten Verwegenheiten. Seine Entdeckungsfahrten beginnen im Ich, sind Proteste vor der Öffentlichkeit und kreisen einwärts wieder zur Exaltation, in das Kultgemach der Selbstliebe.

Viel Opferblut rinnt in den Visionen des Malers Oskar Kokoschka. Alle Häuslichkeit ist aus ihnen verbannt. Er liebt den Sonnensturz, den wankenden Raum, er haßt die Bescheidenheit der Archive. In einer Zeit der Süße und einer dekorativen Gesellschaftsform schuf er, was seine unvergeßbare Heimat wurde: das konkrete, spirituell vorstürmende Ich.

Die renegatische Emanzipation des Kopfes. Die Autos fuhren damals noch langsam, die Karosserien waren lächerlich grotesk, an unseren theatralischen Türpfosten hingen ein Albert von Keller, ein Leo Putz, ein Fritz Erler, die Daseinswünsche der Dandies wurden noch mit Oscar Wilde bestritten, das Lebensbudget stand unter dem Zeichen der ›Education sentimentale‹.

Aber schon lachten Carl Einstein. Carrà, Boccioni, sogar der gute P. A. über die stetige, rührende Kindheitswelt. Wie ein Mönch mit Matadorengier erschien O.K. und zerriß die Gebärde. Er stellte seine psychischen Negative hin, die Geisterbeschwörungen einer neuen Irdischkeit. Er war gegen die Stabilisierung des malerischen Gewissens. Er notierte die Probleme mit seinem graphischen Instinkt, wobei er sich um den Befund der organischen Substanz nicht kümmerte, ließ das Körpereiweiß in Partikel zerfallen, um sich einen Freibrief für seine charakterologischen Erlebnisse zu beschaffen. »Mein Leib ist ein brennender Feuerstrauch« – ein Bekenntnis im *Schauspiel* (1911) –, mag als Motto seiner Gestaltungslust gelten, es ist die Weisheit seines Zeichnerspuks. Er wird der geheime Sendbote einer Physiognomik, die die abgründigste Neugier freilegt, die das Körpergewebe abdeckt, um die innere Konfiguration des Schicksals zu erhaschen. So entweicht dieser Maler der biologischen Bevormundung, erschafft sich eigenes Fleisch und Blut in der Buhlerei mit metaphysischer Wollust, um das Ungesehene, das Nichtsichtbare schaubar zu machen. In den Angstpausen einer Marterwelt wird Kokoschka, der Auflöser, zum Erlöser.

Du wunderlicher Sonderling, was sollen dir Fleischschuppen bedeuten, wenn du Gehirne knirschen läßt, wenn aus zerfetzten Falten Blut tröpfelt, wenn Augen zum blutigen Medium werden! Fastnacht und Totentanz malst du in jedes Gesicht, dessen verwirrte Linien unheimlichen Kastellen gleichen, der peinture grundfeindlich.

Wir haben dich immer geliebt, damals auf der Wiener Kunstschau der Sezessionisten, damals im Berliner *Sturm*, damals im dadaistischen Zürich. Das schaurig-tolle Paradiesgerüst des Insichgekehrtseins fanden wir schön. Und heute stehen wir mit dir am Strand von Biarritz, wir träumen von Madrid, von einem katholisch farbigen Avignon, von den lichtdurchwirkten Tuilerien – wie lieben wir diese englische Zucht, die bei dir nicht zur Dumpfheit wird, sondern in der der helle Durchblick des Südens zu wohnen scheint.

Einstmals warst du arm, du unglaublich reicher Mann. Du wurdest reich, weil dein Szenenvorrat so ketzerisch, so blutsfremd wirkte, als die anderen noch mit eitlen Schachfiguren aus repräsentativen Schmuckkästen herumkramten. Nerven-Baukunst ist dein wahres Wesen, von den qualvoll aufreizenden Porträtplastiken an bis zur modern apollinischen London-Bridge. Dein Auge lustwandelt auf dämonisch erregten Händen, auf lüsternen Gliedern, die sich biegen und spreizen vor seltsamen Lockungen, wie von einem fanatischen Klingelwerk aufgeschreckt.

Unser Maler bist du, weil du im Widerspiel zugleich ein Dichter bist. In deiner Rüstkammer ruhen die Metamorphosen des Grauens, des Wahns, der

Reinheit und der Brutalität. Bisweilen spielst du auch noch mit heimlichen Praterspäßen, die hinter dem geistigen Training absichtslos aufblühen. Den Ausspinnungen deiner traumhaft wuchernden Psycho-Chemie aus Gefühlen, Farben und Strichen werden wir im Drangsal unseres Lebens immer folgen, weil wir alle Weggenossen zwischen Schmetterlingen, Sonnenschein, Frauenlippen, Sandküsten und Apokalypse sind.

Annalen, Juli 1927

Legende um einen Maler

In einer Kunstausstellung sah ich in einem kleinen, etwas verdunkelten Kabinett drei kleine, zunächst unauffällige Bilder an der Wand hängen. Kleinformate, die alle Voraussetzungen in sich trugen, von den Besuchern nicht beachtet zu werden, um in stiller Bescheidenheit dahinzuträumen, dem Klang der Zeitlage fast gänzlich entrückt. Flache, weißlichgrau gestrichene Holzrahmen, von Fingern etwas abgegriffen, also beinahe schmutzig zu nennen, umgaben die unbeweglichen Geheimnisse, die dort in den Farben ruhten. Eigentlich waren es nur Schattenfarben, in denen ein winziger Bruchteil Licht lebte, die zu seltsamer Organisation, zu beängstigender Empfindung lockten. Die Genialität, die man hier spürte, lag nicht in der Formung, nicht im Aufwand einer faszinierenden Gestaltung, sondern ich glaube im Verbergen eines großen Erlebnisses. Nicht die Natur sprach, nicht der Mensch handelte, keine Götterschau verführte die Sinne, wohl aber ahnte man das Rätsel unheimlicher Zusammenhänge. Die Komposition dieser, wie schon erwähnt, kleinen Gemälde war fast völlig ähnlich. Menschliche Figuren, deren

Umriß jedoch nicht deutlich gezogen ist, sitzen oder stehen in Reihen nebeneinander und hintereinander, von einer strengen Geometrie diktiert, keine darf den Versuch wagen, sich loszulösen, keine bemüht sich, das mysteriöse Schauspiel zu lockern, eine gespenstische Seelenkraft scheint ihre Körper herrisch zu kommandieren. Ein paar größere Gestalten, gleich Richtern, Häuptlingen, Geheimpolizisten, fanatische Menschendämonen werden im Bildhintergrund sichtbar oder sind seitlich verteilt, mitverantwortlich für das düstere Geschehen, das hier wahrnehmbar wird. Und in den Bankreihen kauern verschüchtert Menschen, man weiß nicht, sind sie jung, sind sie alt. Man sieht nur gedemütigte Rücken, schwarz und dunkel. So klein diese merkwürdigen Gemälde auch sind, so anspruchslos sie auch auftreten, so unsäglich einsam sie in dem Fehlen eines jeglichen sinnlichen Analogons sind, so begrenzt ihr organisatorischer Aufbau ist – hier schreit ein Individuum uralten Schmerz heraus. Nachbilder der Erinnerung mögen sich zu einem Racheakt geformt haben. Die Passion des Ich, des geknebelten und geknechteten Ich, harten, seelenlosen Peinigern ausgeliefert, die jede Sättigung von Trieb und Glücksgefühl gewissenlos erdrosseln, enthüllt sich in ihrer monotonen Einöde. Sie gehen vielleicht der Züchtigung entgegen, diese müden, grauenvoll stummen Gestalten, die im dumpfen Chorgestühl eines diabolischen Verhängnisses eingesperrt sind, sie müssen gehorchen und büßen, widerstandslos, für eine imaginäre Tat, für eine verworrene Unkeuschheit, für das Mißlingen einer

Zeremonie, die sie wahrscheinlich sogar selbst haßten, die aber jenen Quälern gelegen kam, um die Werkzeuge ihrer rohen, finsteren Gewalt fühlen zu lassen. Die Kleinen, die Sklaven wimmern hier, und drüben auf dem grausamen Podium proklamieren die Großen, die Autoritätsreichen, die Vampire der Schulbuchweisheit, von gefährlicher Instinktreaktion entfacht, die Strafe. Jene Bilder bedeuten für mich eine Klinik des Leides, in der es jedoch keine Heilung gibt, nein, wo man vielmehr in schlimme Hysterien hineingehetzt wird, sie sind gemalt als Foltertribunal, als Angsttraum, als Umzingelung schwacher Menschen. Es ist der Formenkreis der anonymen Trauer, die Blutgefäße, Eingeweide, Lust, alle Heimlichkeiten des Herzens bewußt zermalmt. Bilder ohne Heimat und Ruhe. Doch die Melancholie ist ihre Freundin, von der man sich beinahe nicht trennen kann ...

Wird der gesprächige Katalog, den ich in den Händen halte, mir diesmal die richtige saubere Antwort geben? Elegant und bigott behaupten sich darin die Nummern. Zuerst ist die Plastik angeführt, dann folgen die Gemälde. Ich finde schließlich 187 ... 188 ... 189 ... Ich erschrecke, als ich die für die drei Bilder gleichlautende Bezeichnung erblicke: *Andacht im Waisenhaus*. Und der Maler heißt Otto Meyer-Amden.

Ich entfliehe der Ausstellung. Ich eile an Manet, an Matisse, an Liebermann vorüber, ich erhasche noch die pikant-giftige Erotik des Jules Pascin, doch die Höflichkeit des Kentauren Böcklin ertrage ich nicht mehr.

Es wäre nun des weitern hier auszuführen, daß der Schweizer Maler Otto Meyer-Amden in der Kunstwelt als eine geradezu legendäre Persönlichkeit dahinlebt. Nicht der Umstand, daß nahezu die bedeutendsten schweizerischen Künstler ihm stark verpflichtet sind – es sei gestattet an Oskar Lüthy und Johann von Tscharner zu erinnern –, mag hier interessieren, nein, dieser abseitslebende Mann hat an dem geistigen Prozeß Europas intimsten Anteil. Vom Baum seiner Erkenntnis hat besonders die moderne deutsche Kunst abstrakter Richtung reichlich genossen. Er war ihr Vorbild und suggestiver Anreger. Er war der erste, der die Gebundenheit des naturalistischen und impressionistischen Sehraums verließ und eine eigenwillige Formenwelt aus sich heraus erschuf. Oskar Schlemmer, der heute am Bauhaus Dessau lehrt, übernahm sein mathematisches Liniengefüge, und Willy Baumeister, der aus Begabung und Temperament einer unserer stärksten Impressionisten hätte werden können – da von einem herrlichen malerischen Elan beschwingt –, verschrieb sich vollkommen der Rhythmik und Planimetrie, den spekulativen Konstruktionsgebilden des frühen Otto Meyer-Amden. In dem kaleidoskopischen Spiel des Kunstbetriebs übersieht man oftmals diese wichtige Tatsache. Das Atelier dieses Mannes steht nicht am lauten Korso. Die Unrast des Tages ist verbannt. Hoch oben in den Bergen ziehen sich Alpenmatten hin; dort, wo sie mit jähem Knick felsig zum Walensee abfallen, wohnt der Grübler still und bedächtig in einem Bauernhaus. In seiner Nachbarschaft blüht der weiße Fingerhut, und der herbe Geruch der wilden Alpenveilchen schwängert die Luft. Tief unten am See rast durch Felsengalerien der Engadin-Expreß. Otto Meyer-Amden lebt in seinem eigenen Königreich. Narren und Schwätzer dringen hier nicht ein, gar mancher Pilger, der auf dem steilen, steinigen Pfad zu ihm hinabklettert, wird höflich abgewiesen. Raffiniert kleine Aktfiguren zeichnet er heute. Wann wird er große Bilder malen? Er meinte, vielleicht in hundert Jahren. Er arbeitet, wie alle, die viel suchen und fordern, wenig. Kommt er zum Sprechen, so stellt er verfängliche Fragen von harter unerbittlicher Logik, und hinter der Fülle seines Wissens steckt der Virtuose einer kristallklaren Dialektik, die halb aus einem explosiven Dämmerzustand, halb aus affektiven Oppositionsreizen heraus zur Schau gefordert wird. Barfuß sitzt er an der Ofenbank, raucht seine Pfeife und starrt auf den Boden, wo er sich an den Farben eines Spektrums erfreut, die ein Prisma vom Fenster herabwirft. Oskar Schlemmer – auf dem Wege in unser glückliches Künstlernest Ascona – kramt in alten Mappen herum und zeigt mir Skizzen, Entwürfe und Bilder aus jener fruchtbaren Zeit, viele Jahre vor dem Krieg, als Meyer in Stuttgart bei Landenberger und Hölzel arbeitete, Marionetten und Visionen, die eine unerhört neue Fragestellung verraten. Kleinodien des Gehirns und einer wundervollen Magie zugleich.

Merkwürdig ist dieser Mensch, merkwürdig seine Kunst, merkwürdig seine Existenz. Es ist so wie mit jenen kleinen Bildern, die einen seltsam ergreifenden Gesang anstimmen, weniger des Herzens, mehr einer noch ungeborenen geistigen Welt, die kostbar Trauriges aus der Vergangenheit heranwehen, die mit fast unbekannter Farbe bekleidet und den Grenzmarken aller Malerei enthoben sind. Er ist darin der Antipode zu seinem langjährigen Freund Hermann Huber, der sich dem Schicksal der Farbe gänzlich hingibt.

Dem brünstigen Verlangen einer schwelgerischen Natur entweicht dieser Sonderling. Er lebt in Hieroglyphen, in denen die Weisheit unsinnlicher Einsichten dekoriert sein mag, und er bleibt einsam darum wie ein Prophet, weil die Sensibilität seines Geistes nicht das schöne farbige Himmelreich dieser Erde zu ertragen gewillt ist.

(Erstdruck nicht lokalisiert)

Anmerkungen über Gregor Rabinovitch

Lebensechtheit und Gläubigkeit sind die unerbittlichen Maßstäbe bei der Beurteilung künstlerischer Erscheinungswelt. Nichtstuerische Zeitgenossen, die die Kunst zu ihrem Evangelium erheben – sich also somit eines geistigen Moralverbrechens schuldig machen –, werden ihrer Unwahrhaftigkeit leicht zu überführen sein, da, unfähig, artistische Höhepunkte zu erklimmen, ihrer Gefälligkeitsproduktion (besser: -korruption) das dämonisch ringende Element abgeht. Nicht, daß der Künstler metaphysisch gänzlich isoliert wäre, soll hier postuliert werden, auch die erschütterndste Gestaltauflockerung darf man in die Einheit aller Schöpfungen von Belang miteinbeziehen; was gesagt werden soll, wäre dies: Der formschaffende Mensch entwächst einer Basis schöpferischen Machtwillens. Die klassische Ästhetik will von diesen vital-orgiastischen Kräften nichts wissen, obwohl ihr bewußt ist, daß Kunstschaffen ein unbürgerlicher Prozeß ist, selbst wenn ich ein Ährenfeld male oder eine architecture vivante propagiere. Logik und Vernunftglaube bleiben eine schöne Sache für Akademiker, denen das Zusammenwirken empirischer

Gewißheiten höchstes Ziel bedeutet. Aber das Plausible ist nicht immer das Wahre. Der Maler, überstark im Visuellen, ist ein dramatischer Objektsucher, der sich zunächst um die üblichen Ordnungsbegriffe der Umwelt nicht kümmert. Sein eigenes Anschauungsvermögen dünkt ihn beweiskräftiger als das Zuchtsystem der Logiker. Unsere »augenblickliche« Moderne ist bestrebt, den Genialismus des Künstlers einzuschränken, um eine populäre Rationalität zu bewundern, weil sie, sozusagen, Angst vor dem Empfinden, Frucht vor – angeblichen – Verwirrungen verspürt. Der Ruf nach Sicherheit aber entpuppt sich als Schwächesymptom. Jeder Künstler ist sein eigener Gesetzgeber, er ist frei, er ist eigentätig. Das Zeitalter der Industrieanlagen schließt den persönlich kultivierten Künstler nicht aus.

Der in Zürich lebende Radierer Gregor Rabinovitch hat seinen eigenen Formenschatz im schweizerischen Pantheon unserer Epoche. Ein Blick auf seine Porträtköpfe, von nahezu unterirdischen Zeugungskräften geformt, von elementarer Spannung getragen, scheint mir den radikalen Erkenntnistrieb dieses wissenden Künstlers am klarsten zu demonstrieren. Entdecke ich hier bei Rabinovitch die eindringlichsten härtesten und saubersten Akzente, mag das Physiognomische seine wirkliche seelische Landschaft darstellen – es dürfte kein Zufall sein, daß dieser fruchtbare Radierer seit zwei Jahren ausschließlich an Porträts arbeitet –, mag sich so eine imposante Abtei menschlicher Charakterisierung aufbauen, er verschreibt sich darum nicht der Mäßigung, sondern er sieht und liebt die Leiblichkeit des weiten Daseins. Seine Nadel kennt die Melancholie schmaler aufreizender Gassen, bannt die Götzenbilder der Zeit, gräbt stadteinwärts und genießt die patriarchalisch fromme Natur. Er weiß von der überdächerten Staffage der Altstsadt ein geheimnisvoll verschwiegenes Bild zu entwerfen, der Trompetenstoß der Jahrmärkte durchbebt seine Visionen, Krüppel und Bettler, die ewigen Untertanen des Leides und der Schmerzen, werden in ihm zum Dolmetscher ihrer furchtbaren Prüfungen, warzige Menschengerippe, dunkle Figuren, abgesondert in Kerkern und psychiatrischen Kliniken, vergiftet von allen Lüsten dieser Welt, Sklaven einer mörderischen Zivilisation, hausen in seinen Schwarz-Weißblättern. Lebendig, realistisch und doch dem Himmel und der Hölle gleich nahe, umschwärmt er in fabulierender Abenteurerlust seine Gestalten. Der Frühling und die Wintersonne spiegeln sich auf seiner Kupferplatte wider, der Ruf Unbekannter dringt in nächtliche Zimmer ein, aus einem radialen Spitzengewebe leuchtet kristallnes Licht, und selbst romantisch-idyllische Beschaulichkeit gelingt seinem landschaftlichen Gestaltungswillen. Er meistert den Alltag und den Märchenraum, leiht seinen Stift der biblischen Gnade, der Einfalt, der Rettung vor Fährnissen, um daneben in erregender Knappheit die aufwühlenden Effekte einer glitzernden Metropolen-Nachtwelt (schon fast malerisch) zu fixieren.

Rabinovitch war gewiß nie ein expressionistischer Experimentator, wenn aber seiner graphischen Niederschrift der kräftige Elan der Begeisterung innewohnt, so darf man das wohl seinem Russentum zuschieben, ohne ihn deswegen auf eine enge nationale Note festlegen zu wollen. Auch die ethisch-soziale Einstellung seiner Kunst, aus einem tiefen Volksempfinden hervorkeimend, mag als östliche Dominante gewertet werden. Hinter der Pikanterie eines raffiniert gekonnten Strichs, hinter der subtil geistreichen Attitüde seiner Bild-Erfindungen wird er zum Verkünder und Kamerad sozialer Gesinnung. Nicht billig und laut ist diese auf ein banales Strassenniveau herabgedrückt mit dem Endziel eines plumpen propagandistischen Nachgeschmackes, er dient nicht einer aktuellen Übergangsperiode oder Richtungsgrundsätzen, sondern die tiefe Menschlichkeit bleibt Resonanz seines Wollens. Ethos ohne dogmatische Idee. Äußerungen dieser Art, Notizen des Werdens, der Arbeit, der Entsagung, des Rundtanzes des Lebens hat Rabinovitch in seiner Lithographien-Reihe *Aus dem Leben* zusammengestellt. Auf manch anderem Blatt indessen findet man weiterhin jenen trüben Schatten irdischer Heimsuchung. Auch dem Kleinleben, der humorhaften Kalligraphie gehört seine Jagdleidenschaft, wo Romantik, Parodistik, heiterer Geschmack, ein wenig erotische Grausamkeit, ironische Seltenheit und grotesker Witz zu gelungener Dialektik verschmelzen. Seine wundervollen Ex-Libris, heute von Kennern gesucht, gleichen einem exquisiten Brillantfeuerwerk, in dem ein Weltkind und Franziskusmensch sich zu einem rührenden gesellschaftlichen Mummenschanz herzhaft verschwistern. Plaisanterie wird oftmals zur Paradoxie, das Humane erfährt bisweilen maskenhafte Dosierung, ein boshafter Einfall verkleidet sich in Karikatur und

Satire. So eröffnen sich ihm Aspekte und Momentaufnahmen des politischen Satirikers, der auf unserem schweizerischen Heimatboden eine so rare Erscheinung bildet.

Sein heutiger Arbeitskreis gehört dem Porträt. Als fünfjähriger Knabe bereits zeichnete er Köpfe, mit zehn Jahren stürzt er sich in das Mysterium Dostojewski, und seine russischen Helden ergreifen den graphischen Stift des Jünglings. Heute hat er gegen hundert Porträts radiert, und sie bilden ein reiches Œuvre, bald von eruptiver Schwellung, bald von nacktester Naturnähe. Heterogenste Leute reizen seine Bildnerkraft. Tiefsinn und Verschlossenheit, Gebärden der Herrschsucht und mokante Miene, schönstes Frauentum und kindlicher Besitz, räuberisches Fleisch und Aposteltum des Rechts und der Güte macht dieser Künstler in seinem Menschenpartner sichtbar. Er ist ein Meister der persönlichen Prägung. Und so kommt es, daß seine Radiertechnik dem jeweiligen psychologischen Typus gewissenhaft angepaßt wird. Die Strichführung und Ätzweise wechselt von Individuum zu Individuum. Merkwürdig ausgereift sind diese Bildnisse. Das Psychische überwuchert bei aller Realistik das Körperliche. Niemals ein schwatzhafter Illustrator. Befreit von artistischen Hemmschuhen, den Parademenschen und Lakai ablehnend, wird er zum Besitzer einer Gesichter-Welt, in der Ahnung, Bitterkeit, Gelächter und geistige Fackel streng aufrührerisch leuchten. Er ist kein prügelnder Gewalthaber wie Dix und Grosz, nicht so ekstatisch erhitzt wie Meidner, nicht visionär gebunden gleich Pauli, unblutiger als Kokoschka, ohne den erschreckenden Lakonismus eines Epper, gewiß, ein antiphiliströser Zeichner, etwas generös grimassierend, stets aber beherrscht von dem Gedanken einer präzisen These. Er wird von verwegen geradlinigen Prinzipien geleitet, von einem bisweilen überspitzten Egoismus des Kinns, der Mundwinkel und Nasen, um auf Charakterzüge – die jede Revisionsmöglichkeit ausschließen – zu stoßen, deren gefühlsmäßiger Ausdruck in der Schwierigkeit des Zugreifens frappiert.

Das Werk, Oktober 1928

Am Wege

Zum Abschied

Ironisches Schaustück

Ich stehe vor dem Ausverkauf meines Lebens. Wohl ist alles noch intakt, das Rückenmark funktioniert, der Morgenkaffee wird mir Tag für Tag um dieselbe Stunde serviert, und ich entgehe dabei nicht der Schwatzsucht dicklicher Matronen; ich lese Kipling, Kriminalgeschichten und *La Nuit Kurde* des Jean-Richard Bloch und fühle, daß hier das schönste Buch seit Anatole France vor mir liegt.

Ich habe meinen Taufschein verloren, meine Scheidungsurkunde in die Aare geworfen, und die Frauen, die meine Zuflucht im Zeitlichen waren, sie sind zerflattert, und die Formkraft, die sie meinen Gedanken gaben, gerät in Widerstreit mit den Aspekten der Wirklichkeit und Erfahrung. Aus der Schicksalswendung europäischer Gespräche erwächst keine Differenzierung, eher eine verblassende Himmelfahrtsnacht blickt als Strafgericht aus zerrissenen Wolkenfenstern herab. Selbst der Vagabund fährt im Flugzeug über sie dahin. Die Kontinente bieten in ihrer Genauigkeit keine Geheimnisse mehr. Nur das Meer zieht sich als Schamgürtel über die Erde und verbirgt in ahnender Dämmerung eine Skala schwerer tiefer Reize, schlafender Andacht, wo unter seinen Fittichen ungezügelte Flammenspuren keimen. Das Meer wird zum biologischen Haupturheber, zur Wallstreet der Erregungen für den Festlandsbettler, es ist die Geliebte der Nerven-Wracks, wo die Einsicht des gesamten Lebensalphabetes anhebt und der Weltenschritt ohne Vergangenheit und Zukunft in Daseinsfron verrinnt. Die Mythographen werden dort ihren Beruf zu beginnen haben.

Ich tanze nicht, ich spiele nicht, und die Nationen sind für mich ohne Beweiskraft. Ich bin weder Dunkelmann noch Glossator, ich bin ohne soziale Schuld. Mein Kompaß ist gegen die Ewigkeit gerichtet. Der Spruch einer Jury existiert für mich nicht, auch male ich keine Liebespaare und entwerfe keine Knabenschulhäuser und keine Gerüste für Gottgefühle.

Ich sende meinen Geburtstagsgruß nachtwandlerischen Wilderern zu, die auf schmalem Felsband unzeitgemäßen Ruhm erjagen, über den man keine Enquête anzustellen beliebt. Ich rauche mit ihnen eine Pfeife, und wir nehmen ab und zu das Prismenfernrohr zur Hand und gürten dann unser Kletterseil fester. Ein Gefahren-Flirt, der dem Atheismus so nahesteht und in dem ein kalter Mut seine herrlichen Lieder flüstert.

Doch in der Welt darf ich nicht zum Opfer meines Privatlebens werden. Ich darf mich nicht an fieberhafte Zitate klammern, nicht an die Almosen kapitalistischer Wahrsager, nicht an den energielosen Teufel asketischer Religionen. Wie klein wäre dann mein Erlebnis-Tisch. Er wäre ohne glühenden Widerschein und Verschwendung. Auf den Autostraßen fahren heute die wahren Gottesmänner, und die endlosen Paraden der Atome formieren sich zum ehrfürchtigen Operationsboden unserer gefälligen Zeit. Wir schlüpfen nicht mehr in die kalten Bettücher der Klöster, den Zulauf haben die Ärzte, die Großmogule unseres Gewissens, aus deren Audienzen der Höllengeruch unserer irdischen Zeremonie tragisch und possenhaft entsteigt.

Aber warum sollen uns die kleinen schlechten Lügen, die Todesdilettanten unser heiteres Gemüt verschleiern? – das doch nur als die Quintessenz einer glücklich künstlerischen Begabung erscheint. Im Waschwasser der Mimikri bin ich bald eine Opernfigur, bald Cupido, bald Spielzeug oder ein hygienischer Spaß. Der erfreuliche Briefträger meines beschäftigten Anführungszeichens.

NEUE SCHWEIZER RUNDSCHAU, Mai 1927

Kleines Nachtstück

Es wird immer so bleiben, diese kleine Traurigkeit auf nächtlichen Bahnhöfen, wo so wenig Freude an das Ohr klingt und das Auge den roten und gelben Nachtvögeln nachsieht, die an schleppenden Zügen kleben. Ein kalter Nebelwind glitzert auf Schienenpfaden, deren Schar im dunklen Flug verrinnt, schwarzlippig dahintanzend wie eine fremde Liebhaberin.

Sie sind das Zeichen der Verlassenheit, das Gespenst des Verwehens, absichtslose Regierer eines geronnenen Lebensaugenblickes, sinnlos zerfetzt, fast ohne Luft, fast ohne Blut. Nur der Applaus der Einsamkeit raunt darin. Draußen, auf dem Bahnsteig, ist das Buffet geschlossen, schmutzige Gläser und das Pappmaché der Zigarettenschachteln bleiben die einzige elegische Szenerie von fast dämonisch feindlichem Ausmaß, eine kleine unfreiwillige und unscheinbare Komposition des blonden Fräuleins, das bis zum letzten Nacht-Schnellzug dort serviert. Hunderte Passanten vor dir und nach dir werden sie nicht beachten, aber dir, gerade dir wird jene lächerliche miniature in dem Irrgarten deines Gewissens nicht entgehen. Ein müder Bremser schreitet vorüber, ein anderer kommt und klopft mit seinem langen Hammer an die Wagenachsen. Grelle Klänge, und die matt beleuchtete Uhr drüben auf dem Hauptgebäude zeigt auf drei. Fast bist du eifersüchtig auf das Gepolter im Postwagen, es ist ein kranker Lärm, der dort geschmiedet wird, ein schlürfendes Dröhnen, das an furchtbare Altersheime erinnert ... Auf dem Trapez der Nacht ordnen sich die Gedanken in geheimnisvoller absurder Ohnmacht, der Sockel der Wirklichkeit scheint entschwunden zu sein, und es ist gefährlich, um diese Zeit aus dem Wagen zu blicken, weil der Clown deiner Gefühlsimprovisationen – der auch ein gewissenhafter Henker sein kann – ein skrupulös tragisches Spiel mit dir zu beginnen wähnt.

Aber diesen Requisiten ist nicht zu entfliehen, sie umklammern das Ensemble der Armut nur noch toller, ein Couplet der Zerknirschung hält dich umfangen. Wirklich, ich habe noch nie Spaßmacher auf nächtlichen Bahnhöfen gesehen oder es wäre denn die Hauptstütze in einer Revue-Parodie. Wäre es möglich, daß Choristinnen aus einer solchen zermürbenden Situation – noch stehst du im Genre der Nacht – einen Chansontext jugendlich frech formen könnten?

Nein, in der Kasteiung einer solchen Unbeweglichkeit, im Granit einer solchen schwarzen Ruhe, wo die kleinen Städte wie eine vermummte Pause deines Herzens fühlbar werden, wird dir keine Folterung erspart. Der Monolog der Nacht ist eine unheimliche Souffleuse. In ihr schweigt die Musik der Leidenschaften. Nur Erinnerungen künden sich in solchen einsamen Stunden an, nicht mehr, und das ist wenig, beinahe belanglos. Denn wer nur der Gläubigkeit der Vergangenheit beipflichtet, zerbricht sein Sehnen nach einer neuen Heiterkeit, verwirkt sein Lächeln für tolle Käuze, die den Falten des morgigen Tages entsteigen.

Sie mag zwischen Weinbergen ausgebreitet sein, in einer vaterlandslosen Ebene des Ostens liegen, an einem Hang über einem See verspätet träumen, sie mag pfeilgerade Moränenschutt durchbohren – immer wirst du einen Tadel finden für jene kleine träge Bahnstation, weil sie in ihrem Spuk keine Annäherung duldet. Die Beschwörungsworte deiner Kameraden haben hier nicht ihre Stätte, und die Lust der Geliebten stürmt nicht ein. Dahinein heult der Wundermann, die Lokomotive, sie will die Nacht beschwätzen und dein Horchen zerschneiden und dich barocken Städten, neuen fliegenden Terrassen entgegenführen; dein Herz zu neuem Dornenweg verfrachten ...

Die Eisenbahnbrücke springt in den Dschungel der Beton-Magie, an den Billardtisch der Freude, in die Landschaft der Kommandos und munteren Projektemacher.

Vielleicht am Abend schon streicheln schöne Schwestern deine Hände und neue Namen treten in das Stockwerk deines Lebens. Bildsäulen, alte Barakken, Krüppel und verzerrte Patrioten entzweien deine Stummheit; ein heimtückisches Geflüster; und die Schildwachen schillernder Dompteure verheißen den Beginn neuen halbdunklen Nachtspiels.

Neue Schweizer Rundschau, Mai 1927

Verrat am Menschen

Unsere Kultur scheint auf dem Verrat am Menschen aufgebaut zu sein. Eine Regierung des Bösen, beginnend in prähistorischen Zeiten bis zu den Vergnügungsstätten des Radio, des Völkerbundes und der Verflüssigung der Kohle, tut ihr heimliches, nein: offenes Werk an der Aufrechterhaltung eines Sklavenstaates, dem sich Mensch, Tier und Geist zu beugen haben. Wo habe ich mein Heimatrecht? Das ist die lapidare Frage, die ein jeder zu stellen berechtigt ist. Soll ich jenes Tulpenbeet pflegen, dieses Geschäft übernehmen, Milchhändler werden, als Dichter und Maler Gesehenes euch einhämmern, Sprachunterricht erteilen, im Börsenviertel als zerlumpte Gestalt betteln, Musterung unter Tänzerinnen halten, in einem Sitzungssaal revoltieren, mich für Imperialisten verstümmeln lassen, Rechentafeln entwerfen oder als Werkzeugindustriearbeiter mein Leben fristen? So ziehen wir als sonderbare Heilige durchs Dasein dahin, um unseren Stoffwechsel durch allerhand Lebensmittel aufrecht zu erhalten, bei Begüterten tritt noch Staubsauger, Teppichflor, französische Konversation, preiswerte Unterkunft an der Nordsee, etwas

Theater und ein wenig holprige Liebe hinzu. Wir alle sind nur vorübergehende Touristen auf dieser Erde, deren Volksstücke man durch Chansons und religiöse Themen zu verfeinern trachtet. Wir atmen mit Lungen, andere Wesen besorgen dies mit Kiemen und Tracheen. Aber keiner von uns bewahrt seine volle Unabhängigkeit, der Mitmensch, der liebe Gott und der Teufel sorgen dafür. Haben wir, um in der Sprache des Mediziners zu reden, unseren biologischen Kulminationspunkt, etwa im vierzigsten Lebensjahr, erreicht, so läßt unsere Lebensenergie bedenklich nach und wir verfallen den Krankheiten, deren letzte Konsequenz Tod heißt. Aber die Menschen sind mit dieser an sich schon reichlich mittelmäßigen zoologischen Philosophie nicht zufrieden; sie erinnern sich ihrer Erbsünde, das heißt der Dummheit und Niedertracht, besinnen sich auf ihr nationales Dasein, also auf suggestive Pedanterie, und stürzen sich mit ihren Nachbarn in Kriege, um so glanzvolle Aufführungen für spätere Geschichtsbücher zu liefern. Früher hielt man dies für ein Überbleibsel monarchistischer Opernensembles, heute aber stehen Republiken in dieser mörderischen Wettbewerbstätigkeit keineswegs nach. Man sollte annehmen, seitdem die Erde eine christliche Demokratie akzeptiert habe, müßte es mit der moralischen Sanierungsarbeit rüstig vorwärtsgehen, aber die Bibel ist kein geschätzter Mitarbeiter, wenn Erz, Kohle, Gold- und Devisendeckung, wenn die Prosperität (welch herrliches Wort!) irgendeines Marktes leidet. Die Frömmigkeit war schon immer der Commis der Menschenquäler. Die Vergrößerung des Gehirns schreitet fort, wir werden klüger, intelligenter, technisch raffinierter, aber die Erfolge in der sozialen Organisation halten damit nicht Schritt.

Strindberg schreibt einmal sehr wahr: »Ich kenne Bürger, die im Paradies zu sein glauben, wenn sie auf Sommerfrische sind, den festlichen Tisch unter Lampions decken und dann Raketen steigen lassen.« Und dies ist derselbe Mensch, der später als Henker, Ausbeuter, Richter, Tyrann und Hetzer seinen Nebenbuhler langsam, meistenteils sogar gesetzlich, erdolcht.

Auf den Erntefeldern reift die Saat, in den Weingärten hängt die volle Frucht, die Turbinen kennen keinen Arbeitsschlaf, Kellner bedienen eitle Menschenphantome, der Lärm der Fabriken betäubt Städte und Dörfer, und über Beherrscher und Beherrschte gleitet die Sonne, aber der Mensch, in sich gekehrt oder dem aktiven Leben untertan, bleibt das Zuchttier ruchloser Methoden, anstatt als Ordner, Gesetzgeber, Umgestalter seine Einzigkeit zu erleben. Und ein heutiger Philosoph, Eduard Grisebach, bescheinigt uns: »Die Natur des Menschen ist nicht gut, sie ist böse. Das ist kein ethisches Urteil, sondern ein logisches; es gehört zum Wesen des Ich, sich unbegrenzt zu entfalten.« Gemeinnützige Arbeit leistet eine solche Gegenwarts-Floskel gewiß nicht, sondern sie weist in das Angesicht menschlicher Komplotte, deren Akte es geistesgeschichtlich zu sanktionieren gilt. Der schmerzvolle Protest – der Sinn allen Nachdenkens bei Kierkegaard, beim Basken Unamuno wie bei Julien Benda – in seiner vollen Vehemenz bleibt der Lebensunterhalt der Geistigen, sofern sie ihre Mission ehrlich betreiben, sie, die keine Zugeständnisse irgendwelcher Art machen sollten, sie, die die Verstocktheiten des Schulkatechismus, des Kadettenhausfurors und den inferioren Rassenhaß sabotieren sollten, ohne deswegen der erbärmlichen Armut einer wohlwollenden, strikten und loyalen Neutralität zu verfallen, wenn es darum geht, einen wagemutigen Urteilsspruch zu fällen.

Die Geistigen waren die Zöglinge einer alten Zeit, sie haben es einwandfrei bewiesen, daß sie nicht zu den Erlösern einer neuen Zeit taugten. Ihre Antwort auf Soziales war Schweigen, wenn nicht sogar Reaktion. Sie unterstützten jede Vergewaltigung. Und sie werden es auch morgen tun. Der politische Geist auf deutschen Universitäten bleibt nach wie vor ein nationales Kesseltreibertum. Und der Bürger, interessiert an dem Maskenscherz geheiligter vaterländischer Methoden, beschämend inaktiv in seinen Regungen, soweit sie seinen Wirtschaftsbezirk nicht antasten, originell nur im Wettbewerb seiner Modistinnen, hat schon längst den Revolutionsgesang vergessen – gab es je überhaupt diesen Geisterruf? –, er sitzt im Versteck idyllisch-qualliger Vorstellungen, sonnt sich in den Lichtballen der Schaufenster und Variétés, vermummt sich in Tagesnarreteien und steht sonst auf dem Standpunkt der höheren Säugetiere.

Ludwig Rubiners Änderung der Welt bleibt trotz der Leichennächte der Kriege eine Utopie; man verrennt sich in sportliche Kraftleistungen, weil für einige Zeit die Kriege geächtet sind, mimt gleichzeitig an der Tektonik Genève-Locarno mit, an der mimischen Muskulatur eines dramatischen Europa, ist ein wenig modern in der Architektur, aber in der sozialen Moral völlig steril. Opfer einer stumpfsinnigen Zivilisation sind wir alle. Die Existenz von Kunstmärchen, Anekdoten und Mythen ändert daran nichts. Metaphysische Larven dienen uns Heutigen schlecht, es sind nur Zisternen in der maskierten Barbarenwüste.

Der Geistige von heute ist physiognomielos; ihm fehlt die Kraft der Instinkte, er lebt in einem denkerischen Klima ohne Steigerung, ohne Überschuß, ohne Parteinahme. Bei allen Entscheidungen ist er Hintergründler, statt leidenschaftlicher Vordergründler zu sein. Das große schöpferische Wissen treibt Auseinandersetzungen entgegen, es sucht souverän Zwischenfälle, nicht leichtfertig, aber bewußt herausfordernd, sein Schmuck ist Rebellion, hellseherisch und dröhnend. In den Annalen der Geschichte existieren Anläufe zu einer frischen, vagabundischen Kultur, geniale Sabotage-Akte, nicht von Blasiertheit, Übersättigung, nicht von paradoxalem Hochmut gezeugt, wohl aber aus einem Erstaunen heraus, aus Not, Qual und piratenhafter Hoheit, positive Gesinnungen erzwingend in ihrer bejahenden Lebensrichtung, die einen Trennungsstrich mit dem Eigennutz des Bestehenden hinsetzen. Mit den Füllwörtern und der Elastizität eines Bluff-Pazifismus, eines Kostümfestes des schlechten Gewissens, hilft man dem Janus-Gesicht unserer Zeit nicht. Daran glauben Oberpostdirektoren, Hoteliers, Patentanwälte, Untertanen des praktischen Erfolgs. Aber keine Rothaut, kein Chinese, kein Russe, keiner, der an die Verlockung sichtbarer Körper glaubt und sie höher stellt als theoretische Erfassung. Es kommt darauf an, den Kern der Dinge zu begreifen [zu] suchen, die Impulse, das Orchestrion des Blutes, das hinter Chaotik und Gelärm seine tosende Stimme erhebt, die Faszination geistiger Verwegenheiten, die Attentate der Sinnlichkeit vom Lustmord bis zum Höllensturz der Götter, die Müdigkeiten der Kirchen, die schauerlichen Traumgefilde der Hoffnungen – es kommt darauf an, alle irdischen Phantasien in ihren tausendfachen Etappen innerhalb der Grenzpfähle des eigenen Ich erlebt zu haben, nicht den Jargon einer Clique nachzuplappern, erst dann, wenn der einzelne seinen Richterspruch über sich selbst gefällt hat, soll er sein Miniaturbild verlassen und an den Wurzelstamm der Menschen Hand anlegen, dann mag er in die Ateliers hinaustreten, die Leinwand der Kinoleute als gigantisches Bilderbuch bemalen, Tabellen und Formeln der Spezialisten in Unordnung bringen, die Argumente der Politiker belachen, die Grabdenkmäler seines Mutterlandes stürzen, die korrupte Atomisierung der Verwesung überlassen, die abgefeimte Lunaparkstimmung fetter Mägde und Stutzer ins Autodafé verwandeln.

Man darf den Geist nicht zu einem ästhetischen Nebenproblem stempeln, er soll nicht dem Heranschleichen an erotische Katzlichkeiten noch dem leeren Pomp eines offiziellen Akademismus verfallen, er soll in Schonungslosigkeit alles umbranden, was bisher als sattes Erziehungs- und Familienideal galt, er soll die eifersüchtig Bedächtigen demütigen, in Höllenhundhaftigkeit die Schüchternen beunruhigen, die Fingernägel gepflegter Salons schreckhaft verbiegen, jener galanten Tiermenschen, die als Souffleure hinter Schandtaten lauern, er soll nicht zum Spekulationsterrain für Parnassiens und für eindrucksschwangere Stimmungen werden, für neurotische Schlacken, er soll in seiner erbarmungsreichen Szenerie zürnendes Einleitungswort, universeller Befreiungsversuch, erdnahe Angriffslinie und Bewegungsachse für Kommendes sein.

Forum, Februar/März 1929

Am Wege

für Ferdinand Hardekopf

Ein Leichenauto fuhr an uns vorbei, als wir auf der Landstraße die *Liebesinsel* draußen am See kreuzten. Staub, viel Staub wirbelte der Wagen auf, in dem wohl alle irdische Hoffnung begraben, wo eine Stirn in nichts zerfallen war und schlanke Hände keinen Kranz der Sehnsucht mehr streicheln konnten. Es war der Ursprung aller Götterlehren, die aus jener Klage ihre Hoffnung stahlen. Aber über den Waldstrichen lag Freude, aus den Kaminen der Bauernhäuser stieg Rauch auf und die Bergbäche rauschten. Keine Welle überspiegelte den olivfarbenen See, er sog in sich die Glanzbilder der Bergumgebung auf, köstliche Spitzen; trotzige Herrengesichter felsiger Bastionen verschmolzen im Wasser zu einer seltsamen Schau im geheimnisreichen Grund. Zarte Libellen schossen darüber leichtflüglig dahin. Unter dem Felsenhang wand sich der elektrische Zug, passierte Lawinenverbauungen, verschwand im Wald plötzlich wie ein behendes Wiesel, glitt über Matten, jetzt von der Sonne überstrahlt, bewußt von seiner technischen Würde getragen, nahm dabei viel Mitleid, Kummer, Gier und Sehnsucht mit hinab ins Tal. Schleppte das grobe lächerliche Leben ohne Empfindlichkeit und Wut weiter, irgendwohin, Zwangsarbeiten, Unterernährung, Ohnmacht, Hysterie, Seuchen, Stumpfheit und schweigender Enttäuschung zu. Männerklugheit baute ein Werk, aufmerksam zugetan dem Wachstum der Zeit, gerechtfertigt durch mathematische Sätze und Gewinnbeteiligung; den schwachen Leuten angenehm, den Starken, Unverwundbaren offensichtlich nutzlos.

Aber der Mensch würde sein eigenes Ich kreuzigen, wollte er mit allen Entscheidungen der unzauberischen Vernunft in Feindschaft leben, die bisweilen ein verlockendes Gespinst um sein Herz legt, so daß er sich wie ein heimlich Verbündeter im Aufstand der Dinge fühlt. Nicht ein Schüler, aber ein Spieler oder, bei sachlicher Beurteilung, ein Beamter soll er im Heimatland seiner Bestimmung sein. Der Reiche fürchtet sich nicht vor jenem Gefängnis, das der Arme herrisch verachtet. Handelt er mit Nähmaschinen, Kohlen und Fischen, dann mag sein Gesicht klar bleiben; der andere jedoch, weitab der Pariser Börse, untertan seinen Phantasie-Explorationen, dummem Stimmungseinbruch, den Bandenkämpfen seiner trügerischen Gefühle, der Reportage seines Gewissens, der Sorgennotzucht, der Lohnarbeit des Augenblicks, dem Feingold der Gesinnung und dem Dirnentum äußerer Geschehnisse, er haßt mehr und mehr die vage Höflichkeit, um sich in Streiks und Rebellionen zu verstricken, in ein Bemühen, das Kalkbrennen gleicht und keine lustreiche Illusion aufkommen läßt.

Das sind die Legionäre, die in die Wälder flüchten, die in Kneipen arretiert werden, die kleine Hunde pflegen und einem Versbuch – welch mißglückte Situation! – ihre Vergangenheit anvertrauen. Magistral verfolgt in den Kleinstädten, dem Genuß des Kinos ergeben, da ihre Träume unter dem Niveau der Kameralinse stehen und ihr Tagebuch doch der Aufhellung bedarf, sinnen sie auf Absonderung. Errichten Barrikaden aus taktischen Gründen, politisch, ökonomisch, praktisch, musikalisch, moralisch, religiös. Aufrichtig, wenn man ihrem apachenhaften Seelenzustand überhaupt folgen darf, sind sie in der Utopie, die leichthin als eine zärtliche Angelegenheit ihres scherzenden Illogismus erscheint. Für dessen Modelle schwärmen sie und suchen seine Schlupfwinkel, im Geräusch südlicher Häfen, in den Einöden der Antiquariate, in den anspruchslosen Cafés und bescheidenen Kunstkabinetten stiller Seitenstraßen. Erstaunlicherweise besuchen sie gerne Kirchen, studieren Altarbilder, Blumen und Tränen reifer Frauen. Ihre fremdartige Psychik schließt sie von Kasernen und Sportplätzen aus. Sie liebten niemals Backfische, jene Pachtgüter zahmer Novellisten. Sie ähneln Pastetenbäckern, die ihre delikaten Versuchungen geheimnisreichen Begierden anbieten, auch sind sie unmäßig in der Liebkosung demütig grausamer Romane, deren Meisterkapitel von der Erbsünde sie stets mit nie versiegender Begeisterung einsaugen. Jedes Ding wird ihnen zur Apokalypse, nur der offizielle Jargon der politischen Angestellten – von eitlen Fortschrittsknaben unentwegt imitiert – macht ihnen Erbrechen, ihnen, die legitime Erfahrungen und Bildungsschätze zur Opposition treiben.

Ich kenne viele solcher Menschen, ich bin von ihrer Leichtigkeit entzückt, ich folge – ich gestehe es offen – ihren Delikten gerne, verliere mich in die Vollmacht ihrer sociétés de cynisme und verfalle nur zu oft dem Ballett ihrer skandalösen Hoffnungen, die heute der göttlichen Gnade bedürfen, um morgen von jedem logischen Skeptiker verurteilt zu werden.

Bin ich nicht ein Liebhaber skurriler Kombinationen, der im Herbarium des Abgestorbenen lebt und der die gigantische Abgerissenheit des schroffen Heute frivol bucht? Mein Haus, das ich bewohne, gleicht einer Wunderlampe aus dem Märchenreich, in dem die Resonanz einer Moral, eines Publikums mitschwingt, von Kräften, die mir heute verschlossen sind. Ich klage mich als Karikaturisten an, weil ich es fertigbringe, in einem Hause mein Leben zu fristen, das 1731 in einem Bergtal von schwerblütigen Bauersleuten gezimmert wurde und auf dessen Giebel manch Erbauliches von Gottvertrauen, Hilfsbereitschaft und altfraulicher Sentimentalität zu lesen ist. Alles taumelt durcheinander: das Schaustück Louis XV., historischer Kehricht, Vitrinen und poliertes Stimmengewirr und vergessene Wappen, vermischt mit meinen Sympathien für Le Corbusier, Poloplätze, Isotta-Fraschini, für ein Georgette-Modell – zum Beispiel türkisblauer Filzhut mit feiner Arbeit um den Hutknopf –, neuzeitliche Stahlmöbel, für Deauville und Schlemmertomaten, gefüllt mit Zwiebeln, Sardinen, Aspik und Kaviar. Nein, ich darf den Sterndeutern keinen Gnadenstoß versetzen, ohne an der Sinnlichkeit zeitgenössischer Realität zu zweifeln. Wer gibt uns die sinnlose Suggestion, unter der schweren Last der Generationen zu keuchen? Disharmonien und Gegensatzreihen sind eine Erfindung unzufriedener Autoren, andachtsloser Lebensblicker, denen die chronologische Folge nicht als Beisammenbleiben gelingt. Setzt eure Begrüßungsworte allen Dingen entgegen, kost Tulpen in Andacht, freut euch am irdischen Mungo, betet an Natur-Atome, Farben, Töne und Zahlen, verwitterte Gesichter; dem Pavillon eurer Neugier sei nichts verschlossen, fahle beklemmende Augen und der kühle Mund eines Chevalier, Saint-Sulpice und ein flüsternder Liebesblick.

Unser Ort – warum sage ich unser? ich weiß es nicht – ist der Tummelplatz der Lebenskünstler, oder er mag der Durchgangspunkt von Wesen sein, denen im Ungemach ein Glück zulächelt, das sie in schöner Empörung zu leben meinen, dem sie sich anverloben aus irgendwelchem Grund, ohne zu wissen warum, ohne zu fühlen, welche Kräfte ihr Blut treiben. Und trotzdem, alles geschieht hier anonym. Unbekannt sind die Figuren, die in der Sonne liegen, unbekannt sind ihre Wünsche, nur ihre Träume haben realen Charakter. Ihr Leben ruht auf einer anderen Ebene, vielleicht einer sehr banalen; aber es könnte ein heiliger Boden werden, denn sie leben rückwärts und vorwärts. Jene Menschen, die Anteil haben an der Krankheit, bringen ein Herz mit, das der Neugestaltung fähig ist, das aus der Beschränktheit des Augenblicks, aus dem Schandfleck der

Gegenwart die Orgelstimme des Gewissens vernimmt.

Sie sehen ein Meer der Weite vor sich, sie sehen den Himmel, sie betasten Tag für Tag, Monat für Monat die Berglinien, sie verschlingen in Sehnsucht den Chor der Gipfel und hören die stille klare Musik des Schnees, sie lächeln mit den Alpenblumen, erstaunen an Lichtwundern und an der blutigen Saat des aufkeimenden Morgens. Edel ist ihr Schmerz, aber edler ist die Natur zu ihnen.

Sie reden immer wieder von der Schmalheit der Welt, und dabei gehört ihnen der Himmel, die Weite des Mittags und das große Klingen des Abends, er gehört ihnen in allen Schattierungen und unendlichen Tiefen. Aus ihrer kleinen Provinz des Liegestuhls treten sie hinaus in das Riesengebilde des Kosmos – aber sie schreien nach Nachtlokalen, nach haschender Lust, nach Puppenkostümen, nach den Kostbarkeiten der Straßenzüge, nach dem grandiosen Juwelenkranz glitzernder Nächte.

Good bye farewell –

Adieu misère, adieu bateau

Et nous irons à Valparaiso ...

Oh, wir kennen die Lebendigkeit Ihres Herzens und die Übertreibungen ihrer Gefühle, wir verstehen den schnellen Sarkasmus ihres Gehirns und die Unverträglichkeiten ihrer Launen. Wir begreifen das Zittern am Monatsende, weil es ungewiß ist, ob der Gönner, der Freund, ob die Geliebte, ob die treubesorgte Mutter nochmals die Geldanweisung senden wird. Es gehört gewiß Humor dazu, die Nerven ruhig zu bewahren.

Wutki sitzt auf meinem Schreibtisch, saust über die schwarze Tischplatte hinweg und fängt Nachtfalter, ihre von Insektenflügelstaub gepuderte Nase reißt in katzenhafter Zeremonie die kleinen zierlichen Leiber auseinander, schaukelt sie in ihren letzten Zuckungen durch die Nachluft und feiert so ein intimes Jagdfest, still, lautlos. Glückselig ist dieser getigerte Wutki, dem unser Dachzimmer zur Spielarena wird, dem eine schwirrende Kriegslust – ohne sich in einem Weißbuch entschuldigen zu müssen – spaßhafte Behaglichkeit bereitet gleich einem ungeheuchelten Menschheitskind. Auch das Tier hat Geschmack an der Fleischlichkeit, an der Hölle der Vernichtung, am Schauspiel des Knochenmannes, an den Autodafés des Quälens, an Annexionswünschen, an Revanchefröhlichkeit, an distinguiertem Hinopfern; es ist so stachelig wie ein Romancier, so unermüdlich wie ein Militärpfarrer, dabei vornehm schmollend wie eine Molière'sche Komödie. Aus seinen klugen Tieraugen spricht verbindliche Umgangsform, zoologische Leckerei, Lebemannsspitzfindigkeit, [es] schnurrt gutgelaunt, weil dem Kontor seines Magens Genugtuung winkt; es hat seine Lieblingsrestaurants wie wir, schmunzelt, wenn erreichbare Pläne ein Filet versprechen. Wutki verachtet Ernährungsvorschriften und falsche Vorspiegelungen. Wutki trinkt Milch, schmutziges Blumenwasser aus flachen Keramiken, Tee aus der Untertasse, Chiantireste. Er ist von entzückendem Gliederbau und tuschelt mir manches ins Ohr in seiner aufschauenden leiblichen Rundheit, wenn ich gerade dabei bin, an meinem soliden

Vorwärtskommen zu arbeiten. Wutki garniert meine Existenz mit seiner unermüdlichen schlürfenden Zunge, hupft an den Bettpfosten empor, um mich zur Aussprache zu bewegen, überwacht sorgsam mein Frühstück und begleitet mich zum Brunnen hinunter, der an der staubigen Landstraße geschäftig seufzt. Er wirkt wie ein Pünktchen draußen im Wiesengrün, dem schon schwesterlich die Herbstzeitlosen entkeimen, damit wir der Zerstreuung der Jahreszeiten gedenken und uns kein Versäumnis der Monate zuschulden kommen lassen. Wutki ist der Prokurist meines Tagesablaufs, er verbarrikadiert sich hinter meinem Rücken beim Lesen der Rezensionsexemplare und erzieht mich zum Zuhausebleiben. Er hat eine pädagogische Tierstimme und scheint seine Aufträge im Namen irgendeines Heiligen zu erfüllen; er gehört in den menschlichen Kreis mit hinein wie unsere schielende Wirtsfrau, die in den Stromautomaten Zwanzigrappenstücke einwirft, damit unsere Zimmerfassade des Nachts ein Wohlgefälliges Bild abgibt. Weder durch Lektüre noch durch Zigarettenrauchen läßt sich Wutki in seinen Schmeicheleien stören. Wutki hat die stolze Haltung einer Frau, einer schönen Dame, hinter deren freundlichem Lachen süße Begegnung flammt ...

Das Augenleuchten der Tiere und Frauen, in ihnen lebt der Rausch der Stunde, brennt der Hüften Verzückung, ihr Staunen und haschendes Blut, in ihnen schläft der Himmel und der Schatten des Mondes, die Mildheit verströmender Nacht in ihrer seligen Endlichkeit.

Pessimisten, jene undankbaren Heroen der Zuchtrute, haben die Liebe eine Volksseuche genannt und glauben, mit der Axt das Gehölz von ihrem Lob reinigen zu können. Aber die Ungeweihten, die nur mit Zeugnissen, Enquêten und Kommissionen ihr zensurales Budget bestreiten, werden an dem Natterngift ihrer Prinzipien und Verbote zerstäuben. In ihrem Kalender steht nur der Tod.

Meinem Haus gegenüber liegt die *Liebensinsel* im See. Des Nachmittags baden Paare im felsigen Wasser, des Abends brennt die Liebe unter uralten Tannen, und selbst die Morgenwiese, sie kennt kein Heimweh. Fremdländische Frauen singen ihr Lied und schmiegen sich an Gräser und Fastnachtsnarren. Keine Gitarre ertönt, nur der silberne Vorhang der Nebel streift müde durchs Gesträuch.

Margot, Carrel, die schöne Russin, die schwarze Cellini ... auch die frigiden Frauen ... und die Ungarin aus dem *Café de Paris* ... Ida, das kleine Servierfräulein, und die geheime Empfangsdame des Zahnarztes legen sich dort die Karten ihres Glückes ... Seltsam, von den liebsten Frauen kenne ich kaum noch die Namen ... überhaupt nicht ... die Tschechin, die indifferente Prophetin ... Pia, dir brachte ich Rosen nach jenem Galadiner in Bern ... Verblendete Liebesempörung ... Carrel, Carrel.

Ich horche an den Schiebetüren geschnittener Seelen. Ich tyrannisiere parfümierten Raub. Ich vergehe in der Feuchtigkeit des frischen Grüns. In Zinnober und Goldlack. Ich gehe zu den Fährleuten ausgesetzter tiefschwarzer Wandschirme, wo Toilettendosen, silberne Griffe rote Frauen trügen.

Seitwärts blüht Edeldame Magie. Marmor-Wellenlinien musizieren Seidenschnur-Dessins. Ich ritze Blut in meine Zähne. Damals zerstreute ich in meiner inneren Symmetrie die fatalen Graubeimengungen, unbunte Farben reizen mich wie leere Schiffsrümpfe. Ich notierte und zeichnete Kurven Isabellas monatelang. Morphin, Veronal, Vitalin, Trivalin, zuverlässiges Tonikum der Nerven bei jedem Erregungszustand. General-Depot: Theodor Teichgräber, Berlin S 59 ...

Ich sah in die Berge und wohnte auf ihnen. Und mein Herz in dem Geröll, mein Blut in Gletschern mühsam geborgen. In den Hotels Menschen-Netzwerk, wenn ich des Abends trank. Trank alle Gebilde, Reden dynastischer Frauen, himmlisch sterblich alle Einflüsse und Vergleichspunkte.

Ich bewundere Füße in Goldpulver. Ich graviere das Rad deiner Wünsche, Isabella, Carrel, Pia, Allo ... Felsen tönen im Regen. Kennst du noch die heißen Gestade des Comer Sees? Damals warst du ein kostbares Nephritstück, Liebste, ein liebes Seepferdchen aus dem von Wärme beschlagenen Aquarium, kauerndes Fabeltier aus Februar und Feuerbecken, Glocke und Einzug.

Die Buchstaben sind still. Sie sind eine Ehrengeschenk.

Rot, pompejanisches Rot bemalt Erinnerung.

Ein eingesunkener Brandstempel öffnet herbstliche Landschaft, taumelnden Raum den leichten Medizinbüchsen. Die Kathedralen, die Tempeltore meiner Wunschkästen, meiner Gedankenbilder und Kurtisanen.

Ich kämme den Reiz einförmiger Jalousien.
Ich tauschiere deinen müden hellen Charakter.
Kunstvolles Spät.
Der Perspektiven reiches letztes Glück.
... Wenn ich in die Berge schaue, vergesse ich meinen Rufnamen.

Neue Schweizer Rundschau, April 1929

Materialien

Dokumente – Photos – Bildnisse

SCHWEIZERISCHE SCHILLERSTIFTUNG

PERSONALAUSWEIS

Dossier-Nr.

....

1. Vor- und Familienname: *Rudolf Utzinger*
2. Geburtsdatum: *29. August 1891, Nürnberg*
3. Heimatort: *Bülach*   4. Heimatkanton: *Zürich*
5. Beruf: *Schriftsteller*   6. Titel, Grad u. dergl.:
7. Allfällige frühere Berufe:
   Assistent am Lindenmuseum (Stuttgart)
8. Werke (Titel, Verlag und Jahr der im Buchhandel erschienen wichtigeren Schriften):
   – *Indianer-Kunst, München, O. C. Recht Verlag 1922*
   – *Masken (Orbis Pictus), Wasmuth A.-G. Berlin 1923*
9. Bemerkenswerte Rezensionen (Name der Zeitungen oder Zeitschriften, Nummer, Tag und Jahr, Datum, Verfasser):
   In der führenden deutschen Presse, Zwiebelfisch, Cicerone, Sozialistische Monatshefte u.s.w. (genaue Angaben kann ich leider z. Zt. nicht angeben, da ich das Material nicht zur Hand habe.)
10. Kurzer Lebens- und Bildungsgang:
    geb. 1891, Aug. 29 in Nürnberg; Realgymnasium in Nürnberg, Charlottenburg. In der philosophischen Fakultät immatrikuliert: an den Universitäten Berlin, Bern, Neuchâtel und Genève.
11. Familienverhältnisse (Zivilstand, Angaben über Zahl und Alter von unmündigen Kindern, pflegebedürftigen Eltern und Geschwistern usw.): *pflegebedürftige Mutter*

12. Gesundheitsverhältnisse:
Im Januar 1925 Tuberkulose festgestellt. Seit dieser Zeit in ärztlicher Behandlung. Seit Juni 1925 an Höhen-Orten in der Schweiz. Seit August 1925 in Davos, behandelnder Arzt: Dr. Niehaus (Davos-Platz)

13. Persönliche Referenzen:
Direktor Adolf Rauro, Berlin-Halensee, Westfälischestr. 61
Professor Dr. R. Zeller, Universität Bern

14. Literarische Referenzen:
Direktor Günther Wasmuth, Berlin
Klabund, Breslau
Dr. Max Picard, Brissago;
Herbert Moos, Genève

15. Allfällige weitere Angaben und Bemerkungen: – – –

16. Kurze Begründung des Beitragsgesuches (Angabe über der allfälligen besonderen Zweck der nachgesuchten Dotation und dergl.):
Materielle Not, bedingt durch den langen Kuraufenthalt in Davos.

Ort und Datum: Unterschrift:
Davos-Platz
Pension Heiss   *Rudolf Utzinger*
8. Februar 1926

NB. Jedem an die Schweizerische Schillerstiftung gerichteten Beitragsgesuch zugunsten eines Schriftstellers nach §2, Absatz II und III der Statuten ist ein Personalausweis nach obigem Schema beizufügen. Das Formular kann vom Schriftsteller selber oder von einer ihm nahe stehenden Person ausgefüllt werden.

Walter Muschg

Nachwort zu *Ruhe auf der Flucht*

(Zürich/Leipzig: Grethlein & Co. 1931,
Seldwyla-Bücherei Bd. 25/26)

Am 2. November 1929 wurde in Davos Rudolf Utzinger begraben, dessen Name nur einem kleinen, schon durch Tote und Lebende verstreuten Kreis von Kameraden näher bekannt war. Dieses Bändchen versuchte er selber noch erscheinen zu lassen; es ist eine Auswahl aus den Prosastücken, die er in Zeitschriften und Zeitungen zu veröffentlichen pflegte. Die Zusammenstellung stammt in der Hauptsache von seiner Hand, nur daß jetzt, wo sie der Erinnerung an ihn dienen soll, einige Beiträge weggelassen und durch andere ersetzt worden sind. *Die Wüste ist mein* veranschaulicht eine frühe Stufe; der letzte mit dem Titel *Am Wege* ist das Anfangskapitel eines Romans, an dem er in den Monaten seiner Todeskrankheit schrieb.

Im Sommer und Herbst jenes Jahres haben wir Freunde ihn in Wolfgang am Davoser See zum letztenmal gesehn. Er wußte, daß er dem Bergtal nicht wieder entrinnen werde wie früher einmal. Er erzählte zwar von Verhandlungen mit Redaktionen und einer Schiffsgesellschaft, die ihm eine Genesungsfahrt auf dem Mittelmeer verschaffen sollten, aber sie zerschlugen sich, und er glaubte selber nicht an diesen Traum. Er trug bis zuletzt die »Leibwäsche des Nichts«, wenn er auch dort oben noch einmal eine eigene Wohnung besaß, in der seine Bücher, die wir nur aus seinen sehnsüchtigen Erzählungen kannten, sichtbar an den Wänden standen. Wie schön war es, jetzt mit ihm noch einmal über seine liebsten Dinge – Ethnologie, Folklore, Biologie – zu reden, während seine Tiere dem Gast über die Knie sprangen. Er konnte nun zum Beweis in die Gestelle greifen, deren erster Anblick die geistige Leidenschaft erkennen ließ, mit der er seine Jahrzehnte miterlebte. Auch jetzt vergaß man das Reden, wenn er sprach. Seine großen Augen, der traurige Mund, der ihn mit E.T.A. Hoffmann verbrüderte, belebten sich in alter Spottlust, in der witzigen Noblesse, die uns so teuer waren.

Ja, wie seltsam war er, und wie scheu und dankbar haben wir ihn geliebt. Wir wußten in Zürich nichts von seiner Vergangenheit, von jenen Jahren, wo in Heilbronn seine *Nilpferdbude* aufgeführt wurde, wo er Klabund, Schickele, den Forschungsreisenden Theodor Koch-Grünberg zu Freunden gewann. Damals schob sich das Getriebe der politischen und künstlerischen Revolution mit einem Gewimmel von Gesichtern dicht an ihm vorüber. Er kannte viele, keiner kannte ihn ganz: das war sein Dichtertum. Halb niedergeschlagen, halb höhnisch starrte er in das »schmutzige Weltmittelalter« rings um ihn. Es war kein Zufall seines schriftstellerischen Berufs, daß er ein Buch *Masken* herausgab (bei Ernst Wasmuth, Berlin). Dafür ist er auch seinen Knabenträumen in einer zweiten Publikation, der *Indianerkunst* (O.C. Recht, München), auf eine verschlagen-zärtliche Art treu geblieben. Er wird bei seiner Niederschrift des größten Erfolgs gedacht haben, den ihm seine Feder eintrug: jener Antwort, die er einst als Kind von Karl May aus der Villa Shatterhand in Radebeul erhielt und in der er, entzückt und verwundert genug, lesen konnte, daß sein Abgott in allen Büchern die alte Menschheitsfrage, »was eigentlich Geist und Seele ist«, klarzustellen suche.

Man findet die beiden Sphären in dieser Sammlung wieder: Schmerz und Spiel, Angriff und träumerische Resignation. Sie machen zusammen das Zwischenreich der Menschen und Dinge aus, in dem er sich auskannte, wo er seine verschwiegenen herrlichen Späße trieb. In den Städten, in der Landschaft war ihm vertraut, was wir nicht kannten. Wer ihn begleitete, erkannte leicht, daß seine Art zu sehen, der die Gedanken- und Bilderflucht in seiner Prosa entspricht, ein Weg zur Wahrheit war. Diese Bahn ist hier noch einmal zurückgelegt, ein Bogen von der skeptischen Ironie bis zur trunkenen Tiefe seines letzten Romanfragments. Sie wird noch einmal die Einheit so großer Gegensätze spüren lassen, die in jeder Geste des Lebenden unantastbar verkörpert war. Der schweizerischen Literatur scheint sich allerdings dieser mit 38 Jahren Verstorbene, der als Bürger von Bülach zur Welt kam, in Nürnberg die Volksschule, in Berlin das Gymnasium besuchte, in Genf studierte, in Stuttgart heimisch war und keine unserer Mundarten sprach, schwer einzupassen. Und doch redet er einen Dialekt, zu dem sich einige unter seinen Landsleuten bekennen und der immer wieder schöpferisch vertreten wird. Namen wie Le Corbusier und Arthur Honegger, Hermann Haller und Grock, Robert Walser und Paul Klee zeugen dafür. Möge dieses späte Buch seinen Wunsch erfüllen, als Bürger und Sendling dieser andern Schweiz verstanden zu werden.

Ferdinand Hardekopf

Ruhe auf der Flucht

In Helvetien geboren und erloschen, war dieser Doktor Rudolf Utzinger doch ein unregelmäßiger Schweizer, denn von des Landes Mundarten sprach er keine, und die Zürcher Literaturen konnten sich eines Schauers vor seiner Gespensterhaftigkeit nicht erwehren. Früh hatte er die Dancing-Nymphen von Genf mit schleichenden Arabesken umkräuselt: in dem Privatroman *Deutung*, dessen verborgener, verbogener Pessimismus den Setzmaschinen ausgewichen ist. Gedruckt worden sind die Werke: *Masken* und *Indianerkunst*. Und ein Theaterstück *Die Nilpferdbude* kam, 1925, auf die nächtlich verstörten Bretter der Käthchenstadt Heilbronn. Durch todgeweihte Zeitschriften huschten späterhin Prosastücke, darin des Stiles Bitternis zu sublimem Illogismus verdampfte, und Rudolf Utzinger wäre ein Meister der nihilistischen Magie geworden, wenn die Tuberkulose ihn länger als 38 Jahre am Scheinleben gelassen hätte. Jetzt, ein halbes Lustrum nach seinem Tode, glimmt wieder Spuk: Unter dem lockenden Titel *Ruhe auf der Flucht* hat ein Gelehrter ohne Vorurteil, Walter Muschg, die besten Irrlichtspiele des Entschwundenen zusammengerafft und in einen Band getan, den sich die Liebhaber rätselhafter Beängstigung kaum entgehen lassen werden. Dieses (im Verlag Grethlein erschienenen) Buches gefährlichster Reiz quillt nicht aus Instrumentationen der Qual, sondern aus distanzierender Kälte, aus einer ungreifbaren, unbestimmbaren, erregenden Indifferenz. Utzingers Geschmack war es nicht, auf tönende Art unselig zu scheinen. Poète maudit? – »Was soll die macabre Konvention?« hätte er geantwortet. Verlassen sein? Ja; aber Gelassenheit galt ihm mehr. Innerhalb solcher Zurückhaltung ergötzte sich der »magistral Verfolgte« (wie er immerhin formulierte) an einer Trick-Technik, die den Leser kränker macht, als der Schreibende es war. Er handhabte die Routine des Ausweichens und Ablenkens, eine Virtuosität im Enttäuschen und Sichentziehen, ein syntaktisches Giftmischertum, das den Text taumeln, gegen das boshaft erreichte Niveau anbocken und antirhythmische, antilogische Evolutionen vollführen ließ. Kein Satz ›ergab sich‹ aus dem vorangegangenen; Sinn, Ton, Zeitfolge wurden abgebogen – oh, nur um wenige Grade, was den Effekt verschlimmerte. »Du, gib dem Gedankengang noch 'n kleinen Stoß!« flüsterte die Muse ihrem Kavalier zu. Und er tat's. Alle Zeilen Utzingers verlaufen gegen die Erwartung, gegen den scheinbar verabredeten Sinn, ›gegen den Strich‹. In der Torso-Bar hab ich ihn gefragt, ob es Absicht sei. »Hm, doch wohl!« sagte er ohne Koketterie. Die Anziehungskraft so präcis bemessener Verrenktheiten ist groß. Man wird darüber zum Utzinger-Philologen und verbeißt sich in diese komplizierten Lesestücke, deren Starre sich in Alkohol nicht löst. Stilistische Geheimnisse aber sind seelische Geheimnisse. Niemand, der den einsamen Stilisten Rudolf Utzinger ›gekannt‹ hat, hat ihn gekannt. Frauen mit Amenophis-Profilen haben, in leidenschaftlicher Anbetung, seine Stirn als »napoleonisch« empfunden und dieses Hirnes Meinung nie erfahren. Er lebte in Armut und war kein Bohème und liebte den Luxus (Namen wie Guillaume Apollinaire und Jules Laforgue bezeichnen das Klima) und schien, gelegentlich, lieber den banalen Klang zu wählen, als daß er einen selbstverständlichen Widerwillen pomphaft orchestriert hätte. Doch seine allerletzten Blätter erglühen von Rausch und Stolz. Dann lagen sie ruhig vor den Augen des Sterbenden. »Die Buchstaben sind still. Sie sind ein Ehrengeschenk«, notierte er noch. Und fügte, träumerisch, seines Gestaltens Zauber und Merkmal hinzu: »Kunstvolles Spät. – Der Perspektiven reiches letztes Glück.«

NEUE RUNDSCHAU, November 1932

In Lederhosen und mit Monogramm plus Edelweiß auf dem Wams – Rudolf Utzinger als Kind in Nürnberg.

Nie ohne Zigarette – Rudolf Utzinger um 1927.

Mit scharfer Bügelfalte in freier Natur –
Rudolf Utzinger um 1928/'29 in Davos.

Rudolf Utzinger – das »irdische Panorma« im Auge behaltend.

Letzte Reise - Rudolf Utzinger im Frühjahr 1929 an der Côte d'Azur.

Ein zupackender Mann – Rudolf Utzinger mit seiner zweiten Frau.

Rudolf Utzinger (rechts) zusammen mit Bekannten in Davos, dem »Konservatorium für Lungenpfeifer«.

Nach dem Motto von Wedekind: *Das Leben – eine Rutschbahn.* Rudolf Utzinger Ende der 20er Jahre auf einem Schlitten. (vorne)

Gregor Rabinovitch: Porträt Rudolf Utzinger, Zürich Juni 1927, Kaltnadelradierung (Privatbesitz).

Traugott Vogel: Porträt Rudolf Utzinger, Bleistiftzeichnung (Privatbesitz).

Rudolf Utzingers Urnengrab.

Anhang

Nachwort

Man findet seinen Namen in keinem Lexikon, in keiner Literaturgeschichte. Auch in den Erinnerungen und Briefen berühmter Zeitgenossen kommt er nicht vor. Rudolf Utzingers Verschollenheit ist eine so vollständige, daß man versucht ist, ein Hildesheimer'sches Marbot-Spiel mit ihm zu beginnen. Reizvoll wäre es, gewiß. Doch bliebe man aller Voraussicht nach weit hinter der Originalität dieses Mannes zurück. Denn Utzinger besaß eine wahrhaft vertrackte Genialität, die ihm gegenüber jedem Betrachter einen Reflexions- und Ideenvorsprung sichert – nicht aus raffiniert berechneter Absicht, sondern weil er wußte: »Der Mensch kennt sein eigenes Porträt nicht.« (S. 11) So sah er sich selbst als rastlosen »Ideentrapper« (S. 120), immer unterwegs in Reflexionen und Empfindungen. »Alles Wissen hat den Geruch kalter, nassen Landstraßen«, schrieb er schon früh (S. 84); auf ihnen galt es zu galoppieren, nicht hocken zu bleiben: »Phlegma heißt die einzige Sünde der Welt.« (S. 19)

Typisch schweizerisch wird man diese Haltung wohl kaum nennen können. Doch war Utzinger überhaupt ein echter Eidgenosse? Ja und nein. Seine Eltern waren Schweizer. Geboren ist er in Nürnberg, aufgewachsen in Berlin; erst als Student lernte er seine ›Heimat‹ kennen. Und er sprach – horribile dictu! – nicht einmal Schweizerdeutsch. Auch jagte ihm jenes hochbesetzte Wort ›Heimat‹ keinen sentimentalen Schauer über den Rücken. Statt dessen sagte er: »Des Lebens tiefster Sinn heißt Kolportage.« (S. 47) Und: »Mit Überlegung wollen wir Anarchisten werden, da wir sonst im Schlamm der Ordnung untergingen.« (S. 79)

Solcherlei Sätze waren keine Empfehlung in einem Land, dessen Literatur zu jener Zeit weitgehend von schreibenden Lehrern geprägt wurde, die allesamt rechtschaffen guten Willens waren. Zwar verirrte sich eine posthume Auswahl von Utzingers Texten 1932 in die Seldwyla-Reihe des Zürcher Grethlein Verlages, doch ein Platz im Heimatmuseum der Schweizer Literatur wurde ihm deswegen nicht gleich zuteil. Und selbst heute, da man sich mit liebenswürdigem Eifer aller Außenseiter jener Zeit annimmt und für sie im sieben Stockwerke tiefen

285

Bunker der Berner Landesbibliothek Regale bereithält – selbst heute ist Utzinger noch immer ein komplett Unbekannter. Ketzerisch gesinnt, möchte man ihm dies als Qualität auslegen.

Es war indes auch nicht leicht, auf Utzingers Spur zu stoßen, und zwar aus mehreren Gründen nicht. Zum einen, weil er der Literatur durchaus skeptisch gegenüberstand; für einen umfassend beweglichen Intellekt drohte (und droht) im literarischen Betrieb eher Vereinseitigung. So schrieb er 1922: »Was man meist dem Spießer vorhält, trifft in Wahrheit beim geistigen Menschen zu, er findet keinen Weg zur jüngsten Kunst; wenn er Geständnisse heuchelt, so hat das mehr mit Galgenhumor zu tun. Er ist viel zu raffiniert, zu romantisch ehrlich, um Programm und Gerassel einer einzigen Richtung aufsaugen zu können. (...) Als intellektualer Mischling lehnt er den Roman in üblichem Sinne ab« (S. 199). Konsequenterweise blieb der Roman, den Utzinger nach dem Zeugnis eines Freundes selbst geschrieben hat, denn auch ungedruckt (s. S. 270). Was den Autor Utzinger statt dessen stärker anzog, war der Essay, das Prosastück – jene Gattung, die es erlaubte, hemmungslos durch alle Gebiete des Wissens, der Reflexion und der Phantasie zu vagabundieren. Im übrigen galt der Ethnologie seine eigentliche Passion; in dieser Disziplin, die er als eine fortwährende Reise ins Unbekannte, als einen irritierenden fremden Spiegel begriff, war er beruflich tätig; hier veröffentlichte er zwei Bücher: *Indianerkunst*, 1922, und *Masken*, 1923. Die Literatur hingegen zählte erst in zweiter Hinsicht.

Zudem war es eine Literatur, die den gängigen Erwartungen widerstritt. Die Gattung des literarischen Buches hat Utzinger anscheinend nie mit Entschiedenheit angestrebt. Es waren vielmehr die vergänglichen Alltagsmedien, in denen er sich zu Wort meldete: das Feuilleton der Zeitungen, die Glossenspalten der Zeitschriften. Hier herrschte Bewegung, Auseinandersetzung, Polemik – das war Utzingers Terrain. Doch wer wäre in der Lage, dies heute noch zu überblicken? Niemand. Wie also sollte man aus der Distanz von 70 Jahren in der uferlosen Masse der täglichen Zeitungstexte ausgerechnet auf Utzinger aufmerksam werden?

Ohne einen gezielten Hinweis war dies undenkbar – genauer: Man mußte schon ein Liebhaber des heute ebenfalls vergessenen Dichters Ferdinand Hardekopf sein, um auf den Namen Utzinger überhaupt zu stoßen. In Hardekopfs Nachlaß nämlich liegen drei Texte – ebenfalls Zeitungsfeuilletons – die an den Unbekannten erinnern. Viel gewonnen hat man damit jedoch noch nicht, denn wo sollte man mit der Suche beginnen? Auf gut Glück? Chancenlos. Gab es vielleicht einen Nachlaß dieses rätselhaften Mannes? Von seinen Nachkommen, in langwierigen Recherchen ausfindig gemacht, erhält man den Bescheid: Nein, Utzingers Hinterlassenschaft sei im zweiten Weltkrieg bei einem Bombenangriff auf Stuttgart verbrannt. Die Hoffnung auf eine säuberlich geordnete Sammlung von Druckbelegen – von Utzingers Werken notabene – kann man also abschreiben.

So blieb nur die philologische Ochsentour: Bibliographieren nach den alten Regeln der Kunst und dann – blättern. Zeitungen, jahrgangsweise. Zeitungen, von denen zwei bis drei Ausgaben pro Tag erschienen waren. Zehntausende von Seiten. Nackenschmerzen ignorieren und immer hübsch blättern. Augenschmerzen ignorieren und den Mikrofilm immer langsam auf dem Bildschirm vorüberziehen lassen. Halt! Was war das!? Schon wieder hätte man beinahe was übersehen. Verfluchte Müdigkeit …

Doch auch der unverdrossenste Fleiß vermag nichts wider die Geschichte. Und diese hieß im Deutschland der ersten Jahrhunderthälfte: Zerstörung und Vernichtung. Utzinger war zwar Schweizer, doch interessante Feuilletons gab es hauptsächlich in deutschen Blättern. So publizierte er vielfach dort. Gewiß, von den großen Berliner Zeitungen, dem *Berliner Tageblatt* oder dem *Börsen-Courier* existieren noch vollständige Exemplare. Das Stadtarchiv Mannheim und die Landesbibliothek Karlsruhe aber wurden vom Brandbomben getroffen; auf die Innenstädte von Heilbronn und Stuttgart regnete der Sprengstoff gleich flächendeckend. Wer heute die *Neue Badische Landeszeitung*, Mannheim, oder die *Neckar-Zeitung*, Heilbronn, sucht, wird weder am Erscheinungsort noch in den zuständigen Landesbibliotheken noch irgendwo sonst ein vollständiges Exemplar finden. Ersteres Blatt wurde in den zwanziger Jahren wegen seiner Liberalität und seines Niveaus gerne die »Badische Frankfurter« genannt, und in ihren Spalten tummelte sich von Ernst Bloch bis Robert Walser die ganze deutschsprachige Literatur. Letzteres war eine jener mittleren Zeitungen, die sich den Luxus eines aufgeschlossenen Feuilletons leisteten, welches den jungen Literaten der nahen Landeshauptstadt mehr Spielraum bot als die auf Repräsentation bedachten Stuttgarter Organe. An beiden Orten hat Utzinger regelmäßig publiziert, doch müssen seine dort erschienen Texte ebenso als verloren angesehen werden wie sein Nachlaß. Utzingers Werk wird also auf immer ein Torso bleiben.

In unserer dokumentationswütigen Zeit mag dies als untilgbarer Makel gelten. Doch strahlt nicht beispielsweise ein antiker Torso einen besonderen Reiz aus? Sind seine fragmentarischen Partien nicht manchmal ausdrucksstärker, als es die unbeschädigte Figur je wäre? Wohnt nicht dem Fragment ein Geheimnis inne, mit dem verglichen die platte Sichtbarkeit fast konventionell und langweilig wirkt? »Alles Wissen hat den Geruch kalter, nasser Landstraßen.« Utzingers Leben und Werk dagegen riecht nach Rätsel.

Schon die Angaben zu seiner Biographie sind äußerst spärlich. Geboren wurde er am 29.8.1891 als Sohn des Eisenbahn-Oberingenieurs August Utzinger und seiner Frau Ida Heinriette geb. Heinrich. Die Eltern besaßen das Bürgerrecht von Bülach, Kanton Zürich. In seiner Geburtsstadt Nürnberg ging Utzinger auf die Volksschule; danach siedelte die Familie nach Berlin über, wo er die Oberrealschule in Charlottenburg besuchte. Am 9. Oktober 1911 schrieb er sich an der Königlichen Friedrich Wilhelms-Universität zu Berlin als Student ein und belegte dort eine Anthropologische Übung, eine Präparierübung sowie vergleichende Anatomie und Vererbung beim Menschen. Am 11. März 1914 exmatrikulierte er sich in Berlin und ging wenig später in die Schweiz. Dort studierte er Anthropologie und Völkerkunde in Genf, Neuchâtel und Bern, ohne daß hierzu bislang nähere Unterlagen vorlägen. Erste nachgewiesene literarische Publikationen datieren vom Juni 1914 in der Zürcher Zeitschrift *Die Aehre*. Vom Jahr 1917 an führte Utzinger den Titel eines Dr. phil., eine Dissertation von ihm ist im Verzeichnis der Schweizer Hochschulschriften jedoch nicht nachzuweisen. Im Sommer gleichen Jahres machte er, von Luzern kommend, Station in Zürich und lernte dort einige Dadaisten kennen, unter ihnen Ferdinand Hardekopf, mit dem ihn fortan eine enge Freundschaft verband. Ende August 1917 zog Utzinger nach Stuttgart, wo er wissenschaftlicher Angestellter des ethnographisch ausgerichteten Linden-Museums wurde. Wie mehrfach kolportiert, soll er im November 1918 für sechs Stunden ›Minister für Volksaufklärung‹ in der württembergischen Revolutionsregierung gewesen sein. Expressionistische und avantgardistische Zeitschriften wie *Der Anbruch*, *Ararat* und *Feuer* zählten ihn in den folgenden Jahren zu ihren Mitarbeitern. Utzinger heiratet Maria Luise von Georgi, doch wird die Ehe am 4. Januar 1922 wieder geschieden. Als Stuttgarter Wohnsitze sind die Hohenstaufenstr. 11 (1923) und die Bismarckstr. 77 (1924/25) nachgewiesen. Am 1. Mai 1924 wurde Utzingers Stück *Die Nilpferdbude, ein Szenarium in vier Bildern* am Stadttheater Heilbronn in einer Nachtvorstellung uraufgeführt. Anfang 1925 erkrankte Utzinger an Tuberkulose und ging zur Kur in die Schweiz; von Juni 1925 bis Ende März 1926 Aufenthalt in Davos. Finanzielle Notlage und eine pflegebedürftige Mutter ließen ihn bei der Schweizerischen Schillerstiftung um Stipendien nachsuchen, die ihm auch gewährt wurden. Im April 1927 ließ er sich in Zürich nieder, mußte sein Domizil nach neuerlicher Verschlechterung des Gesundheitszustandes im November 1927 jedoch endgültig nach Davos verlegen. Am 17. August 1928 heiratete er dort Marianne Amos aus Stuttgart. Eine Reise führte ihn im Frühjahr 1929 an die Côte d'Azur. Im August 1929 griff die Tuberkulose erneut auf den Kehlkopf über. Am 31. Oktober 1929 starb Utzinger nach fünf Wochen langem Todeskampf in Davos.

38 Jahre ist Utzinger alt geworden; mindestens seit seinem 24. Lebensjahr hat er publiziert. Das Werk, das in dieser Zeitspanne entstand, ist keineswegs einheitlich – wie sollte es. Begonnen hatte er als junger Bohemien und Décadent, dessen literarisches Alter Ego ein Ziel hat: »Dem Laster Altäre bauen« (S. 36). Es wird ein bißchen mit dem Satanismus gespielt, im übrigen aber kommt es darauf an, überlegene Distanz zu allem wahren. Das nächtliche Café ist der einzig menschenwürdige Ort; auch von Morphiuminjektionen ist die Rede. In einer Schweizer Zeit-

schrift darf man zumindest hoffen, daß sowas schockierend wirkt.

Die Realität des ringsum tobenden Krieges bringt dergleichen Allüren jedoch bald zum Verstummen. Politik läßt sich nicht länger ignorieren. Als Utzinger im Frühjahr 1917 in Zürich eintrifft, gerät er dort in den soeben ausgebrochenen Streit zwischen Dadaisten und Aktivisten, zwischen Ästhetikern und Moralikern, wie die Terminologie damals lautete. Utzinger hat zwar durchaus Sympathien für den Dadaismus, schlägt sich jedoch auf die Seite der politischen Aktivisten um Ludwig Rubiner. Der Schock über die Grausamkeit des Krieges sitzt bei ihm zu tief, als daß er noch Lust an der dadaistischen blague hätte. Tolstoi wird ihm zur Leitfigur; Landauer, Werfel, Ehrenstein und Rubiner nennt er im Aufsatz *Die neuen Ethiker* (im vorliegenden Band nicht aufgenommen) als seine Gesinnungsgenossen. Expressionistisches Pathos und messianischer Humanismus prägen nun seine Texte. Sympathie für die christliche Demuts- und Versöhnungsbotschaft klingt ebenfalls verschiedentlich durch. Und als im November 1918 Revolution geprobt wird, steht Utzinger nicht abseits. Vom Dichter, der in die Politik zu steigen habe, hatte Rubiner geschrieben. Ernst Toller befolgte die Devise in München, Utzinger in Stuttgart. Seine Wirkungsmöglichkeiten als revolutionärer Minister blieben jedoch auf einen halben Tag beschränkt.

Was danach folgte, ist zutiefst zwiespältig. Da ist zum einen der pazifistische Aktivist Utzinger, der sich nun nach den Ursachen des Debakels fragt, welches der Krieg, aber auch die unmittelbare Nachkriegszeit bedeutete, in der alle Hoffnungen so schnell zerstoben waren. Wie ließ sich verhindern, daß ein solcher Krieg nochmals ausbrach? Wie konnte die Menschheit endlich zu einem Fortschritt gelangen? Universalistisch war der Ton dieser Fragen – universalistisch auch der Titel einer der Zeitschriften, in der sie diskutiert wurden: *Die Menschheit*. Wissenschaftler publizierten dort, und nicht wenige von ihnen kamen zum Schluß, daß die Politik selber – unberührt von wissenschaftlichen Erkenntnissen, wie sie war – ein Hauptproblem darstelle. Die Erkenntnisse, die hier die Richtung angaben, waren indes ihrerseits Ideologie: die des Darwinismus nämlich. Auguste Forel und andere, die hier schrieben, sahen den Krieg als Folge einer biologischen Fehlentwicklung des Menschen, die es zu steuern galt. Auch Utzinger, durch die anthropologischen Seminare seiner Zeit gegangen, glaubte kurzzeitig, hier liege das Problem und redete in einem Essay, der unter dem Titel *Biologische Politik* in der *Menschheit* erschien, der Eugenik das Wort. Den gefährlichen Reduktionismus, der in solcher Haltung lag, erkannte er jedoch schnell, auch wenn er in Fragen der biologischen und geomorphologischen Determinierung des Menschen lebhaft engagiert blieb. Insbesondere der Physiognomik galt dabei sein Interesse. In ihr sah er eine Ausdruckswelt, in der sich – ähnlich einer Sprache – Triebdetermination, Umweltbedingungen und Individualität in immer neuen, aufschlußreichen Formen präsentierten. Die Rassenideologie der Nazi-Vorläufer, die »einen arischen Frontkämpferbund gegen die Herstellung von ihnen nicht zugelassener Schädel grotesk organisieren« (S. 161), erschien ihm dagegen als der Inbegriff des Abstrusen.

Der Klarheit dieser Haltung ungeachtet, fällt es in jener Zeit zu Beginn der zwanziger Jahre schwer, den Anthropologen Utzinger mit dem Literaten zusammenzudenken. In den Zeitschriften, die damals literarische Beiträge von ihm enthielten, tritt er als zerrissener Ekstatiker auf, in dem offenbar alle Emotionen der Vorkriegszeit wieder aufgebrochen sind, nun aber noch verschärft durch die Enttäuschungen, die sich nach dem Kriege eingestellt haben: die Niederlage im politisch-revolutionären Kampf und das Debakel im privaten Eheleben. In den Texten exaltieren sich einsame Steppenwölfe in wilden, durch Drogen gesteigerten Emotionen; Paare üben sich in Selbstzerfleischungsritualen, wie sie zuletzt ein Franz Jung 1915/16 in seinen Romanen *Sophie* und *Opferung* ausagiert hatte. Im Wunsch Trieblichkeit und Verzweiflung in ihrer vollen destruktiven Wucht zum Ausdruck zu bringen, scheute Utzinger auch vor den Grenzen der Syntax nicht zurück. Aus historischer Distanz betrachtet, erweisen sich jene Versuche des Expressionismus, durch maßloses Wortgewölk quälende Emotionen unmittelbar zum Ausdruck zu bringen, jedoch als Fehlschlag – und zwar nicht nur aus stilistischen Gründen, sondern auch weil die Emotionen, die damals so überwältigend schienen, mittlerweile als Selbstverständlichkeit ins idiosynkratische Repertoire des Intellektuellen eingegangen sind. Die Texte jener Zeit blieben deswegen hier größtenteils unberücksichtigt.

Anders verhält es sich mit Utzingers Entwicklung ab etwa 1925. Die Tuberkulose, die zu Beginn jenes Jahres ausbrach, veränderte sein Schreiben, Denken und Fühlen zutiefst. Auf einmal war alles auf die Probe existentieller Tauglichkeit gestellt. Und Utzinger nahm diese Prüfung an. Ausflüchte in billige metaphysische Trostregionen ließ er nicht gelten. Den Tod in erwartbar naher Zukunft vor sich, entschlug er sich allen »lyrischen Farbenschwindels« und setze gänzlich auf die Fähigkeiten des »Zerebralen« (S. 35), allerdings nicht im platt rationalistischen Sinn. Die »Leibwäsche des Nichts« am eigenen Körper nur zu deutlich spürend (S. 119), wollte er immerhin noch Zeugnis dafür ablegen, daß »das Leben ein Segenswort« sei (S. 150), auch wenn alle Bemühungen moderner Zeiten darauf hinausliefen, es als solches zu entzaubern. »Noch immer ist das Leben von unerklärlicher Symbolik bestirnt«, war Utzinger überzeugt, mochte die Gesamtbemühung der Epoche auch darin bestehen, »Strickleitern« zu knüpfen, »die zu einer wissenschaftlichen Minderwertigkeit hinabführen« (S. 55): sei es in einen »schrankenlosen Materialismus soziologischer Nüchternheit« – seiner ideologischen Selbstdefinition zufolge Marxismus genannt –, sei es ins Reich der »wissenschaftliche Psychisten«, die im selbstgewissen Anspruch, das Rätsel der menschlichen Seele gelöst zu haben, bereits in den Vorzimmern der Macht angekommen waren und »im Pullmann durch den Gotthard flitzten« (S. 100). Nicht daß Utzinger den Forschungen der Humanwissenschaften durchweg ablehnend gegenübergestanden wäre, im Gegenteil: Er interessierte sich geradezu brennend dafür, doch beharrte er auf dem Einwand, daß wissenschaftliche Theorien lähmend wirken mußten, »wenn in ihnen nicht die Ahnung alter Wahrsagebücher weiterleben würde ...« (S. 150) Ohne ein geöffnetes Fenster zum Alogischen konnte Rationalität nur lebensfeindlich wirken.

Wenn es jedoch etwas gab, dessen sich die Wissenschaft zu entledigen versuchte, war es eben jener Horizont des Ungefähren und des Rätsels. Utzinger wußte dies zur Genüge. Und doch war er überzeugt, daß die Liquidierung allen Geheimnisses die Individualität der Kulturen ebenso vernichten würde, wie sie im krassen Widerspruch zu aller Lebendigkeit stand. »Wir werden«, so seine politische Prognose, »in den Zustand einer offiziellen Zentralisation des Erdballes hineinrutschen.« (S. 175) Einer solchen Herrschaft des Rationalismus, einer solchen »Nekromantie« (S. 55), war mit den Rebellionen des Gefühls, die sie im einzelnen auslösen mußte, kaum beizukommen. Trotzdem lag hier das einzige Reservat, das noch blieb: »Wir alle tragen einen verzückten Derwisch in uns.« (S. 76) Diesen galt es zu leben: »Mit Überlegung wollen wir Anarchisten werden.« (S. 79) Erlösung boten zuletzt die Dichter, »bei denen Priestertum und Satanismus sich in unbefriedigter Sehnsucht umarmen, die dem Flüstern des Wahnsinns gehorchen, um nicht in einem technischen Klima untergehen zu müssen.« (S. 215)

Es war indes nicht das Übermaß an technisch-wissenschaftlicher Kenntnis, sondern paradoxerweise gerade deren Mangel, der Utzinger untergehen ließ. Wenige Jahre später – und seine Krankheit wäre heilbar gewesen. Und doch nötigte ihm diese Krankheit ein Werk ab, welches mit wachsender rationalistischer Widerlegbarkeit an Wahrheit in gleichem Maße gewinnt. Allerdings nicht an einer, die sich in Denkgesetzen, Politikerzitaten oder Kalendersprüchen ausmünzen ließe, sind doch Utzingers Texte gegen offizielle Vereinnahmungen wirksam gefeit. Vertracktheit und Prägnanz gehen in seiner Prosa eine Verbindung ein, wie sie so fintenreich allenfalls noch beim späten Robert Walser anzutreffen ist (dem Utzinger denn auch seine Bewunderung zollte; siehe S. 269). »Nur eine Individualsprache schien uns des Eindringens wert«, hat er bekannt (S. 18).

Der individuellsten Form der Sprache, d.h. der Literatur, galt zuletzt also doch sein tiefstes Interesse. Alle Neuerungen, die sich hier entwickelten, hat er mit wachster Neugier verfolgt; seine Kritiken lesen sich dementsprechend wie ein »Who is Who« der Avantgarde in den ersten drei Jahrzehnten dieses Jahrhunderts. Gefahr sah er allenfalls in einem: dem Ruhm. Literatur, die nach Ansehen und Autorität strebte, mußte zwangsläufig in Pose und Repräsentation ersticken. Um dem zu begegnen wählte Utzinger die subversiven ungebundenen

Formen: den Essay, die Glosse, die kurze Erzählung, das Prosastück. So verstreut diese Texte erschienen, so partikular ihr Charakter bisweilen auch sein mag – allen ist die unverwechselbare Eigenheit ihres Autors als gemeinsames Zentrum eingeschrieben: eben jene markante »Individualsprache«, wie er es im Prosastück *Versteckspiele des Privaten* nannte.

Utzinger war sich indessen bewußt, daß in den Versteckspielen der literarischen Individualisierung ebensosehr eine Not wie eine Rettung lag: einerseits die Not, gegenüber der totalen Dominanz der technisch-wissenschaftlichen Zivilisation machtlos zu sein – anderseits die Rettung, sich nicht auch noch die Sprache als letzten intimen Ort abhandeln zu lassen. Selbst wenn es nur Notizen waren, »die den Weltstand nicht änderten« (S. 18), so konnte man doch hier – in Sprache und Stil – ein letztes Mal ein »Virtuose gesteigerten Verlangens« (S. 166) werden, ein Diesseitsmystiker, der beschwörend sagen durfte: »Jeder von uns durchblättert seinen ureigenen Sensationsroman.« (S. 19) Unseren ureigenen? Oh, wäre es doch so!

Bernhard Echte

Anmerkungen

S. 10 *Kursaal* ... : Schweizerische Bezeichnung für Spielkasino.

S. 22 *für René Schickele* ... : Utzingers Bekanntschaft mit dem elsässischen Schriftsteller datiert vom Januar/Februar 1928, als Schickele Urlaub in Davos machte. Utzinger widmete ihm auch den Text *Seitenblick auf Berg und Mensch* (vgl. S. 127-134 in diesem Band). Außerdem nahm er an einer kleinen *Rundfrage über Schickele* teil, die die *Davoser Revue* damals unter ihren Mitarbeitern veranstaltete; Utzinger schrieb bei dieser Gelegenheit unter anderem: »Nie hat dieser Dichter mit geistigen Drinks oder lauten Attrappen gearbeitet, mit selbstherrlichen Skalps, die in schamlosen Zeiten billig zu erwerben waren. Auf den Genfer Boulevards las ich den *Benkal*, das köstlichste, farbigste, geistleuchtendste Buch der Vorkriegszeit. Als eine morsche Welt im Sterbebett lag, blieb seine Stimme hell, klar und rein.« (*Davoser Revue*, Nr. 5 vom 15.2.1928, S. 11f.) Schickele seinerseits widmete Utzingers posthum erschienenen Band *Ruhe auf der Flucht* (Zürich/Leipzig: Grethlein 1932) eine – allerdings recht allgemein gehaltene – Besprechung in der *Frankfurter Zeitung* (*Ruhe auf der Flucht vor sich selbst*, Literatur-Blatt Nr. 30 in Nr. 546/548 vom 24.7.1932).

S. 25 *seine jerryhafte Freude* ... : Anspielung auf Jack Londons Roman *Jerry der Insulaner*, dessen Hauptfigur ein Hund namens Jerry ist.

S. 32 *aus* Intarsien *(II)* ... : vgl. Anmerkung zu S. 83.

S. 35 *ardinghelloheiß* ... : Anspielung auf den 1787 erschienenen Roman *Ardinghello und die glücklichen Inseln* von Wilhelm Heinse (1746-1803).

S. 36 *es war eine Delibes-Stimmung* ... : Leo Delibes (1836-1891), französischer Komponist spätromantischer Prägung.

S. 40 *Der Typus taucht ...* : Offenbar absichtlich berlinerische Schreibweise des Wortes ›taugt‹.

S. 58 *Pirmasens ...*: Utzingers Kenntnis dieser pfälzischen Stadt hängt womöglich mit seiner Verehrung für Hugo Ball zusammen, der dort geboren und aufgewachsen war (vgl. dazu den Text *Über Hugo Ball*, S. 211 ff. in diesem Band sowie die zugehörige Anmerkung).

S. 72 *Zwei Freunde, ein Maler und ein Dichter ...* : Traugott Vogel schreibt dazu in seinen Erinnerungen an Utzinger: »Ich selbst war der eine jener beiden Besucher, und wir hatten den Freund Utzinger (es war im November 1927) aufgesucht, um Abschied von ihm zu nehmen. Es war ihm ärztlich verordnet worden, die Stadtluft zu meiden und sich in einen unserer Höhenkurorte zurückzuziehen. (...) Im Zimmer schwelte die ozongesättigte Luft des Zerstäubers, die er sich gegen die stetig drohende Atemnot eingespritzt hatte, und in einem Winkel schwankte das bleiche weibliche Skelett, das ihn durch Jahre hindurch begleitet hatte. Valeria nannte er das knöcherne Schemen, dessen Lebensgeschichte er kannte.« (Traugott Vogel, *Leben und Schreiben. Achtzig reiche magere Jahre*. Zürich: Orell Füssli 1975, S. 103 f.)

S. 78 *ein Bauernhaus über einem steilen Wiesenhang ...* : Offenbar Anspielung auf die Lebensumgebung des Malers Otto Meyer-Amden; vgl. dazu S. 227 f. in diesem Band.

S. 79 *Ein Freund von mir ...* : Utzinger meint wahrscheinlich den Schriftsteller und Übersetzer Ferdinand Hardekopf (1876-1954), mit dem seit dem Jahr 1917 in freundschaftlichem Kontakt stand; Hardekopf hatte sich seit den ersten »Brettl«-Gründungen um die Jahrhundertwende für das Cabaret als literarische Kunstform eingesetzt, war später selbst im Cabaret *Gnu*, im *Grünen Teufel* oder auch auf Dada-Soiréen aufgetreten und hatte 1921/22 das Berliner Cabaret *Größenwahn* geleitet. Weiteres zu Hardekopf siehe im entsprechenden Essay von Utzinger (S. 206 ff. in diesem Band) sowie unter den zugehörigen Anmerkungen.

S. 83 *Intarsien (I)* ... : Utzinger hat den letzten Abschnitt des Prosastücks auch in seinen zweiten Text dieses Titels (*Das Gelbe Blatt*, 1. Jg., Nr. 4 vom 22.3.1919) aufgenommen, in dem anschließend die fiebrige Vampir-Phantasie *Blutstropfen* (hier nicht aufgenommen) sowie die Skizze *Geschehnis* folgte (S. 31 f. in diesem Band).

S. 83 *Der Niesen* ... : Zwischen 1908 und 1912 malte Hodler ein halbes Dutzend Bilder, auf denen dieser am Thuner See gelegene Berg dargestellt ist.

S. 85 *Der Gurten* ... : Beliebter Aussichtsberg vor den Toren Berns.

S. 87 *ein paar gelbe Bände* ... : Gemeint sind Bände der damals weitverbreiteten Strindberg-Ausgabe des Georg Müller-Verlages; vgl. auch S. 189.

S. 88 *Bergsoo* ... : Anscheinend absichtliche dialektale Verballhornung des Namens von Henri Bergson.

S. 92 *Neo-Salvarsan* ... : Medikament zur Behandlung von Lungengangräne, Malaria und Lues.

S. 92 *Henri Bordeaux* ... : Vom Genfer See stammender französischer Schriftsteller (1870-1963), Autor von mehr als vierzig Romanen, in denen er einen aufs Bodenständige bedachten, katholisch-monarchistischen Traditionalismus vertrat.

S. 93 *jenen berühmten Professor Kocher* ... : Utzinger bezieht sich auf den Berner Chirurgen und Nobelpreisträger Emil Theodor Kocher (1841-1917), der erstmals den Kropf durch Entfernen der Schildrüse behandelte.

S. 94 *Chenevière* ... : Jacques Chenevière (1886-1976), Genfer Schriftsteller; zeitweise Gefangenenbeauftragter des Roten Kreuzes, gründete zusammen mit Robert de Traz die *Revue de Genève*.

S. 95 *in dem Piloten Mittelholzer ...* : Walter Mittelholzer (1894-1937), Schweizer Luftfahrtpionier und Autor zahlreicher populärer Fliegerbücher (*Alpenflug*, 1926, u.a.).

S. 96 *Otto von Greyerz bei der Hebung von Heimatpoesie ...* : Otto von Greyerz (1863-1940), zunächst Deutschlehrer im Landerziehungsheim Glarisegg (Bodensee), dann Professor für Sprache, Literatur und Methodik des Deutschunterrichts an der Universität Bern; Verfasser zahlreicher Glossen über Dialekt, Hochsprache und guten Stil sowie Gründer des Berner Heimatschutz-Theaters.

S 98 *Trahison des Clercs ...* : 1927 erschienenes, kulturkritisches Buch von Julien Benda (1867-1956), das die Kolaboration der literarisch-philosophischen Intelligenz mit der politischen Macht als verhängsnisvoll anprangert, dies vor allem im Hinblick auf rechtsradikale Strömungen wie die Action française und den italienischen Faschismus.

S. 100 *dem fluchtbereiten Nietzsche ...* : Nietzsche hielt sich in Wiesen (Kanton Graubünden) von Ende Mai bis Mitte Juni 1879 auf.

S. 103 *er gab die* Argonauten *heraus ...* : Die von Ernst Blass (1890-1939) geleitete Zeitschrift *Die Argonauten* erschien zwischen 1914 und 1921 im Verlag Richard Weißbach, Heidelberg. 1912 war dort auch die von Kurt Hiller zusammengestellte Lyrik-Anthologie *Der Kondor* herausgekommen, in der Blass mit einem Dutzend Gedichten vertreten war.

S. 103 *Arnold Masarey, der Dichter der* Meerfahrt ... : Arnold Masarey (1883-1951), Basler Arzt, Schriftsteller und Naturforscher (Meeresfauna, Ornithologie), publizierte 1927 seinen ersten Gedichtband *Meerfahrt*.

S. 108 *und heute schreite ich ...* : Einem Brief an Hans Bodmer zufolge hielt sich Utzinger im April 1926 zu einer Nachkur in Schwangau bei Füssen auf (Akten der Schweizerischen Schillerstiftung, Stadtarchiv Zürich).

S. 112 *läßt hier ein graziöses Kapitel seiner* Maria Capponi *spielen* ... : Schickeles Roman ist der erste Teil seiner Trilogie *Das Erbe am Rhein* und erschien im Jahr 1926. Die von Utzinger erwähnte Passage findet sich in der Original-Ausgabe (München: Kurt Wolff 1926) ab S. 272; das betreffende Hotel heißt dort »Grand-Hotel du Roi René«, während der Wirt – wie bei Utzinger – als Monsieur César-Marie Roux vorgestellt wird.

S. 112 *im* Clissold *mit seinem großen Wissen* ... : Der Roman *The World of William Clissold. A Novel at a New Angle* von Herbert George Wells (1866-1946) erschien 1926 (deutsche Übersetzung 1927). Ausgehend von der Feststellung: »Die moderne Zivilisation ist wie ein Flugzeug mit einem einzigen, defekten Motor«, kreist das Buch um die Frage, wie die aus den Fugen geratene Welt wieder in Griff gebracht werden könne. Als Lösung empfiehlt der Roman eine Weltrepublik, die von einer einig-weitsichtigen Großfinanz und einer zur vollen Entfaltung gebrachten Technologie getragen werden solle.

S. 113 *die Poeten La Fouchardière, Claude Farrière* ... *Duvernois, Charles Vildrac* ... : Georges La Fouchardière (1874-1946), Claude Farrière (1876-1957), Henri Duvernois (1875-1937), Charles Vildrac (1882-1971), französische Romanciers.

S. 116 *der geistreiche Robert Müller* ... : Der Wiener Essayist und Romancier Robert Müller (1887-1924) wird von Utzinger verschiedentlich als anregender, geistesverwandter Autor zitiert, so z. B. auch im Essay *Das irdische Gesicht der Literatur*. Utzinger schreibt dort: »Der zeitgenössische Autor (...) hat wieder gelernt, die körperhaften Dinge – nicht nur ihren Widerschein – mit seinen Gedanken zu umgarnen. Er ist mißtrauisch geworden gegen alle Emotionen, denen die natürliche Begrenzung einer irdischen Heilsordnung ermangelt. Er glaubt, daß bisher alle Literatur auf unrichtigen Voraussetzungen basierte. Das passive Verhalten, das zur Auflösung, zur Entstofflichung der Gedankengestaltung führte, verwirft er als subjektivistische Virtuosität, während er seine geistige Rundung nur von einer wissenschaftlichen Bewußtseinsaufhellung erwarten kann. Denn dem künstlerischen Denker bedeutet die

Weisheit der Wissenschaft nicht erlebnisleere, materialistische Asketik, sie treibt ihn vielmehr in dramatische Imaginationen und gibt seinem poetischen Rebellenblut Stoßkraft und unsentimentale Richtung (...), ein Unternehmen, das der hyperintelligente Robert Müller, Österreichs letztes, verwegenstes literarisches Profil, mit noblem tiefem Esprit seit seiner ersten Zeile zur Geltung zu bringen suchte. Jener Wiener war die fremdeste und zugleich modernste Figur im essayistischen Europa. Über den Konventionen eines eitlen Theatertums hinweg hat er, der amerikanoide Europäer, anthropopsychologisch die großen Kammern und intimsten Aufsplitterungen der Kontinente durchleuchtet, aus der Wandelbarkeit des Naturraumes heraus den Menschen als ein ungeheures Züchtungsprodukt gesehen. Hinter einer sauberen, ungemein konzentrierten Wortführung bildet er den Menschen in seinen Romanen und Essays als schicksalhaften Charakter, der von biologischen und psychischen Kräften geleitet wird. Die Vitalität der Rasse schaltet hier in bisher ungehörten Perspektiven. Er zeigt die Sinnlichkeit einer energetischen Physiologie in allen blendenden Spiegelungen, und aus jenem interessanten morphologischen Geflecht erwächst ihm eine Chemie der Seele und Temperamente. Wertvoll wird immer derjenige Schriftsteller sein, der neue Einsichten, neue Beziehungen für das Handeln freilegt, der jenseits der Abenddämmerung lyrischer Kabarettisten sich um die geheimen Kanäle soziologischer Entfaltung kümmert.« (*Davoser Revue*, Nr. 6 vom 15.3.1927) Vergleiche im übrigen auch S. 144 in diesem Band sowie die entsprechende Anmerkung.

S. 117 *Hardekopf ... in seinem artistisch-überlegenen* Moralischen Variété ... : Der erwähnte Text erschien zuerst in der Zeitschrift *Die Schaubühne*, 8. Jg. (1912), Nr. 12, S. 339-344 und später in Hardekopfs Buch *Lesestücke*, Berlin: Verlag der Aktion 1916, S. 38-44.

S. 119 *Paradoxie des Hotelzimmers* ... : Der Erstdruck des Textes (*Annalen*, 1. Jg. 1926/27, Nr. 3 vom Februar 1927, S. 238-239) weicht als einziger von der Version in *Ruhe auf der Flucht* erheblicher ab. Die zweite, posthum erschienene Version ist ausführlicher und verlegt gewisse Lokalitäten an andere Orte; so hatten sich Utzingers geliebte Hotelbalkone im Erstdruck noch in Pallanza und *Mittenwald* befunden. Auch werden den rätselnden Hotelgästen erst im Zweitdruck *dumme* Augen attestiert.

S. 143 *es waren Einstein, Kühn, von Sydow, Vatter und ...* : Utzinger bewunderte Carl Einstein (1885-1940) nicht nur als Autor des experimentellen Romans *Bebuquin* (siehe S. 199 in diesem Band), sondern auch als Interpreten exotischer Kunst – Einsteins Bücher *Afrikanische Plastik* und *Der primitive japanische Holzschnitt* erschienen nicht zufällig in der gleichen Reihe wie Utzingers *Masken* (Orbis Pictus. Berlin: Ernst Wasmuth Verlag 19221/23, Nrn. 7 u. 16 bzw. Nr. 13).

Herbert Kühn (1895-1980) war Prähistoriker, hatte 1918 über die *Grundlagen des Stilwandels in der modernen Kunst* promoviert und gab die Bücher *Die Malerei der Eiszeit* (1921) und *Die Kunst der Primitiven* (1923) heraus.

Eckart von Sydow (1885-?) befaßte sich als Kunsthistoriker im besonderen mit der Kunst der ›Naturvölker‹, wobei er psychoanalytische Theorien berücksichtigte (*Primitive Kunst und Psychoanalyse*, 1927). Bei Erscheinen von Utzingers *Indianerkunst* hat er den Band in der *Kunstchronik* besprochen (58. Jg., 1922, S. 58).

Ernst Vatter (1888-1948) arbeitete als Ehtnologe am Städtischen Völkerkundemuseum in Frankfurt/Main und verfaßte unter anderem die Werke *Der australische Totemismus* (1925) und *Die religiöse Plastik der Naturvölker* (1925).

S. 144 *so hat Robert Müller ...* : Utzinger spielt hier auf Müllers Roman *Tropen. Der Mythos der Reise. Urkunden eines deutschen Ingenieurs* an, der 1915 im Verlag Hugo Schmidt München erschien.

S. 144 *oder Supervielle oder ...* : Jules Supervielle (1884-1960), aus Uruguay stammender, später in Paris lebender französischer Schriftsteller; Utzinger bezieht sich im vorliegenden Zusammenhang wohl auf Supervielles Buch *L'homme de la pampa* aus dem Jahr 1923.

S. 144 *der Vaudevillist de Croisset* ... : Francis de Croisset (1877-1937), Autor verschiedener Boulevard-Stücke.

S. 144 *ruht Leo Matthias' Ausflug nach Mexiko, ein Buch nervöser Spannung* ... : Leo Matthias (1893-1970), Jurist, Soziologe und Schriftsteller; zwischen 1920-1933 Reisen und Aufenthalte in der Sowjetunion, Mexiko, der Türkei, dem Irak, Syrien, Palästina, Persien, Belutschistan und Indien. Sein Buch *Ausflug nach Mexiko* kam 1926 im Berliner Verlag Die Schmiede heraus.

S. 148 *die etwa ein Albert Ehrenstein heute beim richtigen Namen nennt* ... : Utzinger bezieht sich auf Ehrensteins Essay-Band *Menschen und Affen*, der 1926 bei Rowohlt erschien.

S. 151 *als Holitscher das heute tut* ... : Arthur Holitscher (1869-1941), aus Budapest stammender Schriftsteller; lebte seit der Jahrhundertwende zunächst in München, dann in Berlin. Wandte sich nach dem 1. Weltkrieg dem Kommunismus zu.

S. 156 *Brillat-Savarin gegen Mazdaznan* ... : Jean Anthelme Brillat-Savarin (1755-1826), Jurist und Schriftsteller, Autor des berühmten Buches *Physiologie du goût ou Méditations de gastronomie transcendante* (1826), in dem amüsant und weltmännisch-souverän über Tafelfreuden und die damit zusammenhängenden psychologischen und pysiologischen Fragen geplaudert wird.

Mazdaznan: System der Lebensführung gemäß der Lehre von O. Hanisch (gen. Otoman Zar-Adusht-Hanish, 1844-1936), welches dieser von einem zarathustrischen Orden in Tibet erfahren haben will. Danach sei die arische Rasse, die auch die Semiten umfaßt, dazu berufen, ein Friedensreich auf Erden zu errichten. Mittel auf diesem Weg seien Selbsterkenntnis und -beherrschung, planmäßig betriebene Evolution, vegetarische Ernährung, rhythmische Atemkultur und allseitige Körperpflege. Die Bewegung organisierte sich in der Mazdaznan Temple Association, die 1917 in Los Angeles gegründet wurde.

S. 161 *Risiko in dieser Welt. Er ist* ... : Im Erstdruck offenbar irrtümlich »es ist das humorvolle Erzeugnis ... «

S. 161 *die Maximen der Woltmann bis Günther* ... : Ludwig Woltmann und Hans F. K. Günther, Anthropologen und frühe Rassenideologen der Nazis.

S. 165 *zufällig zu den Briefen der Madame de Sévigné gegriffen* ... : Marie de Rabutin Chantal, Marquise de Sévigné (1626-1696) vermittelt in ihren rund 1500 Briefen ein eindrückliches Bild vom Leben am Hof des Sonnenkönigs Ludwig XIV. Eine Auswahl der Briefe erschien erstmals 1725, eine vollständige Ausgabe im Jahr 1818.

S. 165 *bei Magnus Hirschfeld oder Moll und* ... : Magnus Hirschfeld (1868-1935) und Albert Moll, Ärzte und Sexualforscher, Autoren weitverbreiteter sexualkundlicher Bücher.

S. 173 *und Ernst Fuhrmann, Autoren, die* ... : Ernst Fuhrmann (1887-1956), Sprachforscher, Ethnologe und Schriftsteller; debütierte mit einem Band *Minotaurus. Innere Vorgänge* (1913), Autor verschiedener ethnologischer Werke (u.a.: *Das Tier in der Religion*, 1922; *Tleinheit und Haida. Indianerstämme der Westküste von Nordamerika. Kultische Kunst und Mythen des Kulturkreises*, 1922).

S. 176 *oben in Evolène sein* ... : Evolène, Ort im Val d'Hérens im Kanton Wallis.

S. 178 *von Betelkauen* ... : In Südostasien und Melanesien verbreiteter Genuß von kleinen Stücken der nicht ganz reifen Betelnuß (Arekanuß), die auf Grund ihres Alkaloid-Gehalts (bes. Arecolin) anregend und leicht berauschend wirkt, ohne Konzentration und Arbeitsfähigkeit einzuschränken.

S. 183 *wie das im Philippus Aureolus Paracelsus* ... : Die Paracelsus-Darstellung von Friedrich Gundolf (1880-1931) erschien im Jahre 1927.

S. 184 *Galen und Freud* ... : Utzinger meint wahrscheinlich Galenus (129-199), den griechisch-römischen Leibarzt des Kaisers Marc Aurel, dessen heilkundliche Schriften bis ins Mittelalter als maßgebend galten.

S. 184 *zugleich Pitigrilli und* ... : Die Unterhaltungsromane von Pitigrilli (eigentl. Dino Segre, 1893-1975) erfreuten sich in den späten zwanziger Jahren großer Beliebtheit. Ihre witzigen Dialoge und die lässige Selbstironie des Erzählers bescherte den Büchern vor einigen Jahren eine kurze Renaissance.

S. 186 *über Eth ... Trottelglosse, Kolleg in Ophir, Stiefrevoluzzer, den Sinn* ... : Utzinger zitiert Kapitel-Überschriften des Hiller'schen Buches (Leipzig: Kurt Wolff 1913, 2 Bde.). Den Begriff ›Eth‹ (im Gegensatz zum Ethiker) bildete Hiller nach dem Muster des Begriffspaares Ästhet – Ästhetiker (Bd. 1, S. 25 ff.). Die ›Trottelglosse‹ bezieht sich auf Franz Jungs 1912 erschienenen Erstling *Das Trottelbuch* (Bd. 1, S. 166 ff.). Das ›Kolleg in Ophir‹ besteht aus einem kunsttheoretischen Essay, der seinen Anfang bei Max Brods Roman *Schloß Nornepygge* nimmt (Bd. 1, S. 189 ff.). Die vier kurzen Bemerkungen unter dem Titel ›Stiefrevoluzzer‹ knöpfen sich Schickeles Buch *Schreie auf dem Boulevard* (1913) vor (Bd. 2, S. 49 f.).

S. 187 *Polemik mit einem »Pfahlbürger von Denkstil«* ... : Hillers abschätzige Bezeichnung gilt Franz Pfemfert, dem Herausgeber der Zeitschrift *Aktion* (Bd. 2, S. 57 ff.).

S. 191 *die Kusine ... Le Monde* ... : Die Geschichte der abgestürzten Kusine findet sich auf S. 109 in Altenbergs Buch (*Semmering 1912*, Berlin: S. Fischer 1913). Der Titel *Le Monde* bezieht sich nicht etwa auf die bekannte Pariser Zeitung, sondern auf eine Schaukel, auf der Altenberg im Sommer zwei Frauen in weißen Batistgewändern hatte schaukeln sehen (a.a.O., S. 191).

S. 192 *diesem ... Tamarinde Grillon-Anpreiser* ... : Utzinger spielt auf den Text *Annonce* in Altenbergs Buch an (a.a.O., S. 151), in dem dieses Abführmittel angepriesen wird.

S. 196 *ein seltsames Ideenbuch ...* : Otto Flakes Roman *Ja und Nein* entstand im Jahr 1919 und erschien ein Jahr später bei S. Fischer; eine zweite, definitve Fassung brachte 1923 der Verlag Die Schmiede heraus, wobei der Untertitel »Roman des Jahres 1917« lautet. In der Tat spiegelt das Buch relativ unverschlüsselt die Beziehungen unter den emigirierten avantgardistischen Literaten in Zürich zu Ende des 1. Weltkrieges. Vgl. im übrigen S. 200 in diesem Band.

S. 197 *Leo Berg, R. M. Meyer, Soergel, Domeier, Ludwig Geiger, Nadler oder Brandes ...* : Utzinger bezieht sich in seiner Aufzählung auf folgende Autoren:

Leo Berg (1862-1908), Journalist, Kritiker und Mitbegründer der »Freien Bühne«, Herausgeber der Zeitschrift *Kulturprobleme der Gegenwart*, Autor der Monographie *Der Naturalismus* (1892).

Richard Moritz Meyer (1860-1914), Literaturhistoriker, verfaßte u.a. *Die deutsche Literatur im 19. Jahrhundert* (1899) und *Grundriß der neueren deutschen Literatur* (1902).

Albert Soergel (1880-1958) ist noch heute bekannt als Autor des dreibändigen Werkes *Dichtung und Dichter der Zeit* (1911-1934), insbesondere wegen des materialreichen zweiten Teils *Im Banne des Expressionismus* (1925).

Ludwig Geiger (1848-1919) war Gründer und Herausgeber des *Goethe-Jahrbuchs* und der *Zeitschrift für vergleichende Literaturgeschichte und Renaissance-Literatur*.

Josef Nadler (1884-1963) führte geographisch-völkerpsychologische Betrachtungsweisen in die Literaturgeschichte ein (*Literaturgeschichte der deutschen Stämme und Landschaften*, 4 Bde. 1912 ff.).

Georg Brandes (1842-1927) galt als einer der bedeutendsten Literarhistoriker seiner Zeit, verfaßte u.a. das sechsbändige Werk *Die Hauptströmungen der deutschen Literatur im 19. Jahrhundert* (1872 ff.).

Klabunds (1890-1928) *Literaturgeschichte in einer Stunde* erschien 1921 und erlebte zahlreiche Auflagen.

S. 201 *in jenen* Fünf Heften ... : Im Jahr 1920 erschienene Zeitschrift von Otto Flake.

S. 206 *Franz Kafka, wo die Sonnenstrahlen in Schwermut erzittern* ... : Utzinger geht noch in einigen anderen, hier nicht aufgenommenen Texten auf Kafka ein, und zwar jedes Mal im Tonfall höchster Wertschätzung und Verehrung. Im Essay *Das irdische Gesicht der Literatur* schreibt er beispielsweise: »Jener übermächtige Franz Kafka, das hinreißendste Strafgericht unserer feuerbrünstigen Zeit, war der unheimliche Verkünder der exaktesten Tatsachen, die je ein beklommener Mund an der Wegkreuzung des Lebens vernommen hat« (*Davoser Revue*, Nr. 6 vom 15.3.1927). Oder im *Kleinen Bücher-Mosaik* führt Utzinger aus: » Franz Kafka ist vor einigen Jahren an Tuberkulose gestorben. Sein Bild als grandioser Künstler lebt in uns für künftige Zeiten weiter. Die Schönheit seiner Sprache, die Gepflegtheit seines ästhetischen Ausdrucksmittels, das Mysterium seiner ruhigen schöpferischen Intelligenz, die einzigartige Präzision seiner Gedankenschwingungen bleiben ein gesichertes Gut in unserem Schreibtum. Jedes Werk von ihm war eine in sich geschlossene Klarheit, eine formale und geistige Vollendung; so: *Betrachtung*, *Urteil*, *Heizer*, *Verwandlung*, *Strafkolonie* oder *Landarzt*. Um den Nachlaß des Dichters hat sich sein Freund Max Brod durch seine Herausgabe das höchste Verdienst erworben. Im Verlag Die Schmiede, Berlin, erschienen einstweilen: *Ein Hungerkünstler* (vier Geschichten) und *Der Prozeß* (Roman). Auf der einen Seite wird die Verbundenheit mit den kleinen Sorgen aufgezeigt, einfache, aber sonderbare Lebensumstände werden gut gemeint und sachlich genau geschildert; und zum anderen findet die Brüchigkeit des Daseins ihren genialen Wort-Architekten. Ein raffinierter Kampf, traumhaft-überirdisch, mit unbekannten, unheimlichen Mächten des Schicksals weitet sich zyklopenhaft doppelsinnig aus. Dunkle Verhältnisse erhalten moralische Notwendigkeit. Kafka – Problematiker, Feind aller Windbeutelei – separiert sich zu einsamer, nicht zu überragender Größe. Von allen bleibt er der Ehrenhafteste, der Fürst der deutschen Prosa« (*Davoser Revue*, Nr. 4 vom 15.1.1926). Vgl. im übrigen auch S. 217 in diesem Band.

S. 208 *diesem Kenner des »Nacht- und Tagebuch der Liebe«* ... : Anspielung auf Hardekopfs Gedicht *Ein Hand-Buch?*, in dem es heißt: »Ob sich eine Laune fände, / Die mir eure Chronik schriebe, / Sinngetreu, ihr meine Hände: / Nacht- und Tagebuch der Liebe.« (in: Ferdinand Hardekopf, *Privatgedichte*. München: Kurt Wolff 1921, S. 9).

S. 208 *der 1. August 1914 wurde ihm nicht zum Verhängnis ...* : Hardekopf gehörte, wie sein Freund Franz Pfemfert, von Anfang an zu den bedingungslosen Gegnern des Krieges.

S. 209 *Leiter des einzig wertvollen Cabarets in Berlin ...* : Hardekopf war vom Herbst 1921 an einige Monate lang der literarische Leiter des Cabarets *Größenwahn*.

S. 211 *jener kleine Roman* Flametti ... : Utzinger hatte diesem 1918 erschienenen Roman seinerzeit eine überschwengliche Rezension gewidmet, in welcher er unter anderem schrieb: »Es war riskant, bisher sich zum Kitschroman zu bekennen, fortab aber, seit Hugo Ball den psychologischen Ehrgeiz der Strobl, Bierbaum und Heinrich Mann (...) zerrissen hat, den schemenhaften Kult des Aufspürens durch Schwungkraft im Zeugungstumult ersetzt hat ... nun, unbedingt, schlechthin unverrückbar müssen wir ihn lieben. (...) Solch kultivierte Tat wurde bis zur Stunde noch nirgends als Ereignis in der Literaturclique registriert, doch der Reichtum dieser wunderbaren Schrift wird alle noch zur Arbeit zwingen. Wohlan, Freunde, räumt die Welt! Diesem Dichter das Podium!« (*Das gelbe Blatt*, Nr. 4 vom 22. 3.1919, S. 64).

S. 212 *Hugo Ball gibt heute sein Tagebuch heraus ...* : Bei Hugo Balls *Die Flucht aus der Zeit* (München: Duncker & Humblot 1927; neu, Zürich: Limmat 1992) handelt es sich nicht eigentlich um ein Tagebuch, sondern um ein Werk, das durch bewußte Anordnung neu- und umformulierter Notizen einen geistigen Werdegang nachzeichnen und plausibel machen will.

S. 214 *Lieder eines Sünders, wie sie ...* : Die Gedichtsammlung *Lieder eines Sünders* von Hermann Conradi (1862-1890) erschien im Jahr 1887 und betreibt eine rücksichtslose Selbstenthüllung. Das Buch ist als eine Art lyrischer Beichte gedacht, wobei im Kampf der niederen und geistigen Kräfte meist »die Sünde« obsiegt.

S. 216 *der katholische Seelenschmerz eines Zacharias Werner* ... : Der romantische Dichter Zacharias Werner (1768-1823), ursprünglich Jurist, dann Gutsverwalter und Autor verschiedener Schicksalsdramen, konvertierte zum Katholizismus und wurde 1811 in Rom zum Priester geweiht.

S. 216 *der besorgte Okzidentverteidiger Henri Massis* ... : Anspielung auf das 1927 erschienene Buch *Défense de l'Occident* des französischen Essayisten und Kritikers Henri Massis (1886-1970), einem Vertreter des Renouveau catholique und der nationalistischen Action française.

S. 217 *begann mit Paul Adler, als er* Nämlich *schrieb* ... : Paul Adler (1878-1946), zunächst Jurist, dann freier Autor und Übersetzer, verfaßte drei Prosabücher, deren zweites *Nämlich* im Jahr 1915 bei Jakob Hegner in Hellerau herauskam. Das Buch schildert, wie der ›Held‹ Paolo Sauler angesichts der materialistischen Gütergier der Welt seinen Weg in den Wahnsinn geht.

S. 218 *Otto Wirz gibt eine Physiologie, Phänomenologie* ... : Otto Wirz (1877-1946), Elektroingenieur und Schweizer Schriftsteller; der Roman *Die geduckte Kraft* (Stuttgart: Engelhorn 1928) stellte nach *Gewalten eines Toren* (1923) und *Novelle um Gott* (1925) seine dritte Buchveröffentlichung dar. In einem Brief an Traugott Vogel äußert Utzinger seine Bedenken gegen den Roman etwas direkter als im vorliegenden Text; er schreibt: »So las ich jetzt den neuen Wirz *Die geduckte Kraft*, ein bewegtes Buch, aber seltsam, seltsam, seltsam; ein wenig spirituelles Kino, gewiß keine Kaffeehaus-Magie, eine Art geistige Biologie ... Aber ich muß gestehen, das Lesen hat mir keine innere Freiheit geschenkt, wie ich das oftmals bei anderen Büchern empfinde. Warum der multiplen Halluzinationen so viele?« (Zitiert nach Traugott Vogel, *Leben und Schreiben. Achtzig reiche magere Jahre*. Zürich: Orell Füssli 1975, S. 106)

S. 219 *der alte kluge Carl Ludwig Schleich seine Freude gehabt ...* : Carl Ludwig Schleich (1859-1922), Chirurg und philosophisch-naturwissenschaftlicher Schriftsteller; zählte zum Umkreis der ersten Berliner ›Modernen‹, Stammtischgenosse von Richard Dehmel, den Brüdern Hart, Strindberg, Przybyszewski und Otto Erich Hartleben im *Schwarzen Ferkel*; Autor des polulären Buches *Vom Schaltwerk der Gedanken* (1916).

S. 220 *Dank an Kokoschka ...* : Utzinger schrieb diesen Text anläßlich der Oskar Kokoschka-Ausstellung, die im Sommer 1927 im Zürcher Kunsthaus stattfand.

S. 221 *an unseren theatralischen Türpfosten hingen ...* : Albert von Keller (1844-1920), aus Gais (Appenzell) gebürtiger Maler, der mit seinem an Hans von Marées geschulten Stil in München großen Erfolg hatte.

Leo Putz (1869-1940), Maler aus Meran, Mitglied der Münchner Sezession, gründete zusammen mit Fritz Erler die Künstlergemeinschaft *Die Scholle*.

Fritz Erler (1868-1940), aus Schlesien stammender Maler und Grafiker, zeichnete 1896 für die Zeitschrift *Die Jugend* den Umschlag der ersten Nummer.

S. 221 *schon lachten ... Carrà, Boccioni ...* : Carlo Carrà (1881-1966) und Umberto Boccioni (1882-1916), italienische Maler, Mitbegründer der Gruppe der Futuristen um Filippo Marinetti.

S. 221 *sogar der gute P. A. ...* : gemeint ist Peter Altenberg.

S. 224 *in einer Kunstausstellung ...* : Utzinger bezieht sich wahrscheinlich auf die Ausstellung von Werken aus dem Besitz Zürcher Kunstfreunde, die im September 1927 im Kunsthaus Zürich zu sehen war. Als einzige Beispiele des Schaffens von Otto Meyer-Amden wurden darin die drei in der Folge beschriebenen Bilder gezeigt.

S. 227 *es sei gestattet an Oskar Lüthy und Johann von Tscharner zu erinnern ...* : Oskar Lüthy (1882-1945), Schweizer Maler, 1911 Mitglied des *Modernen Bund*, nahm 1917 mit kubistischen Farbphantasien an der ersten Dada-Ausstellung der Galerie Coray teil, 1918 Mitglied der Gruppe *Neues Leben*.

Johann von Tscharner (1886-1946), in Lemberg geborener Schweizer Maler, begann mit kubistischen Kompositionen, stellte 1917 ebenfalls an der ersten Dada-Ausstellung der Galerie Coray aus, entwickelte später einen meditativ-verinnerlichten, spätimpressionistischen Stil.

S. 228 *Oskar Schlemmer – auf dem Weg in unser glückliches Künstlernest Ascona ...* : Oskar Schlemmer und Otto Meyer-Amden waren seit ihrer gemeinsamen Zeit an der Stuttgarter Kunstakademie (1907-1910) eng befreundet. Schlemmers Besuch bei Meyer-Amden mit anschließender Weiterreise nach Ascona datiert aus dem Sommer 1927 (bereits im Somer 1922 und 1924 war Schlemmer bei Meyer-Amden zu Gast gewesen, ohne allerdings daraufhin ins Tessin zu fahren).

S. 228 *in Stuttgart bei Landenberger und Hölzel arbeitete ...* : Otto Meyer-Amden (1885-1933) studierte von 1907-1912 an der Stuttgarter Kunstakademie, zunächst beim Defregger-Schüler Christian Landenberger (1862-1927), dann ab 1909 bei Adolf Hölzel (1853-1934), dem überaus einflußreichen Wegbereiter der modernen Kunst in Stuttgart, der u.a. auch Lehrer von Oskar Schlemmer, Johannes Itten und Giovanni Pellegrini war.

S. 229 *Hermann Huber, der sich dem Schicksal der Farbe ...* : Hermann Huber (1888-1967), Zürcher Maler und Graphiker, Freund von Otto Meyer-Amden, den er 1912 zur Rückkehr in die Schweiz bewegte.

S. 230 *Anmerkungen über Gregor Rabinovitch ...* : Gregor Rabinovitch (1884-1958), aus Rußland stammender, seit 1914 in der Schweiz lebender Grafiker, lernte Utzinger 1927 in Zürich kennen und radierte sein Porträt (siehe den Schutzumschlag zu diesem Band); weitere Bildnisse von Literaten: Charlot Strasser, Radierung 1918; Jakob Bührer, Radierung 1920; Carl Spitteler, Radierung 1922; Hans Morgenthaler, Radierung

1923; Max Pulver, Radierung 1925. Die Mappe *Aus dem Leben* gab Rabinovitch 1922 im Selbstverlag heraus, sie enthielt 10 Lithographien.

S. 235 *gleich Pauli ...* : Fritz Pauli (1891-1968), Schweizer Maler und Graphiker, entwickelte in seinen Werken ein eigene spielerische Phantastik.

S. 235 *den erschreckenden Lakonismus eines Epper ...* : Ignaz Epper (1882-1969), expressionistischer Schweizer Maler und Graphiker.

S. 239 *und* La Nuit Kurde *des Jean Richard Bloch ...* : Der 1925 erschienene Roman (deutsche Übersetzung 1927) thematisiert den Gegensatz von christlich-bürgerlichem Leben einerseits und ungezügelter Natürlichkeit andererseits. Bloch (1884-1947), Autor mehrere Romane, Theaterstücke und zahlreicher Essays, gründete mit Romain Rolland die Zeitschrift *L'Europe* (1923) und gehörte seit 1921 der Kommunistischen Partei Frankreichs an.

S. 239 *meine Scheidungsurkunde in die Aare geworfen ...* : Utzinger war in erster Ehe mit Maria Luise von Georgi verheiratet; die Verbindung wurde am 4.1.1922 geschieden. Seine zweite Ehe mit Marianne Amos wurde am 17.7.1928 geschlossen.

S. 247 *ein heutiger Philosoph, Eduard Grisebach ...* : Utzinger unterläuft hier ein kleiner Fehler; er verwechselt den Literaturhistoriker und Schopenhauer-Herausgeber Eduard Grisebach (1845-1906) mit dem Philosophen Eberhard von Grisebach (1880-1945), aus dessen 1928 erschienem Buch *Gegenwart. Eine kritische Ethik* er zitiert.

S. 248 *Ludwig Rubiners Änderung der Welt ...* : Utzinger hatte früher zu den leidenschaftlichen Anhängern des von Rubiner (1881-1920) vertretenen menschheitsversöhnenden Aktivismus gezählt. Von dieser einstigen Anhängerschaft zeugt ein emphatischer Nachruf auf Rubiner, den Utzinger am 20.3.

1920 in der pazifistischen Zeitschrift *Die Menschheit* publizierte.

S. 252 *die Liebesinsel draußen am See* ... : Ab Sommer 1928 lebte Utzinger in Wolfgang am Davoser See (Châlet Meisser).

S. 260 *verblendete Liebesempörung ... Carrel, Carrel* ... : In den Briefen Ferdinand Hardekopfs an Olly Jacques und Emmy Hennings tritt Utzinger bisweilen als der »Carrel-Freund« auf. Der genaue Name jener Frau, mit der Utzinger 1917 in Zürich liiert war, ließ sich jedoch bislang nicht ermitteln. In einem Brief vom 19.4.1919 an Olly Jacques schreibt Hardekopf lediglich: »Frl. Carrel ist, über Stockholm, nach Petersburg zu ihrem Gemahl gereist. Es sind authentische Nachrichten von ihr aus Stockholm eingetroffen.« (Autograph im Deutschen Literaturarchiv, Marbach)

S. 267 Die Wüste ist mein *veranschaulicht eine frühe Stufe* ... : Das Prosastück erschien in der expressionistischen Zeitschrift *Der Anbruch* (4. Jg. 1921/22, Nr. 2) und wurde hier zugunsten anderer früher Texte nicht aufgenommen.

S. 268 *wo in Heilbronn* Die Nilpferdbude *aufgeführt wurde* ... : Der Heilbronner Stadtchronik zufolge, wurde Utzingers Stück am 1. Mai 1924 im dortigen Stadttheater in einer Nachtvorstellung aufgeführt. Der Publizist Hans Franke (1893-1964), damals Redakteur der *Neckar-Zeitung* und enger Bekannter Utzingers, schreibt dazu in einem Erinnerungstext: »Ich muß gestehen, es war die seltsamste und undurchsichtigste Geschichte, die ich jemals auf einer Bühne gesehen habe! Man erlebte eine Auseinandersetzung primitiver Menschen, Indios, dämonensüchtig, geplagt von Urtrieben, kindlich naiv dabei und unterschwellig von Begierden geplagt.« (Hans Franke, *Heilbronn - Theaterstadt mit Tradition*; in *Neckar-Echo*, Nr. 301 vom 31.12.1962)

S. 269 *und Robert Walser* ... : In der Tat hat sich auch Utzinger selbst an zwei Stellen zu Robert Walser geäußert: zum einen in seinem kurzen Artikel über einen Vortragsabend von Ludwig Hardt, wo er Walser einen »leider viel zu wenig Bekannten«

nennt (*Davoser Revue*, Nr. 4 vom 15.1.1926), zum anderem in der Glosse *Der Streit um das Spitteler-Denkmal*, in welcher Walsers Name in einer knappen Charakteristik der Schweizer Literatur auftaucht. Utzinger bemerkt hier: »Im schweizerischen Kunstleben steckt wenig Dämonie, wenig Abenteurertum, wenig Fieber, wenig zündende Phantasie. Zügellosigkeit und Konquistadorenrebellion wird man vergebens suchen, alle Gelüste werden behutsam reguliert. Das gilt besonders im literarischen Reich. Dem Schweizer liegt der Alltag näher als Kampf und Rausch. Selbst der elegante Schmuck der Worte, der in der köstlichen Filigrankunst Robert Walsers aufblitzt, der uns neuerdings bei dem gepflegten Essayisten Walter Muschg verführt und der dem noch fast unbekannten Albin Zollinger eine kultivierte Palette liefert, bleibt in enger Räumlichkeit verborgen. Statik ist ein Kennzeichen schweizerischer Mentalität.« (*Berliner Tageblatt*, Nr. 361 vom 2.8.1927)

S. 271 *in der Torso-Bar ...* : Vgl. dazu den kurzen autobiographischen Text in Carola Giedeon-Welckers *Anthologie der Abseitigen*, wo Hardekopf schreibt: »Geht, deutscher Dinge sehr müde, 1916 in die Schweiz. Trifft in der Zürcher Torso-Bar den Literaten Rudolf Utzinger.« (Carola Giedeon-Welcker (Hrsg.), *Poètes à l'Ecart – Anthologie der Abseitigen*, Bern-Bümpliz: Benteli 1946, S. 97)

Bibliographie
In chronologischer Anordnung

1. Selbständige Veröffentlichungen

1.1. Zu Lebzeiten

Indianerkunst
München: O. C. Recht 1922, 56 + 40 S.

Masken
Berlin: Ernst Wasmuth (Orbis pictus 13) o.J. [1923],
26 + 48 S.

1.2. Posthum

Ruhe auf der Flucht. Prosastücke
(hrsg. v. Walter Muschg)
Zürich/Leipzig: Grethlein 1931 (Seldwyla-Bücherei 25/26),
107 S.
[Enthält folgende Texte:
- *Valeria*
- *Indianer*
- *Dank an Kokoschka*
- *Wandernotizen*
- *Vom Trost des Regens*
- *Irdisches Panorama*
- *Wir sind Totemisten*
- *Lob der Berge*
- *Legende um einen Maler*
- *Ironisches Schaustück*
- *Kleines Nachtstück*
- *Moralische Impression*
- *Paradoxie des Hotelzimmers*
- *Die Wüste ist mein*
- *Am Wege*]

2. Veröffentlichungen in Zeitungen und Zeitschriften

2.1. Zu Lebzeiten

Emil Ludwig »Der Künstler« [Rez.]
Die Ähre 2 (1913/14), Nr. 38 (21. Juni), S. 11

Die Weisheit der Langenweile [Rez.]
Die Ähre 2 (1913/14), Nr. 42 (19. Juli), S. 10

Episode am Morgen
Die Ähre 3 (1914/15), Nr. 3/4 (25. Oktober), S. 16-17

»Der Islam« von Traugott Mann [Rez.]
Die Ähre 3 (1914/15), Nr. 9/10 (6. Dezember), S. 19

Meine beiden Freunde
Die Ähre 3 (1914/15), Nr. 17/18 (31. Januar), S. 18

Peter Altenberg »Semmering 1912« [Rez.]
Die Ähre 3 (1914/15), Nr. 19/20 (14. Februar), S. 19

Intarsien (I)
Die Ähre 3 (1914/15), Nr. 21/22 (28. Februar), S. 18

Rassenfragen
Die Ähre 3 (1914/15), Nr. 25/26 (28. März), S. 3-4

Peter Hille
Die Lese 8 (1917), Nr. 49 (15. Dezember), S. 782-783

»Judith Finsterwalderin« [Rez. Peter Dörfler]
Die Lese 9 (1918), Nr. 5 (1. Februar), S. 78

Die neuen Ethiker
Die Lese 9 (1918), Nr. 19 (15. Mai), S. 245

»Verse vom Gottesfrieden« [Rez. Paul Baumann]
Die Lese 9 (1918), Nr. 28 (15. Juli), S. 351

Biologische Politik
Die Lese 10 (1919), Nr. 5 (1. Februar), S. 58-59

Gesichte
Das gelbe Blatt 1 (1919), Nr. 3 (15. März), S. 38-39

Intarsien (II)
Das gelbe Blatt 1 (1919), Nr. 4 (22. März), S. 52-54

Hugo Ball »Flametti oder Vom Dandysmus der Armen« [Rez.]
Das gelbe Blatt 1 (1919), Nr. 4 (22. März), S. 64

Die Sommerfrische
Das gelbe Blatt 1 (1919), Nr. 9 (17. Mai), S. 138-139

Ernst Schertel »Die Sünde des Ewigen« [Rez.]
Das gelbe Blatt 1 (1919), Nr. 29 (ohne Datum), S. 436

Von Stuttgarter Kunst
Feuer 1 (1919/20), Bd. 2, S. 568-569

Stuttgarter Kunstnotiz
Feuer 1 (1919/20), Bd. 2, S. 644-645

Stuttgarter Kunst
Feuer 1 (1919/20), Bd. 2, S. 885-887

Lesestücke
Die Menschheit 7 (1920), Nr. 5 (7. Februar), S. 2-3

Ludwig Rubiner [Nachruf]
Die Menschheit 7 (1920), Nr. 11 (20. März), S. 2

Über frühgermanische Skelettreste aus dem Kanton Bern
Correspondenzblatt der deutschen Gesellschaft für Anthropologie 1919/1920, Nr. 51 (30. Juni 1920), S. 14-16

Mittelalterliche Holzfiguren [Rez. M. Picard]
Feuer 2 (1920/21), Bd. 1/2, S. 379-380

Stuttgart (Die neue Kunst und die deutschen Städte)
Ararat 2 (1921), Nr. 1 (Januar), S. 18-20

Interieur. Erzählung
Der Anbruch 4 (1921/22), Nr. 1 (ohne Datum, unpag.)

Die Wüste ist mein
Der Anbruch 4 (1921/22), Nr. 2 (ohne Datum, unpag.)

Kain
Der Anbruch 4 (1921/22), Nr. 4 (ohne Datum, unpag.)

Fremdlinge. Szene aus einem Drama
Der Anbruch 4 (1921/22), Nr. 6 (ohne Datum, unpag.)

Helle Nacht. Erzählung
Der Anbruch 4 (1921/22), Nr. 7/8 (ohne Datum, unpag.)

Die neue Kunst und die deutschen Städte: Stuttgart
Ararat 2 (1921), Nr. 1 (Januar), S. 18-20

Dada-Almanach
Ararat 2 (1921), Nr. 6 (Juni), S. 196

Der Geist der Exotik
Ararat 2 (1921), Nr. 7 (Juli), S. 202-206

Max Picard: Der letzte Mensch [Rez.]
Ararat 2 (1921), S. 297-298

Zur Psychologie der Literatur
Feuer 3 (1921/22), Bd. 1, S. 118-120

Über Arthur Schnitzler
Neues Stuttgarter Tagblatt, 2.1.1925 (Nr. 2)

Schwäbische Künstler. Innenarchitektonisches Intermezzo
[Über Camille Graeser]
Neckar-Rundschau 5 (1925), Nr. 21 (28. Mai)

Völkerkundliche Einblicke
Wissen und Leben (Neue Schweizer Rundschau) 18 (1925), Nr. 11/12 (10. Juli), S. 776-778

Herbstliches Davos
Neue Zürcher Zeitung, 30.10.1925 (Nr. 1704)

Der Eiffelturm [Rez. Iwan Goll]
Basler Nachrichten, 30.10.1925 (Nr. 299)

Vom Trost des Regens
Neue Zürcher Zeitung, 10.1.1926 (Nr. 40)

Kleines Büchermosaik
[Rez. Orell Füssli-Almanach, Klabund, Swedenborg, Béraud, Kafka, Coquiot]
Davoser Revue 1 (1925/26), Nr. 4 (15. Januar), S. 20-22

Ludwig Hardt
Davoser Revue 1 (1925/26), Nr. 4 (15. Januar), S. 23-24

Irdisches Panorama
Davoser Revue 1 (1925/26), Nr. 5 (15. Februar), S. 9-10

Kleines Portrait
Berliner Tageblatt, 19.3.1926 (Nr. 133)

Maurice Utrillo [Rez. Gustave Coquiot]
Literarische Welt 2 (1926), Nr. 14 (2. April), S. 5

Erotische Merkwürdigkeiten
Neue Badische Landeszeitung, 9.4.1926 (Nr. 179)

Wandernotizen
Berliner Tageblatt, 14.4.1926 (Nr. 175)

Über Ferdinand Hardekopf
Neue Badische Landeszeitung, 6.6.1926 (Nr. 282)

Die gehemmte Erotik des Dicken [Rez. Henri Béraud]
Literarische Welt 2 (1926), Nr. 24/25 (11. Juni), S. 7

Das Schokoladenmädchen
Neue Schweizer Rundschau 19 (1926), Nr. 8 (1. August), S. 844-850

Zeitgemäße Architektur
Davoser Revue 1 (1925/26), Nr. 11 (15. August), S. 14-15

Indianer
Berliner Tageblatt, 25.11.1926 (Nr. 556)

Aus meinem Schmetterlingsnetz
Annalen 1 (1926/27), Nr. 1 (Dezember), S. 78-79

Exotisches Kabarett
Annalen 1 (1926/27), Nr. 2 (Januar), S. 158-160

Marotte
Berliner Tageblatt, 20.1.1927 (Nr. 33)

Paradoxie des Hotelzimmers
Annalen 1 (1926/27), Nr. 3 (Februar), S. 238-239

Der Zuschauer
Individualität 2 (1927), Nr. 1/2 (ohne Datum), S. 208-211

Das irdische Gesicht der Literatur
Davoser Revue 2 (1926/27), Nr. 6 (15. März), S. 18-21

Parlament der Gesichter
Berliner Tageblatt, 31.3.1927 (Nr. 152)

Amnestie für Lungenkranke!
Annalen 1 (1926/27), Nr. 5 (April), S. 395-397

Über Hugo Ball
Neue Zürcher Zeitung, 1.5.1927 (Nr. 718)

Ironisches Schaustück
Neue Schweizer Rundschau 20 (1927), Nr. 5 (Mai). S. 480-481

Kleines Nachtstück
Neue Schweizer Rundschau 20 (1927), Nr. 5 (Mai), S. 481-483

Das verborgene Leben
Neue Zürcher Zeitung, 20.5.1927 (Nr. 848)

Albert Schweitzer
Annalen 1 (1926/27), Nr. 7 (Juni), S. 550-552

La Suisse
Stachelschwein 3 (1927), Nr. 6 (Juni), S. 12-14

Logis im Süden
Berliner Börsen-Courier 19.6.1927 (Nr. 281)

[Beitrag zu:] *Das Spitteler-Denkmal. Eine Rundfrage*
Annalen 1 (1926/27), Nr. 8 (Juli), S. 585-586

Dank an Kokoschka
Annalen 1 (1926/27), Nr. 8 (Juli), S. 628-630

Der Streit um ein Spitteler-Denkmal
Berliner Tageblatt, 2.8.1927 (Nr. 361)

Der ermordete Spitteler
Das Tagebuch 8 (1927), S. 1332

Der Bücher-Scharfrichter
Annalen 1 (1926/27), Nr. 10 (September), S. 790-791

Kleine Erholungsstunde der Resignation
Neue Zürcher Zeitung, 18.9.1927 (Nr. 1556)

Abende für Literatur und Kunst, 31. Zyklus
Der Lesezirkel 14 (1926/27), Nr. 11/12 (1. Oktober 1927), S. 130-132

Abstrakte Bühne
Annalen 1 (1926/27), Nr. 12 (November), S. 955-957

Valeria
Neue Zürcher Zeitung, 22.1.1928 (Nr. 115)

Versteckspiele des Privaten
Berliner Tageblatt, 27.1.1928 (Nr. 46)

Hans Mühlestein
Individualität 3 (1928), Nr. 1/2 (ohne Datum), S. 187

[Beitrag zu:] *Eine Rundfrage über Schickele*
Davoser Revue 3 (1927/28), Nr. 5 (15. Februar), S. 11-12

Das alpine »Café du Dôme«
Neue Zürcher Zeitung, 19.2.1928 (Nr. 308)

Moralische Impression
Annalen 2 (1928), Nr. 5 (Mai), S, 347-351

Max Pulver: Himmelpfortgasse [Rez.]
Davoser Revue 3 (1927/28), Nr. 8 (15. Mai), S. 26-27

Seitenblick auf Berg und Mensch (für René Schickele)
Individualität 3 (1928), Nr. 3 (ohne Datum), S. 131-134

Lob der Berge
Neue Zürcher Zeitung, 24.6.1928 (Nr. 1157)

Lob der Berge
Neues Stuttgarter Tagblatt, 28.6.1928 (Nr. 26), S. 5

Der Mensch gehört der Erde
Berliner Tageblatt, 17.8.1928 (Nr. 387)

Anmerkungen über Gregor Rabinovitch
Das Werk 15 (1928), Nr. 10 (Oktober), S. 330-335

Hermann Hiltbrunner
Davoser Revue 4 (1928/29), Nr. 1 (15. Oktober), S. 3-5

Charles Ferdinand Ramuz
Davoser Revue 4 (1928/29), Nr. 2 (15. November), S. 47-48

Anflug von Zufriedenheit
Neue Zürcher Zeitung, 3.12.1928 (Nr. 2228)

Der Maler Philipp Bauknecht
Davoser Revue 4 (1928/29), Nr. 4 (15. Januar), S. 96-99

Verrat am Menschen
Forum 9 (1928/29), Nr. 5/6 (Februar/März), S. 267

Dschingis Khan [Rez. Harold Lamb]
Forum 9 (1928/29), Nr. 5/6 (Februar/März), S. 270

Referate in fünf Zeilen
[Rez. Humm, C.G. Jung, Gide, Bareis, Karutz, Hildebrandt, W. Baumeister, G. Graf, Fr. Wolff]
Davoser Revue 4 (1928/29), Nr. 5 (15. Feb.), S. 139-141

Wir sind Totemisten
Berliner Tageblatt, 21.3.1929 (Nr. 136)

Am Wege
Neue Schweizer Rundschau 22 (1929), Nr. 4 (1. April), S. 296-301

Südliche Glanzlichter
Tages-Anzeiger, 5.4.1929 (Nr. 79)

Marseille
Tages-Anzeiger, 25.5.1929 (Nr. 120)

Das Gehetzte Ich
Neue Zürcher Zeitung, 13.6.1929 (Nr. 1141)

Für Emmerich Haas
Davoser Revue 4 (1928/29), Nr. 9 (15. Juni), S. 243-244

Zwei Bücher [H. E. Jacob, J. Romains]
Davoser Revue 4 (1928/29), Nr. 10 (15. Juli), S. 288-289

Zutritt zu Büchern
[Rez. Kesten, Hall, Ehrenburg, Benn, Endres]
Davoser Revue 5 (1929/30), Nr. 1 (15. Okt..), S. 29-31

2.2. Posthum

Max Pulver
Davoser Revue 5 (1929/30), Nr. 12 (15. September),
S. 392-393

2.3. Bislang nicht lokalisiert

Legende um einen Maler [Über Otto Meyer-Amden]
[nach September 1927]
in »Ruhe auf der Flucht«, S. 53-59

3. Texte über Utzinger

J.F. [= Jules Ferdmann]: *»Indianer-Kunst« und »Masken« von Rudolf Utzinger*
Davoser Revue 1 (1925/26), Nr. 2 (15. November), S. 23

M. Silberroth: *Rudolf Utzinger gestorben*
Volksrecht, 6.11.1929 (Nr. 261)
F. [= Felix Falk]: *Rudolf Utzinger* +
Berliner Tageblatt, 6.11. 1929 (Nr. 525)

Hermann Hiltbrunner: *Rudolf Utzinger* +
Neue Zürcher Zeitung, 7.11. 1929 (Nr. 214)

Werner Schendell: *Rudolf Utzinger* +
Literarische Welt 5 (1929), Nr. 47 (8. November), S. 5

Walter Muschg: *Rudolf Utzinger* +
Davoser Revue 5 (1929/30), Nr. 2 (15. November), S. 55-56

E. K.: *Rudolf Utzinger »Ruhe auf der Flucht«*
Der Bund, 23.3.1932 (Nr. 140)

René Schickele: *Ruhe auf der Flucht vor sich selbst*
Frankfurter Zeitung, 24.7.1932 (Nr. 546/548,
Literatur Blatt Nr. 30), S. 13

Ferdinand Hardekopf: *Ruhe auf der Flucht*
Die Neue Rundschau 43 (1932), Nr. 11 (November), S. 719-720

Ferdinand Hardekopf: *Gedenken an Rudolf Utzinger*
Der Bund, 12.12.1937 (Nr. 580)

Ferdinand Hardekopf: *Ein Abseitiger*
Neue Zürcher Zeitung, 17.2.1947 (Nr.336)

Traugott Vogel: *Rudolf Utzinger*
in ders.: *Leben und Schreiben. Achtzig reiche magere Jahre.*
Zürich: Orell Füssli 1975, S. 102-110

Bernhard Echte: *Photos, Phantome und Utzingereien*
Du 54 (1994), Nr. 12 (Dezember), S. 10-11

Register

Das Register verzeichnet alle Personennamen, die im Textteil und im Anhang vorkommen, sowie Werke, Zeitschriftentitel und literarische Schauplätze, die von Utzinger erwähnt werden.

A

Adler, Paul, 217, 308
  Nämlich, 217, 308
Aktion, Die, 102
Alexander der Große, 142, 161
Alkibiades, 34
Altenberg, Peter, 103, 156, 184, 190 ff., 207, 221, 304, 309
  Semmering, 1912, 191 f.
Amiel, Henri-Frédéric, 106
  Journal intime, 107
Amos, Marianne, 289, 311
Apollinaire, Guillaume, 210, 272
  Zône, 9
Argonauten, Die, 103, 298
Aristophanes, 156
Arp, Hans, 195, 213
Auberge de la Colomb d'Or, 213

B

Baader, Franz von, 213, 220
Bab, Julius, 202
Bahr, Hermann, 207
Ball, Hugo, 151, 211 ff., 218, 296, 307
  Flametti, 211, 307
  Die Flucht aus der Zeit, 18, 212, 307
Ball-Hennings, Emmy
  s. *unter* Hennings, Emmy

Bang, Hermann, 204
Barbey d'Aurevilly, Jules, 213
Barraud, Maurice, 93
Barrès, Maurice, 199
Baudelaire, Charles, 209, 213, 216
  Les Fleurs du Mal, 19
Baumann, Hans, 195
Baumeister, Willy, 227
Beckmann, Max, 163
Benda, Julien, 98, 247, 298
  Trahison des Clercs, 98, 298
Benn, Gottfried, 156, 206
Berg, Leo, 197, 305
Bergson, Henri, 88, 297
Bernanos, Georges, 216
Bierbaum, Otto Julius, 307
Bizet, Georges, 36
Blass, Ernst, 102 f., 186, 298
  Die Argonauten, 103, 298
Blei, Franz, 161, 199, 207 f.
Bloch, Ernst, 288
Bloch, Jean-Richard, 239, 311
  La Nuit Kurde, 239
Blüher, Hans, 200
Blümner, Rudolf, 102
Boccioni, Umberto, 221, 309
Bodmer, Hans, 298
Bodmer, Johann Jakob, 87
Böcklin, Arnold, 226
Borchardt, Rudolf, 206
Bordeaux, Henri, 92, 297
Borgia, Lucrezia, 35

327

Bourget, Paul, 203
Brandes. Georg, 197, 305
Brillat-Savarin, Jean Anthelme, 156, 302
Brod, Max, 187, 306
Bührer, Jakob, 91, 310
Byron, George Gordon Noel Lord, 91

C

Cabaret Gnu, 186, 296
Cabaret Größenwahn, 296, 307
Cabaret Grüner Teufel, 296
Cabaret Voltaire, 212
Caesar, Julius, 115, 161
Café Central, 192
Café du Dôme, 102
Café Stefanie, 102
Calvin, Jean, 95
Carrà, Carlo, 221, 309
Casanova de Seingalt, Giovanni, 34
Chaplin, Charlie, 151
Chateaubriand, François René Vicomte de, 142
Cendrars, Blaise, 144
Chenevière, Jacques, 94, 297
Cocteau, Jean, 212
Colette, Sidonie-Gabrielle, 25
Comte, Auguste, 36
Conradi, Hermann, 214, 307
   Lieder eines Sünders, (214), 307
Cook, James, 142
Cooper, James Fenimore, 142
Corinth, Lovis, 167
Cornaro, Catarina, 35
de Croisset, Francis, 144, 302

D

Däubler, Theodor, 200
Daumier, Honoré, 184
Davoser Revue, 102
Defoe, Daniel, 142
Dehmel, Richard, 309
Delibes, Leo, 36, 295
Demokrit, 38
Dix, Otto, 234
Döblin, Alfred, 151
Domeier, Ludwig, 197, 305
Dongen, Kees van, 167
Dostojewsky, Feodor, 234
Duhamel, Georges, 151
Dumas, Alexandre, 165
Duncan, Isodora, 113
Dürer, Albrecht, 163
Duvernois, Henri, 113, 299

E

Edschmid, Kasimir, 199
Ehrenstein, Albert, 102, 148, 215, 290, 302
   Menschen und Affen, 302
Einstein, Albert, 23, 302
Einstein, Carl, 103, 143, 200, 221, 301
   Bebuquin, 199
Ensor, James, 143, 163
Epper, Ignaz, 235, 311
Erler, Fritz, 221, 309

F

Faesi, Robert, 93
Farrière, Claude, 113, 299
Feuerbach, Ludwig, 36
Flake, Otto, 200, 305
   Fünf Hefte, 201
   Ja und Nein, 196, 200, 304

Stadt des Hirns, 200
Flaubert, Gustave, 117, 200, 204
Forum, Das, 103
Forel, Auguste, 290
France, Anatole, 161, 239
Frank, Leonhard, 206, 213
Franke, Hans, 312
Ferdmann, Jules, 102
   Davoser Revue, 102
Freud, Sigmund, 184
Friedländer, Salomo
   s. *unter* Mynona
Fuhrmann, Ernst, 173, 303

G

Galenus, 184, 304
Galerie Dada, 213
Galton, Sir Francis 23
Gauguin, Paul, 113, 141
   Noa Noa, 142, 156
Gauß, Carl Friedrich, 23
Gautier, Théophile, 142
Geiger, Ludwig, 197, 305
Georgi, Marie Luise von, 289, 311
Gessner, Konrad von, 87
Gide, André, 20, 138
   Les Faux-Monnayeurs, 20
Giedeon-Welcker, Carola, 313
Goethe, Johann Wolfgang von, 95, 151, 161, 193
Gogh, Vincent van, 113, 216
Goncourt, Brüder, 198
Grabbe. Christian Dietrich, 216
Greco, El, 24
Greyerz, Otto von, 96, 298
Grieg, Edward, 36, 40
Grisebach, Eberhard von, 247, 311
Grisebach, Eduard, 247, 311
Grock, 25, 269
Grosz, George, 196, 234
Günther, Johann Christian, 216
Günther, Hans F. K., 161, 303
Gundolf, Friedrich, 183, 303
   Philippus Aureolus Paracelsus, 183, 303

H

Haller, Hermann, 269
Hamsun, Knut, 40
Hanisch, Otto, 302
Hardekopf, Ferdinand, 95, 102, 117, 207-210, 213, 252, 287, 289, 296, 300, 306, 307, 312, 313
   Der Abend, 210
   Lesestücke, 210, 300
   Moralisches Variété, 117
   Privatgedichte, 210, 307
Hardt, Ludwig, 312
Hart, Ernst, 309
Hart, Julius, 309
Hartleben, Otto Erich, 309
Hasenclever, Walter, 198
Hausenstein, Wilhelm, 103
Hausmann, Raoul, 195
Heckel, Erich, 145
Heinse, Wilhelm, (35), 295
   Ardinghello, 35, 295
Helmholtz, Hermann von, 23
Hennings, Emmy, 213, 312
Herder, Johann Gottfried von, 202
Herrmann-Neiße, Max, 102

Herodot, 142
Herzog, Wilhelm, 103
  Forum, Das, 103,
Hesse, Hermann, 27, 162, 214 f., 217
  Der Steppenwolf, 19, 214, 218
Heym, Georg, 103, 206
Hildesheimer, Wolfgang, 285
Hiller, Kurt, 102, 186 f. 197 f., 298, 304
  Der Kondor, 103
  Die Weisheit der Langenweile, 186 f., 197
Hiltbrunner, Hermann, 94
Hirschfeld, Magnus, 95, 165, 303
Hoddis, Jakob van, 102
Hodler, Ferdinand, 83, 297
Hoffmann, Ernst Theodor Amadeus, 266
Hofmannsthal, Hugo von, 90, 106
Hölderlin, Friedrich, 35, 164
Hölzel, Adolf, 228, 310
Holbein, Hans, 163
Holitscher, Arthur, 151, 161, 302
Homer, 174, 184
Honegger, Arthur, 269
Horaz, 9
Huber, Hermann, 229, 310
Huelsenbeck, Richard, 194, 213
  Dada-Almanach, 195

I
Ibsen, Henrik, 198 f.
Itten, Johannes, 310

J
Jacob, Max, 156, 212
  Tableau de la Bourgeoisie, 156
Jacobsen, Jens Peter, 33
Jacques, Olly, 312
Janco, Marcel, 213
Jugend, Die, 309
Jung, Carl Gustav, 141
Jung, Franz, 102, 291, 304

K
Kafka, Franz, 206, 217, 306
Kaiser, Georg, 206, 208
Kant, Immanuel, 152
Kaßner, Rudolf, 184
Katharina, Hl., 161
Keller, Albert von, 221, 309
Kerr, Alfred, 93, 187
Keyserling, Graf Hermann von, 149
Kipling, Rudyard, 239
Kierkegaard, Sören, 247
Kirchner, Ernst Ludwig, 143
Klabund, 95, 103, 184, 197, 266, 268, 305
Klee, Paul, 120, 141, 269
Klinger, Max, 39
Klopstock, Friedrich Gottlieb, 200, 202
Koch-Grünberg, Theodor, 268
Kocher, Emil Theodor, 93, 297
Kokoschka, Oskar, 220-223, 235, 309
  Schauspiel, 221
Kolb, Anette, 103
Kondor, Der, 103
Kraus, Karl, 184, 187

Kühn, Herbert, 143, 301
Kurhaus-Café Davos, 102 ff.

L

Laforgue, Jules, 53, 210, 272
La Fouchadière, Georges, 113, 299
Landauer, Gustav, 290
Landenberger, Christian, 228, 310
Lang, Siegfried, 94
Las Casas, Bartolomé de, 141
Lasker-Schüler, Else, 103
Lavater, Johann Caspar, 92
Le Corbusier, 255, 269
Leibl, Wilhelm, 24
Lenglen, Susanne, 113
Lenau, Nikolaus, 198, 216
Lenin, Wladimir Iljitsch, 20, 91, 152
Lenz, Jakob Michael Reinhold, 216
Lichtenberg, Georg Christoph, 161
Liebermann, Max, 226
Lips, Paul, 103
Locke, John, 36
Loerke, Oscar, 206
London, Jack, 25, 295
Lotz, Ernst Wilhelm, 103
Loyola, Ignatius von, 99
Lukian, 156
Lüthy, Oskar, 227, 309f.

M

Mach, Ernst, 23, 36
Malraux, André, 144
Manet, Edouard, 226
Mann, Heinrich, 103, 199, 307
Marc Aurel, 304
Marées, Hans von, 309
Marinetti, Filippo, 309
Masarey, Arnold, 103, 298
  Meerfahrt, 103, 298
Massis, Henri, 216, 308
Matisse, Henri, 143, 226
Matthias, Leo, 144, 302
  Ausflug nach Mexiko, 144, 302
Maupasssant, Guy de, 112
Maxwell, James Clerk, 23
May, Karl, 13, 269
Mehring, Walter, 195
Meidner, Ludwig, 234
Meyer, Richard M., 197, 305
Meyer-Amden, Otto, 226-229, 296, 309, 310
  Andacht im Waisenhaus, 226 f.
Meyrink, Gustav, 25
Milton, John, 151
Mittelholzer, Walter, 95, 298
Moissi, Alexander, 83
Molière, 258
Moll, Albert, 165, 303
Mombert, Alfred, 206
Moos, Herbert von, 266
Morach, Otto, 144
Morgentahler, Hans, 310
Müller, Robert, 116, 144, 299, 300, 301
  Tropen, 301
Muschg, Walter, 267, 270, 313
Musset, Alfred de, 203
Mussolini, Benito, 91, 161
Mynona, 103

N

Nadler, Josef, 197, 305
Napoleon Bonaparte 152
Nerval, Gérard de, 216
Neue Rundschau, 202
Newton, Sir Isaac, 23
Niehaus, Dr., 266
Nielsen, Asta, 142
Nietzsche, Friedrich, 100, 161, 187, 208, 298
Nolde, Emil, 143
Novalis, 213

P

Pannwitz, Rudolf, 173
Paracelsus, Philippus Aureolus, 183, 303
Pascal, Blaise, 151
Pascin, Jules, 226
Pauli, Fritz, 235, 311
Pechstein, Max, 143
Pellegrini, Giovanni, 310
Pfemfert, Franz, 103, 304, 307
Picabia, Francis, 113, 195
Picard, Max, 266
Picasso, Pablo, 143
Pitigrilli, 184, 304
Pizarro, Francisco, 100
Poe, Edgar Allen, 25
Polgar, Alfred, 151
Proust, Marcel, 174
Przybyszewski, Stanislaw, 309
Pulver, Max, 311
Putz, Leo, 221, 309

R

Rabinovitch, Gregor, 230-235, 280, 310
  Aus dem Leben, 233, 311

Ramuz, Charles-Ferdinand, 94
Rathenau, Walther, 193
Rauro, Adolf, 266
Reinhardt, Max, 83
Rilke, Rainer Maria, 95, 161
Rimbaud, Arthur, 117, 216
Ringelnatz, Joachim, 173
Rolland, Romains, 311
Romanisches Café, 102
Rotonde, 102
Rubens, Peter Paul, 34
Rubiner, Ludwig, 248, 290, 311
Roux, M., 112 f., 299

S

Schickele, René, 22, 102, 113, 127, 206, 213, 268, 295, 299, 304
  Benkal der Frauentröster, 295
  Maria Capponi, 112, 299
  Schreie auf dem Boulevard, 304
Schlegel, Friedrich, 184
Schleich, Carl Ludwig, 218, 309
Schlemmer, Oskar, 227 f., 310
Schmidt-Rottluff, Karl, 143
Schnitzler, Arthur, 202-205
  Anatol, 204
  Casanovas Heimkehr, 205
  Der einsame Weg, 204
  Der Weg ins Freie, 204
  Fräulein Else, 202
  Professor Bernhardi, 205
  Reigen, 203
Schopenhauer, Arthur, 161

Schröder, Rudolf Alexander, 206
Sealsfield, Charles, 142
Segantini, Giovanni, 34
Sévigné, Mme. de, 165, 303
Shaw, Bernard, 113
Soergel, Albert, 197, 305
Spengler, Oswald, 198
Spitteler, Carl, 156, 310
Stadler, Ernst, 206
Steiner, Rudolf, 92, 156
Stendhal, 117, 142, 151, 204
Sternheim, Carl, 87, 199, 208
Strasser, Charlot, 310
Strindberg, August, 189, 216, 247, 297, 309
Strobl, Karl Heinz, 307
Sturm, Der, 102, 222
Supervielle, Jules, 144, 301
Swedenborg, Emanuel von, 24
Swift, Jonathan, 142
Sydow, Eckart von, 143, 301

T
Tacitus, 117
Toller, Ernst, 206, 290
Tolstoi, Leo N., 290
Trakl, Georg, 206
Traz, Robert de, 297
Tscharner, Johann von, 227, 309, 310
Tzara, Tristan, 193, 213

U
Unamuno, Miguel de, 216, 247
Unruh, Fritz von, 206
Utzinger, Ida Henriette, 288, (289)
Utzinger, August, 288

V
Vatter, Ernst, 143, 301
Vautier, Benjamin, 93, 167
Vergil, 151
Verlaine, Paul, 209
Vildrac, Charles, 113, 299
Vogel, Traugott, 281, 296, 308
Voltaire, 161, 198

W
Walden, Herwarth, 197
Walser, Robert, 269, 288, 293, 312 f.
Wasmuth, Günther, 266
Wedekind, Frank, 103, 164, 203
Weininger, Otto, 173
Wells, George Herbert, 112, 215, 299
   The World of William Clissold, 112, 299
Werfel, Franz, 186, 290
Werner, Zacharias, 216, 308
Whitman, Walt, 10
Wieland, Christoph Martin, 151
Wilde, Oscar, 221
Wirz, Otto, 218 f., 308
   Die geduckte Kraft, 218, 308
Woltmann, Ludwig, 161, 303

Z
Zahn, Ernst, 92
Zeller, R., 266
Zola, Emile, 200
Zollinger, Albin, 313
Zuckmayer, Carl, 93

Inhaltsverzeichnis

Irdisches Panorama
Zum Entree

Irdisches Panorama	9
Indianer	13
Versteckspiele des Privaten	17
Wir sind Totemisten	22

Geschehnis
Erzählerisches

Geschehnis	31
Gesichte	33
Episode am Morgen	38
Das Schokoladenmädchen	44
Logis im Süden	58
Marotte	65
Valeria	70
Moralische Impression	74

Wandernotizen
Orte, Länder, Reisen

Intarsien	83
Sommerfrische	87
La Suisse	91
Lob der Berge	97
Das alpine Café du Dôme	101

Wandernotizen	105
Südliche Glanzlichter	109
Marseille	114
Paradoxie des Hotelzimmers	119
Herbstliches Davos	123
Seitenblick auf Berg und Mensch	127

Aus meinem Schmetterlingsnetz
Essays

Der Geist der Exotik	137
Exotisches Kabarett	142
Aus meinem Schmetterlingsnetz	147
Der Zuschauer	150
Kleines Porträt	155
Parlament der Gesichter	159
Erotische Merkwürdigkeiten	164
Das verborgene Leben	168
Kleine Erholungsstunde der Resignation	172
Vom Trost des Regens	176

Anflug von Zufriedenheit
Bücher und Bilder

Anflug von Zufriedenheit	183
Die Weisheit der Langenweile	186
Meine beiden Freunde	188
Semmering 1912	191
Dada-Almanach	193
Zur Psychologie der Literatur	197
Über Arthur Schnitzler	202

Über Ferdinand Hardekopf	206
Über Hugo Ball	211
Das gehetzte Ich	214
Dank an Kokoschka	220
Legende um einen Maler	224
Anmerkungen über Gregor Rabinovitch	230

Am Wege
Zum Abschied

Ironisches Schaustück	239
Kleines Nachtstück	242
Verrat am Menschen	245
Am Wege	252

Materialien

Dokumente, Photos, Bildnisse	265

Anhang

Nachwort	285
Anmerkungen	295
Bibliographie	315
Register	327

16,—

Nun ist von Ukinger
nunmehr auch ein Buch
in dieser Welt...
Für Julian
herzlich,
von Bernd